"高等法律职业教育系列教材" 审定委员会

主　任：张文彪

副主任：万安中

委　员：（按姓氏笔画排序）

王　亮　刘晓辉　李　岚　李雪峰　陈晓明

周静茹　项　琼　曹秀谦　盛永彬　鲁新安

高等法律职业教育系列教材
GAODENGFALUZHIYEJIAOYUXILIEJIAOCAI

刑法原理与实务（上）

XINGFA YUANLI YU SHIWU

主 编◎程应需 周京英

暨南大学出版社
JINAN UNIVERSITY PRESS

中国·广州

《刑法原理与实务》（上）编委会

主　　编：程应需　周京英
编写人员：（按姓氏笔画排序）
　　　　　丁为群　马　辉　朱萍萍　陈　鸿　陈　娴
　　　　　周京英　周　颜　程应需　谢素珺

目 录
CONTENTS

总　序

高等法律教育职业化已成为社会的广泛共识。2008 年，由中央政法委等 15 部委联合启动的全国政法干警招录体制改革试点工作，更成为中国法律职业化教育发展的里程碑。这也必将带来高等法律职业教育人才培养机制的深层次变革。顺应时代法治发展需要，培养高素质、技能型的法律职业人才，是高等法律职业教育亟待破解的重大实践课题。

目前，受高等职业教育大势的拉动，我国高等法律职业教育开始了教育观念和人才培养模式的重塑。改革传统的理论灌输型学科教学模式，吸收、内化"校企合作、工学结合"的高等职业教育办学理念，从办学"基因"——专业建设、课程设置上"颠覆"教学模式："校警合作"办专业，以"工作过程导向"为基点，设计开发课程，探索出了富有成效的法律职业化教学之路。为积累教学经验、深化教学改革、凝塑教育成果，我们着手推出"基于工作过程导向系统化"的法律职业系列教材。

《国家中长期教育改革和发展规划纲要（2010—2020 年)》明确指出，高等教育要注重知行统一，坚持教育教学与生产劳动、社会实践相结合。该系列教材的一个重要出发点就是尝试为高等法律职业教育在"知"与"行"之间搭建平台，努力对法律教育如何职业化这一教育课题进行研究、破解。在编排形式上，打破了传统的篇、章、节的体例，以司法行政工作的法律应用过程为学习单元来设计体例，以职业岗位的真实任务为基础，突出职业核心技能的培养。在内容设计上，改变传统历史、原则和概念的理论型解读，采取"教、学、练、训"一体化的编写模式。以案例等导出问题，根据内容设计相应的情境训练，将相关原理与实操训练有机地结合，围绕关键知识点引入相关实例，归纳总结理论，分析探寻解决问题的途径，充分展现法律职业活动的演进过程和法律的应用流程。

法律的生命不在于逻辑，而在于实践。法律职业化教育之舟只有航行于法律实践的海洋之上，才能迸发出勃勃生机。在以高等职业教育实践性教学改革为平台进行法律职业化教育改革的路径探索过程中，有一个不容忽视的现实问题。高等职业教育人才培养模式主要适用于机械工程制造等以"物"作为工作对象的职业领域，而法律职业教育主要针对的是司法机关、行政机关等以"人"作为工作对象的职业领域，这就要求在法律职业教育中对高等职业教育人才培养模式进行"辩证"的吸纳与深化，而不是简单、盲目地照搬照抄。我们所培养的人才不应是"无生命"的执法机器，而是有法律智慧、正义良知、训练有素的有生命的法律职业人员。但愿这套系列教材能为我国高等法律职业化教育改革作出有益的探索，为法律职业人才的培养提供宝贵的经验。

2010 年 11 月 15 日

前　言

　　刑法学是高职高专法律教育的一门主干课程。随着高职教育的快速发展，为了适应高职高专类法律院校及高职高专院校的法律专业培养应用型法律人才的需要，我们组织了部分具有厚实的刑法学理论基础与较强实践经验的刑法学骨干教师以及司法实践一线的法律工作者，共同编写了此高职高专类教材——《刑法原理与实务（上）》。

　　本教材重点针对高职院校的学生特点编写，突出以培养实用技能为主导的"高职特点"。具体来说，本教材具有以下特点：

　　第一，"理论够用"。针对高职高专院校的学生注重应用而非理论研究的特点，本教材坚持理论能用、够用，而非高、深、全。一是完整、系统。本教材的"理论精读"等理论阐述部分，涵盖了迄今为止最新的刑法修正案（八）在内的全部罪名，囊括了当前我国刑法实践通行的主要刑法理论原理，以及到2013年5月为止颁布实施的主要最新政策规定。二是简洁、精练。本教材的阐述坚持实用第一、详略有别的原则。对重点罪名的阐述简练系统、详尽完整，对次重点的阐述完整概括，但对所有与罪名有关理论的历史沿革、学术研究、学派争论等内容，则基本舍弃或者一笔带过。与普通高校的刑法教材相比，本教材的篇幅缩小40%以上。

　　第二，"实操管用"。本教材自始至终贯彻"任务驱动、实务导向"的实训理念，对强化学生基本技能的培养具有实效。其一，编写结构单元化。本教材一改传统的章节叙述模式，以刑法分则的主体结构划分学习单元，以"知识目标—能力目标—内容结构图—案例导入—问题—基本原理"等基本模块组合学习单元。目标明确，实训环节细化，突出技能训练。其二，注重"互动教学"环节。互动是掌握知识、提升能力的最佳方法之一。本教材的"原理精读"部分有理解与速记的互动环节，至于师生互动训练与学生互动训练两大模块的"实务操练"则是从头到尾的互动大本营。在编写体例上，体现互动实训是本教材的重要特色之一。

　　第三，"持续可用"。国内外刑法教学改革、刑事法律政策的变化都很快。为了保持教材的鲜活性与时效性，本教材在每一个单元的最后，特别设置了"拓展阅读"模块。本模块的内容分为固定与开放两部分，意在引导教师与学生及时了解最新的法律政策规定及其相关理论与实践成果。

　　本教材不仅适合高职高专类法律院校及高职高专院校的法律专业作教材使用，而且对司法工作者、法学专业自考者以及其他法学爱好者，也是值得一读的参考用书。

　　《刑法原理与实务（上）》经编者共同讨论修改，最后由主编审改、定稿。具体编写分工如下：

单元一

项目一：朱萍萍

项目二：朱萍萍

单元二

项目一：谢素珺

项目二：丁为群

项目三：丁为群

项目四：陈鸿

项目五：陈鸿

项目六：周颜

项目七：程应需

项目八：周京英

项目九：程应需

单元三

项目一：周京英

项目二：陈娴

项目三：马辉

本教材在编写过程中，吸收和借鉴了高职高专教材《刑法学分论》（暨南大学出版社 2007 年版）的重要成果，参阅了大量科研机构的研究成果与文献资料，得到了有关部门和专家的大力支持，特别是盛永彬教授多次为本教材的编写提出了具体的指导意见。在此，编者一并表示诚挚的谢忱！

由于编者水平有限，加之时间紧促，本教材难免有不足和缺陷，真诚希望读者批评指正，以便进一步提高教材质量和水平，更好地为广大读者服务。

编　者

2013 年 5 月

认识刑法

项目一　刑法概要

【知识目标】

了解刑法的含义及性质、刑法的功能及我国刑法的体系；了解刑法的三个基本原则的含义及要求。

【能力目标】

善于运用刑法的基本原则对案例进行理论分析；对于部分新出现的、法律尚无明文规定的、具有社会危害性的行为，可以用刑法的基本原则进行罪与非罪的判断。

【内容结构图】

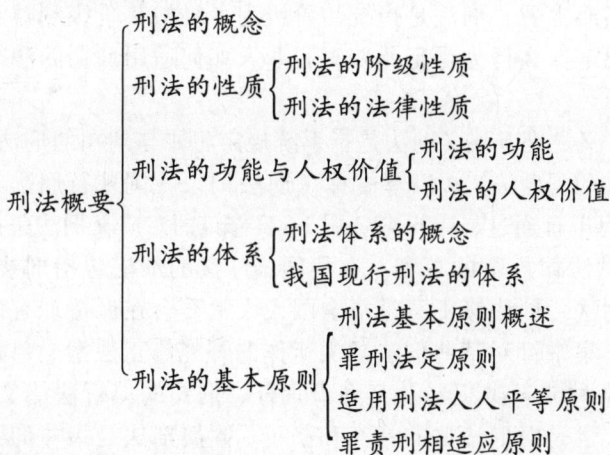

【案例导入】

2006年正月，被告人衡某（承包经营者）经其弟介绍承包了山西洪洞县广胜寺镇曹生村被告人王某（窑主）的砖厂，该砖厂未办理任何手续。随后被告人衡某通过中介以每名民工350元的中介费，先后从郑州火车站、山西芮城、西安火车站拐骗民工31名（其中智障人员9名）。在2006年3月至2007年5月27日期间，被告人衡某为防止民工逃跑，先后雇佣被告人赵某、刘某、衡某阳等人看守民工，并授意看守人员：如发现民工干活不积极或逃跑，可使用暴力对其进行殴打。砖厂生产期间，民工每天干活时间长达14~16个小时，晚上则都被关在一个大工棚内，如出去上厕所，有专人跟随看守，回棚后将门锁上。为追求砖厂的生产量，在砖还未降温的情况下，衡某等人就硬逼民工出砖，致使部分民工面部烧伤（重伤）、部分民工轻伤、部分民工轻微伤。被告人王某在衡某承包经营期间，为私利纵容衡某等人非法拘禁、强迫民工进行超长时间超负荷劳动，且有提供交通工具追找逃跑和亲自殴打民工的行为，并伙同衡某从西安火车站拐骗民工3名。同时，王某还饲养了4只狼狗在砖厂护院。

2006年腊月的一天上午，被告人赵某以干活慢为由，殴打民工刘宝。在追打过程中，赵某用铁锹打击刘宝的头部和腰部，致其倒地。之后刘宝被人扶回工棚，第二天下午他被发现死于工棚内。当晚12时许，被告人赵某、衡某、王某等将刘宝的尸体掩埋于砖厂背后山坡的一个旧墓穴内。

【问题】

1. 本案中赵某、衡某、王某、衡某阳、刘某5人的行为是否构成犯罪？请分析说明。

2. 衡某通过中介以每名民工350元的中介费，先后从郑州火车站、山西芮城、西安火车站拐骗民工31名的行为该如何定性？王某伙同衡某从西安火车站拐骗民工3名，该行为是否要追究刑事责任？为什么？

【基本原理】

一、刑法的概念

刑法概念有形式概念和实质概念之分。从形式上看，刑法是规定犯罪、刑事责任和刑罚的法律规范的总称；从实质上看，刑法是指统治阶级为了维护其阶级利益和统治秩序，以国家名义公布的、规定什么行为是犯罪并对犯罪人如何适用刑罚的法律规范的总和。

形式上的刑法又有狭义和广义之别。狭义刑法是指系统规定犯罪与刑罚的刑法典。在我国，刑法典即《中华人民共和国刑法》（以下简称《刑法》）。我国现行刑法典是全国人民代表大会于1979年7月1日通过、1997年3月14日修订的。广义刑法是指一切规定犯罪、刑事责任和刑罚的法律规范的总和。在我国，广义的刑法包括刑法典、刑法修正案、单行刑法和附属刑法。刑法修正案是指全国人大常委会在保持现有刑法典主体内容基本不变的基础上，集中针对某些刑法条文所作的补充修正法案。单行刑法又称特别刑法，是专门规定某种或某类犯罪及其刑事责任、刑罚的单行法律文件，由全国人大常委会制定和颁布，也是对刑法典的补充和修正。附属刑法是指非刑事法律中的刑事责任条款。

二、刑法的性质

研究刑法的性质，主要是为了将刑法与其他法律区别开来。刑法的性质包含两个方面，一是刑法的阶级性质，二是刑法的法律性质。

（一）刑法的阶级性质

马克思主义刑法学认为，刑法是阶级社会的产物，是统治阶级整体意志的反映，是为维护统治阶级的利益服务的。刑法的阶级性质是由国家的阶级性质决定并与之相一致的，有什么样性质的国家，就有什么样性质的刑法。我国刑法是建立在我国社会主义经济基础上的上层建筑之重要组成部分，是工人阶级和广大人民意志的体现，因而是社会主义类型的刑法，而非资本主义类型的刑法。

（二）刑法的法律性质

一国的刑法与民法、行政法等基本法律在同一法律体系中的阶级性质是完全相同的，但是它们的法律属性却有重大区别。这一区别是由刑法所规定的内容，即犯罪、刑事责任和刑罚来决定的。其区别主要表现在：第一，调整与保护的社会关系范围最广泛。刑法所调整的社会关系范围涉及社会生活的各个方面和层次，大到国家政体、社会制度、经济秩序，小到公民的人身权利、财产权利，这些都属于刑法的调整范围。刑法是从整体上对社会关系进行调整和保护的。民法调整的是平等主体间的财产关系和人身关系，行政法调整的是国家机关及其工作人员在国家行政管理活动中所发生的社会关系，经济法调整的是一定的经济关系。民法、行政法等其他法律部门都以社会关系中的某一方面作为其调整对象。可是，任何一种社会关系，当它受到犯罪行为的侵犯时，刑法就会将其纳入自己的调整范围。因此，刑法调整的社会关系最为广泛，同时，刑法的这一特性决定了刑法是其他法律部门职能得以实施的有力保障。第二，调整社会关系的方法最严厉。刑法规定的刑罚方法是所有法律中最严厉的，不但可以剥夺犯罪人的人身自由、政治权利、财产权利，甚至还可以剥夺犯罪人的生命权利。违反民法、行政法，都将受到法律制裁。民事制裁方法、行政制裁方法虽然具有强制性、严厉性，但其程度明显不及刑法。第三，刑法是其他部门法得以实施的后盾和保障。换言之，刑法具有最后手段的意思，不到万不得已时无论是在立法还是司法上都不能动用刑法，除非用民事手段、行政手段仍无法制裁、遏制该种行为。譬如恶意欠薪行为，这本应由劳动法来规范的。但该行为性质恶劣，劳动法也无法解决拖欠农民工工资问题，于是刑法修订时在第八修正案中增加了"拒不支付劳动报酬罪"的规定，将恶意欠薪的行为入罪。

三、刑法的功能与人权价值

（一）刑法的功能

刑法的功能又称刑法的机能，是指刑法规定本身对社会所能发挥的积极作用。

理论界通常认为，刑法的基本功能表现为以下三个方面：

（1）规范功能。此功能是指刑法具有规范人的行为的功能。它主要包括两个方面的含义：一是评价功能，即刑法以法律形式确定犯罪与刑事责任、刑罚的关系，否定了犯罪的社会价值，表明国家对犯罪行为的谴责；二是意思决定功能，即刑法通过对犯罪行为作出否定评价，要求人们抑止犯罪决意，不要实施犯罪行为。

（2）保护功能。此功能又称为刑法的秩序维持功能，简称为保护功能。是指刑法保护合法权益不受犯罪侵害的功能。保护功能是刑法规范功能的衍生，体现为对社会整体利益的保护。刑法通过对犯罪行为的否定性评价，通过规定犯罪、刑事责任和刑罚，通过追究犯罪人刑事责任和适用刑罚，从而保护合法权益，维护正常的社会秩序。

（3）保障功能。此功能也称刑法自由保障功能，是指刑法在实现法益保护功能时，必须考虑使刑法不至于侵犯公民的个人自由，不至于侵犯公民的人权。具体包括两方面：刑法保障善良公民不受国家的任意侵害，刑法保障犯罪人不受刑法规定以外的制裁。我国刑法中的罪刑法定原则就是刑法人权保障功能的最好体现。根据罪刑法定原则，我国刑法规定了各种犯罪的构成要件及其法定刑。对于没有规定为犯罪的行为，国家不得追究其刑事责任和行使刑罚权。对于已经构成犯罪行为的人，国家也必须依照刑法追究其刑事责任和处以相应的刑罚，不能超出刑法的规定给予额外的处罚。

保护功能和保障功能都是由刑法的规范功能派生出的功能。保护功能涉及整体利益，保障功能涉及个体利益，整体与个体之间应当达到平衡、协调。所以，保护功能和保障功能、整体利益和个体利益、正义和秩序，这两者之间互相联系又互相矛盾，好的刑法制度总是力求在两者之间达到一种恰当的平衡。

（二）刑法的人权价值

人权问题是世界性热门问题，人权保障水平已成为评价一国文明进步的主要标准。我国于 2004 年在宪法中新增了"国家尊重和保障人权"的规定，人权入宪，说明我国对人权问题已经有了足够的重视。刑法虽然是一部以惩罚犯罪为主要目的的法律，但是其人权保障功能同样重要。"刑法既是善良人的大宪章，也是犯罪人的大宪章。"刑法对全面保障人权、避免公民受到国家刑罚权的任意侵害起着极其重要的作用。

刑法的人权价值可由刑法的功能体现出来。我国现行刑法较修订前的 1979 年刑法在人权保护方面已有明显进步。

（1）从规范功能来说，现行刑法规范立法机关、司法机关的活动，体现了对国家刑罚权的限制。如禁止酷刑、侮辱刑；实行罪刑法定原则，对类推制度、重法溯及既往的效力、不定期刑、习惯法、模糊用语等均绝对排斥。

（2）从保护功能来说，刑法维护社会利益关系及其秩序，维护社会利益、公民利益和共同利益，加大了对公民人身权利、民主权利和其他权利的保护力度。如对正当防卫制度的强化，放宽正当防卫的成立条件，设立特殊防卫权，强化对被害人及其他守法公民的人权保障，并有效地制止不法侵害。制裁侵犯公民权益的犯罪人，维护公民合法权益，是刑法保护功能的重要组成部分。

（3）从保障功能来说，通过实行罪刑法定原则，只要行为人的行为不构成刑法所规定的犯罪，就不得受到刑罚处罚，这就限制了国家刑罚权的随意发动。在刑法的溯及力上实行从旧兼从轻原则，保障被告人的合法权益；实施一罪不二罚原则，保障无辜的人不受刑事追究。对犯罪人应根据刑法的规定给予处罚，不得超出刑法规定的范围科处刑罚，以保障犯罪人免受不恰当的刑罚处罚。在刑罚设置中贯彻人道主义刑罚原则，保留我国独创、体现人道的"管制"刑种和"死缓"这一特殊死刑执行制度。

四、刑法的体系

（一）刑法体系的概念

一部刑法包含诸多内容、诸多规范，将这些内容进行分类、排列，组成一部完整的、系统的刑法典，就形成刑法的体系。因此，所谓刑法的体系就是刑法的组成和结构。

综观现代世界各国的刑法，它们一般采用总则和分则的结构形式。而在 18 世纪以前，刑法体系尚未建立，并无总分则之分，一般只规定具体的犯罪和具体的刑罚。随着刑法科学的发展，人们逐步总结出一些带共同性的原则、理论，如刑事责任年龄、故意犯罪的形态、共同犯罪、刑种和量刑原则等。立法者将这些带有共同性的内容专门进行规定，称为刑法总则；而把各种具体犯罪及相应的刑罚专门予以规定，称为刑法分则。由此出现了总则指导分则，分则贯彻总则的刑法规范体系。

（二）我国现行刑法的体系

我国现行刑法分为总则、分则和附则三个部分。根据法律规范的性质和内容，正文之下依次分为编、章、节、条、款、项。总则、分则各为一编，总则编下分五章，即刑法的任务、基本原则和适用范围；犯罪；刑罚；刑罚的具体运用；其他规定。分则编下分十章，即危害国家安全罪；危害公共安全罪；破坏社会主义市场经济秩序罪；侵犯公民人身权利、民主权利罪；侵犯财产罪；妨害社会管理秩序罪；危害国防利益罪；贪污贿赂罪；渎职罪；军人违反职责罪。刑法附则编仅第452条一个条文，规定修订后的刑法施行日期及与以往单行刑法的关系。

刑法章节以下设条、款、项，条是刑法的最基本单位。所有编、章、节的内容均由条构成，各编、章、节的条文统一编号。条下的款没有编号，用另起一行的方式来表示，即一个条文有几个自然段就是几款。条或款以下的项，用（一）、（二）、（三）……序号表示，有几个序号就有几项。

刑法总则是关于犯罪、刑事责任和刑罚的一般规定，刑法分则是关于具体犯罪的罪状及其相应刑罚幅度的特殊规定。刑法总则与分则的关系是一般与特殊、抽象与具体的关系，总则指导分则，分则将总则原则、原理具体化，二者相辅相成。

五、刑法的基本原则

（一）刑法基本原则概述

1. 刑法基本原则的概念

刑法的基本原则是指贯穿刑法规范的始终，指导和制约全部刑事立法及司法实践，并体现我国刑事法制的基本性质与基本精神的准则。刑法的基本原则是刑法的灵魂与核心。根据《中华人民共和国刑法》第3条、第4条和第5条规定，我国刑法的基本原则有三项：罪刑法定原则、适用刑法人人平等原则和罪责刑相适应原则。

2. 刑法基本原则的特征

作为我国刑事立法和司法的指导原则，刑法的基本原则具有以下特征：

（1）刑法基本原则贯穿全部刑法规范始终，具有全局性指导作用。在刑事立法中，为了解决定罪量刑这一根本问题，需要制定一系列的法律原则。但是并非所有的原则都能贯穿全部刑法规范的始终，有的原则只能在刑法的某一方面适用，如"从旧兼从轻"原则只在刑法的时间效力方面发挥作用，因而并不具有全局性的指导意义，不可能成为刑法的基本原则。

（2）刑法基本原则对全部刑事立法及刑事司法具有指导和制约意义。在刑事立法过程中，立法者必须以刑法基本原则的理念和精神来指导刑法具体规范的制定；在刑事司法中，基本原则是必须遵循的准则，对刑事司法活动的全过程具有直接的指导意义。当司法人员面对复杂多变而又没有具体条文可以适用的案件时，可以依据基本原则作出符合刑法价值理念的判断。例如，罪刑法定原则不论在刑事立法及司法实践中都具有重要而普遍的指导意义，因而是刑法的基本原则之一。

（3）刑法基本原则体现了我国刑事法制的基本性质和基本精神。一项原则如果不能体现刑事法制的基本性质和基本精神，即使对刑事立法及司法具有全局性的指导意义，也不可能成为刑法的基本原则。我国刑事法制的基本精神内涵应当具有以下内容：

原则应当反映这一内涵，唯其如此，才能成为刑法的基本原则。

罪刑法定原则、适用刑法人人平等原则和罪责刑相适应原则均具备了刑法的基本原则之特征，因而成为我国刑法典中明确规定的基本原则。

（二）罪刑法定原则

1. 罪刑法定原则的含义与要求

（1）"罪刑法定"的历史沿革。

罪刑法定思想起源于 1215 年英国《大宪章》。《大宪章》第 39 条规定："凡是自由民除经贵族依法判决或遵照国内法律之规定外，不得加以扣留、监禁、没收其财产，剥夺其法律保护权，或加以放逐、伤害、搜索或逮捕。"罪刑法定的思想，在 18、19 世纪启蒙思想家的著作中得到更为系统与全面的阐述，由此形成了一种思想潮流，与封建社会的罪刑擅断相抗衡。其中，贝卡里亚、费尔巴哈对罪刑法定思想的阐述最终促使罪刑法定原则成为法律的一项基本原则。1789 年法国《人权宣言》第 8 条规定："法律只应规定确实需要和显然不可少的刑罚，而且除非根据在犯罪前已制定和公布的且系依法施行的法律以外，不得处罚任何人。"1810 年《法国刑法典》第一次在刑事立法中引进了罪刑法定原则，该法第 4 条规定："没有在犯罪行为时以明文规定刑罚的法律，对任何人不得处以违警罪、轻罪和重罪。"至此，罪刑法定原则刑事立法化的工作已完成，并对世界各国的刑事法律产生了深远影响。今天，罪刑法定原则已经成为世界刑事法律中的首要基本原则。

（2）罪刑法定原则的理论基础。

罪刑法定原则之所以能成为世界刑事法律中的基本原则，有其产生的深刻理论基础。罪刑法定主要在以下两个学说的基础上产生。

①三权分立说。三权分立是一种分权学说。为了防止封建贵族实行专制统治，洛克提出了分权原则。洛克主张把国家的权力分为立法权、行政权和对外权。在洛克看来，这三种权力不是平列的，立法权高于其他权利，处于支配地位。洛克认为，三种权力必须由不同的机关行使，不能集中在君主或政府手中。孟德斯鸠在洛克的影响下，以英国君主立宪政体为根据，提出了较为完整的分权学说。他把政权分为立法权、司法权和行政权。孟德斯鸠认为这三种权力应当由三个不同的机关来行使，并且互相制约。他指出："当立法权和行政权集中在同一个人或同一个机关之手，自由便不复存在了。因为人们将要害怕这个国王或议会制定暴虐的法律，并暴虐地执行法律。如果司法权不同立法权和行政权分立，自由就不复存在了。如果司法权同立法权合而为一，则将对公民的生命和自由施行专断的权力，因为法官就是立法者。如果司法权同行政权合而为一，法官便将握有压迫者的力量。"有鉴于此，孟德斯鸠提出以权制权的制衡原理。在实行专制的社会，君主大权独揽，集立法、司法与行政三权于一身，实行的是罪刑擅断。在中国奴隶社会，崇尚所谓"刑不可知，则威不可测"，当然无所谓罪刑法定。因此，只有在立法权与司法权分立的前提下，为了防止罪刑擅断，才有必要把罪与刑用法律明文规定下来，从而确定了罪刑法定原则。

②心理强制说。德国刑法学家费尔巴哈是心理强制说的首倡者。他认为，所有违法行为的根源都在于趋向犯罪行为的精神动向、动机形成源，它驱使人们违背法律。因此，国家制止犯罪的第一道防线便应该是道德教育。然而，道德教育没有强制力，

总会有人不服教育而产生违法的精神动向。因此，国家还必须建立第二道防线，即求助于心理强制。费尔巴哈认为，刑罚与违法的精神动向相联系必须借助于一定的中介，这就是市民对痛苦与犯罪不可分的确信。而建立痛苦与犯罪不可分的确信的唯一途径就是用法律进行威吓，通过事先制定犯罪与刑罚的方式使得人们在犯罪面前止步。由于犯罪将面临着刑罚的威吓，人们就可能因该种威吓而不敢实施任何犯罪，从而达到国家预防犯罪发生的目的。由此，费尔巴哈主张罪刑法定。可以说，罪刑法定是费尔巴哈心理强制说的必然结果。

（3）罪刑法定原则的含义及派生原则。

我国《刑法》第3条规定："法律明文规定为犯罪行为的，依照法律定罪处刑；法律没有明文规定为犯罪行为的，不得定罪处刑。"由此可知，罪刑法定原则的含义包括如下两个方面：第一，哪些行为构成犯罪，犯何种罪，犯罪的具体构成条件是什么，应作何种处罚，必须依据刑法的明确规定。第二，对于刑法没有明确规定为犯罪的行为，即使具有社会危害性，也不得定罪处罚，即"法无明文规定不为罪，法无明文规定不处罚"。

罪刑法定原则自产生之后，经历了一个不断发展完善的过程。目前，普遍认为罪刑法定有以下四个派生原则：

①禁止适用类推，但是不禁止扩大解释，把刑法的明文规定作为定罪的唯一根据。对于法律没有明文规定的行为，不能通过类推或者类推解释以犯罪论处。

②禁止适用习惯法，把成文法作为刑法的唯一渊源。对于刑法上没有明文规定的行为，不允许通过适用习惯法定罪。

③禁止刑法溯及既往，把从旧原则作为解决刑法溯及力问题的唯一原则。对于行为的定罪量刑，只能以行为当时有效的法律为依据，行为后颁行的新法没有溯及既往的效力。现在大多数国家为了保护被告人的合法权益，普遍认为重法不具有溯及力，但不排斥轻法的溯及力。

④禁止法外刑和不定期刑。刑罚的名称、种类和量刑幅度，都必须由法律加以明确确定，并且刑期必须是绝对确定的，既不允许存在绝对的不定期刑，也不允许存在相对的不定期刑。

（4）罪刑法定原则的基本要求。

作为刑法的首要基本原则，罪刑法定原则对刑事立法、司法的基本要求主要表现在如下三个方面：①法律明文性规定。即什么行为是犯罪，触犯什么罪名，应该如何刑罚，必须事先由法律作出明确的成文规定，绝不允许法官随自己的喜好、情绪或者习惯而随意地决定一个人是否有罪。②法律实体性规定。即对于什么行为构成犯罪以及犯罪产生什么样的法律后果，法律必须就罪名、刑种、刑度等内容作出具体可行的实体性规定。③法律明确性规定。即刑法条文必须用精确清晰的语言来表达，内容必须明确具体，不得含糊其辞，不能产生歧义，不能模棱两可。

2. 罪刑法定原则的立法体现

我国《刑法》第3条对罪刑法定原则作了明确规定，但这一原则不可能由一个单一的法律条文来支撑，在刑法典中必定要有相应的规定与之配套，不论是总则还是分则，都须围绕罪刑法定原则作出一系列规定，使之成为一个完整的体系。1997年我国颁布新的《刑法》比较系统全面地体现了罪刑法定思想，具体表现在如下五个方面：

（1）犯罪的法定化。罪刑法定原则的基本要求之一是法定化，而犯罪的法定化就是其中的一个重要内容。犯罪的法定化在刑法中主要体现在：明确规定了犯罪概念，明确界定了犯罪行为；规定了犯罪构成的共同要件，如主体要件、主观要件等；用总分则相结合的方法规定了各种具体犯罪的构成要件。

（2）刑罚的法定化。刑罚的法定化是罪刑法定原则的另一个重要内容，其主要体现在：①《刑法》明确规定了刑罚的种类，即主刑和附加刑。主刑有管制、拘役、有期徒刑、无期徒刑和死刑，附加刑有罚金、剥夺政治权利、没收财产以及驱逐出境。②《刑法》规定了具体的量刑原则和量刑情节。即以犯罪事实为根据、以刑事法律为准绳的量刑原则和法定的从重、从轻和免除处罚情节。③刑法的分则部分规定了具体犯罪的法定刑。法定刑中绝大多数属于相对确定法定刑，极少有绝对确定法定刑，没有规定绝对不确定法定刑。

（3）从旧兼从轻原则。关于刑法的时间效力问题，我国《刑法》第12条规定了从旧兼从轻原则，即新法对其颁布施行前的行为原则上不具有溯及力，但是新法不认为是犯罪或处罚较轻的除外。罪刑法定原则并非是绝对的，因而在刑法的溯及力上也不是绝对禁止刑法溯及既往的效力，而要考虑是否对被告人有利。对被告人有利，则刑法具有溯及力，反之则不具有溯及力。

（4）类推制度的废除。类推制度是对法律没有明文规定的行为，通过比照刑法分则最类似条文加以定罪处罚的制度。其实质是对罪刑法定原则的否定。我国1997年《刑法》废除了1979年《刑法》第79条规定的类推制度，使得罪刑法定原则在我国得到了彻底的贯彻。

（5）完备的罪名体系。刑法分则规定了400多个罪名，使我国刑法在罪名规定上更加完备，并且在罪状的表述上较多使用叙明罪状，这使得罪刑法定原则具备了更强的可操作性。

3. 罪刑法定原则的司法适用

罪刑法定原则的实现，需要司法实践部门的配合，否则就失去了其应有的意义。司法机关在实践中适用罪刑法定原则主要有以下作用：

（1）正确定罪和量刑。

司法机关在实践中遇到的各种犯罪行为，应以事实为根据，以法律为准绳，严格依据刑法的明文规定来处理，不能类推适用刑法。在认定事实之后，须准确适用法律的明文规定，认真分析犯罪的具体构成要件，并通过逻辑分析正确适用法律规定，只有这样才能严格区分罪与非罪、本罪与他罪的界限。确定具体罪名之后，还应当根据分则中个罪的刑种及量刑幅度以及总则中的量刑原则来确定具体的刑罚。

（2）正确进行司法解释。

刑事立法不可能穷尽所有的社会现象，对于刑法规定不够明确、不够具体的犯罪，最高司法机关应当在罪刑法定原则的指导下，通过司法解释弥补立法的不足，以指导司法实践。但是，司法解释不能超越其应有的权限，不能背离罪刑法定原则，尤其是作扩张解释时，不能违背刑事立法的本意，更不能以司法解释代替刑事立法。

司法机关在适用罪刑法定原则时，还必须贯彻保护被告人应有权利的理念。对于社会上那些新出现的法律又没有作出明文规定的有一定社会危害性的行为，司法机关不能随意通过司法解释将其归入为已有的犯罪或直接由司法机关作出有罪判决。

（三）适用刑法人人平等原则

1. 适用刑法人人平等原则的含义与要求

法律面前人人平等是我国宪法确立的一项基本原则，而这一原则在刑法上体现出来即为适用刑法人人平等原则。

（1）适用刑法人人平等原则的含义。

《刑法》第4条明文规定："对任何人犯罪，在适用法律上一律平等。不允许任何人有超越法律的特权。"这就是适用刑法人人平等的原则。

适用刑法人人平等原则的基本含义是：①对犯罪人而言，任何人犯罪，都应当受到法律的追究，任何人都不得享有超越法律规定的特权；②对被害人而言，任何人受到犯罪行为的某种侵害，都有获得国家同等保护的权利；③对国家司法机关而言，应一律平等地适用刑法，即对一切实施了某种犯罪行为的犯罪人应依法予以同样的刑事处罚，对一切被害人的合法权益应依法予以同等保护。前述的处罚和保护不能因犯罪人和被害人的社会地位、家庭出身、经济状况、职业状况、政治面貌、对社会所作贡献的不同而有所区别。

（2）适用刑法人人平等原则的要求。

适用刑法人人平等并不否认犯罪人或被害人的特定个人情况对定罪量刑的合法性区别，这也是适用刑法人人平等原则的内在要求，因为我们所追求的平等是一种实质上的平等，而非形式上的平等。如果犯罪人或被害人的特定情况会影响到犯罪的性质及危害程度，影响到犯罪人的主观恶性，当然就必须将犯罪人或被害人的特殊情况予以综合考虑。例如，同样是实施故意杀人罪，未成年人由于心智发育不够成熟，控制能力及辨认能力较成年人差。因而如果同等地处以相同的刑罚，显然有失公正，也不符合适用刑法人人平等原则的立法意图。在立法过程中，必须考虑这些个别差异，才能真正体现适用刑法人人平等原则。被害人的特殊情况也会影响定罪量刑。如同样是强奸罪，被害人是不满14周岁的幼女与被害人是成年妇女的情形，对于犯罪人的处罚也应有所区别，对强奸幼女的犯罪人的处罚应重于对强奸成年妇女的犯罪人的处罚。只有这样才能体现实质上的适用刑法人人平等原则。

2. 适用刑法人人平等原则的立法体现

适用刑法人人平等原则在刑事立法上主要体现在以下三个方面：

（1）定罪上的平等。

定罪上的平等，是指任何人犯罪，无论其地位、身份如何，都应当受到刑事追究而不得例外。首先，《刑法》第4条确立了适用刑法人人平等原则。其次，《刑法》第6条至第8条明确规定了我国刑法适用的空间范围。这些规定表明，行为人只要实施了我国刑法规定的犯罪行为，无论是在我国领域内或是在我国领域外，无论是中国人还是外国人，除法律有特别规定的以外，都一律平等地适用我国刑法。再次，刑法关于故意犯罪、过失犯罪、刑事责任年龄、刑事责任能力等内容的规定综合考虑了犯罪行为的社会危害性以及犯罪人的人身危险性和主观恶性程度，这都体现了适用刑法人人平等原则。

（2）量刑上的平等。

量刑上的平等，是指犯相同的罪且有相同的犯罪情节，应当做到同罪同罚。如果触犯的罪名相同，但犯罪情节中有法定的从重情节与从轻、减轻、免除处罚情节的不同，那么同罪不能同罚。也就是说，坚持量刑的平等，必须把触犯的罪名和犯罪情节予以全面考虑。这里所说的犯罪情节，是指与犯罪的社会危害性或犯罪人的人身危险性相关的情节，而诸如地位、权势、金钱等，均非量刑要考虑的情节。例如我国刑法条文中规定的对未成年人犯罪应当从宽处罚、对又聋又哑的人或盲人可以从宽处罚、对累犯应当从重处罚等内容都体现了刑事立法在量刑上的平等。

（3）行刑上的平等。

行刑上的平等，是指在刑罚执行上应当给予同等的对待，不能因身份、地位的不同而有所区别。但这种区别并不包括因犯罪人在改造中的表现优劣而给予的差别待遇。在司法实践中，行刑上的不平等现象多有发生，最常见的就是利用各种关系非法获得减刑和假释。为了规范减刑和假释制度，《刑法》第78条至第86条对减刑和假释的条件和程序作了具体规定，这是刑事立法在行刑上的平等的体现。

3. 适用刑法人人平等原则的司法适用

适用刑法人人平等原则不仅要在立法中得到体现，更重要的是要在司法实践中得到贯彻运用。否则，立法上的平等只会形同虚设。在贯彻适用刑法人人平等原则时，应注意以下两个问题：

（1）做到刑事司法公正。

刑事司法公正，是适用刑法人人平等原则的必然要求。司法机关在适用该原则时，必须正确理解"平等"的含义，平等并非绝对的平等适用，而是在犯相同的罪具有相同的量刑情节的情况下同等适用刑法。我们不能机械地运用该原则处理案件，否则只会出现司法不公正的现象。

（2）反对特权。

我国受封建传统等级思想的影响较深，自古以来就有"刑不上大夫，礼不下庶人"之说，而"八议"、"官当"等制度都是封建官僚阶层实施犯罪行为之后享受特权的很好例证。这种特权思想在我国至今仍有一定市场，司法实践中也时有背离适用刑法人人平等原则的现象。因此，坚持适用刑法人人平等原则，在刑事司法活动中就必须反对各种各样的特权思想，贯彻法律面前人人平等的法治理念，做到只要有犯罪，就要平等适用刑法，依法追究刑事责任并给予相应的刑事处罚，不允许任何人有超越法律的特权。

（四）罪责刑相适应原则

1. 罪责刑相适应原则的含义与要求

（1）罪责刑相适应原则的含义。

我国《刑法》第5条规定："刑罚的轻重，应当与犯罪分子所犯罪行和承担的刑事责任相适应。"这就是罪责刑相适应原则在立法中的规定。罪，指的是犯罪行为；责，指的是刑事责任；刑，指的是刑罚。该原则的基本含义就是：犯多大的罪，就应承担多重的刑事责任，法院也应判处其相应的刑罚。罪责刑相适应原则包含了两个方面的内容：其一，刑罚的轻重与所犯罪行相适应；其二，刑罚的轻重与所承担的刑事责任相适应。刑罚的轻重与犯罪分子所犯罪行相适应，体现了报应主义刑罚观的思想，要求刑罚的轻重与犯罪行为的社会危害性相适应，即重罪重罚、轻罪轻罚、罪刑相称、罚当其罪。同时，刑罚的轻重与犯罪人所承担的刑事责任相适应，体现了功利主义刑罚观的思想。刑事责任是指依照刑事法律的规定，犯罪人在其意志支配下实施的犯罪行为所应当承担的、由国家司法机关强制犯罪人接受的否定性评价和刑法制裁标准。刑事责任主要是通过定罪判刑的方式来实现，当然也可以通过定罪免刑的方式、转移处理的方式、消灭处理的方式来实现。刑事责任的引进，使得我们由只注重客观危害性的罪刑相适应原则转移到主客观并重的罪责刑相适应原则上来。刑罚的轻重要体现犯罪分子所承担的刑事责任，就要关注犯罪分子的主观恶性，关注其人身危险性。譬如，同样是有预谋的故意杀人行为，前者是因别人撞了他一下而报复杀人，后者是由于长期遭受毒打及虐待、求助无门的情况下杀人，两者虽然犯罪性质相同，同为故意剥夺他人生命的行为，但两者的刑事责任相差甚远。前者显然主观恶性强，具有较大的人身危险性，后者的人身危险性则小很多。因此，两者最后的刑罚也会有差别。人身危险性小，判处的刑罚也相应较轻；人身危险性大，判处的刑罚也相应更重。因此，对犯罪人适用刑罚，应当综合考虑犯罪行为的社会危害性和犯罪人的刑事责任。

（2）罪责刑相适应原则的要求。

罪责刑相适应原则的基本要求是：①在刑事立法过程中，不仅要考虑犯罪的社会危害性，而且要考虑犯罪人的人身危险性以及主观恶性程度。刑法在规定具体犯罪的处罚原则、刑罚裁量、执行制度及个罪法定刑时，都不能忽略这些因素。②在司法实践过程中，对某一具体犯罪进行刑罚裁量，不仅要考虑犯罪行为的基本性质、整体事实及其社会危害结果，而且应结合分析罪犯个人方面的各种因素，注重刑罚个别化特点。

2. 罪责刑相适应原则的立法体现

我国《刑法》第5条明文规定了罪责刑相适应原则，这是该原则的最好立法体现，但任何一项原则的实施，都有赖于配套措施的完备，因而罪责刑相适应原则在我国刑事立法中有一系列的具体体现。

（1）建立了科学严密的刑罚体系。

我国现行刑法确立了一个科学而严密的刑罚体系。在这一刑罚体系中，按照刑罚方法的种类和轻重次序的不同进行排列，将刑罚分为5种主刑和4种附加刑（包括外国人适用的驱逐出境），另外还规定了6种非刑法处理方法，作为刑罚的必要补充。各种刑罚方法相互区别而又相互衔接，共同构成了一个层次分明、科学严密的刑罚系统。司法机关可以依据犯罪的具体情况适用不同的刑罚方法，以体现罪责刑相适应原则。

（2）确立了区别对待的处罚原则。

我国现行刑法总则根据犯罪行为的社会危害性和犯罪人的人身危险性的不同，规定了一系列区别对待的处罚原则。例如，对于故意犯罪的不同形态规定了不同的处罚制度，预备犯因为造成的社会危害性较小，可以比照既遂犯从轻、减轻或免除处罚；未遂犯可以比照既遂犯从轻或者减轻处罚；中止犯由于人身危险性较小，没有造成损害的应当免除处罚，造成损害的应当减轻处罚；在共同犯罪中，对主犯、从犯、胁从犯和教唆犯规定了不同的处罚制度。此外，我国刑法还规定了一系列个性化的刑罚裁量和执行制度，例如累犯制度、自首和立功制度、缓刑制度、减刑和假释制度等。累犯因其人身危险性、社会危害性较大应从重处罚，并且规定累犯不适用缓刑和假释制度；自首、立功者因其人身危险性较小则可以从宽处罚；缓刑只适用于判处短期自由刑之人，且以犯罪情节和悔罪表现作为条件；在刑罚执行过程中，犯罪人如果确有悔改或立功表现，可以获得减刑；如果确有悔改表现，假释后不再危害社会的，可以得到假释。以上规定，均反映出犯罪行为的社会危害性和犯罪人的人身危险性的大小会导致刑罚适用的不同，而这种不同恰恰是立法所追求的结果。

（3）设立了轻重不同的法定刑幅度。

我国刑法分则不仅确立了一个完善的犯罪体系，而且还为各种具体犯罪规定了具有一定弹性、幅度较大的法定刑。因此，司法机关可以根据犯罪情节的不同、造成危害结果的不同、犯罪人的人身危险性的不同等因素对同一种犯罪处以不同的刑罚，使得罪责刑相适应原则在对具体犯罪的处罚中能够得到更直接、具体的体现。

3. 罪责刑相适应原则的司法适用

罪责刑相适应原则对司法实践有着重要的指导意义，司法机关在贯彻该原则时，应着重解决以下问题：

（1）纠正重定罪轻量刑的错误倾向。

国刑事审判机关长期存在一种错误的认识，即对案件的定性非常重视，但对案件的量刑则不够重视——只要是在法定刑幅度内，怎么判都是可以的，多判几年或少判几年都无关紧要。基于这种认识，在处理上诉、申诉案件时，就形成了一个不成文的规则：确属定性错误或量刑畸重畸轻的，予以改判；如果定性准确，只是量刑偏重偏轻的，不予改判。在这种情况下，维持原判表面上并没有违背法律的规定，但绝没有反映刑法的立法本意，是完全违背罪责刑相适应原则的。而从犯罪人的角度出发，这是明显的不公平的，多判则意味着不该被侵犯的、宪法所保障的人身自由权受到了不应有的剥夺；少判则对其他犯罪人不公平，也会对行刑产生不良的影响。基于此，我们必须纠正这种重定罪轻量刑的做法，认识到量刑和定罪是同等重要的司法实践活动，应当将定性准确和量刑合理作为一个统一的、不可分割的标准应用于司法实践。

（2）纠正重刑主义的错误思想。

历史上我国是一个有着重刑主义传统的国家，"治乱世用重典"的思想至今仍被奉为经典的治国名言。我国经常在治安状况较差之时开展"严打"活动，对一些犯罪进行"从重从快"的打击就是一个实例。虽然"严打"之时，犯罪行为得到一定的遏制，但"严打"一过，便死灰复燃。重刑主义不能从根本上遏制犯罪行为，这是被我国历史所证明了的。重刑主义是一种野蛮落后的刑法思想，判处重刑直接与罪责刑相适应原则相违背。没有根据犯罪的具体情节和犯罪人的具体情况判处相应的刑罚，而是判处比其应当承受的刑罚更重的刑罚。这一方面使得犯罪人容易产生仇视社会的心态，继而再次犯罪；另一方面其他人也会觉得处罚不公，产生人人自危的心理。因此，我们必须警惕重刑主义思想的抬头，防止量刑活动受到重刑主义思想的影响。

（3）纠正各地量刑不平衡的现象。

按照罪责刑相适应原则的要求，类似的案件在处罚的轻重上应基本相同。但我国司法实践中却经常出现对类似案件的处理差异较大的现象，甚至是性质相同、犯罪情节基本相同的案件，由不同的法院审理，或者由同一法院的不同法官审理，也会出现差异较大的判决结果。当然，在财产类犯罪中，由于受经济因素的影响，各地对相同数额的财产型犯罪处理结果必然会不同。除此之外，其他犯罪行为出现类似情况时，在量刑上应保持基本一致。为此，对这些犯罪行为的量刑可制定一个相对明确具体的标准，使得对类似案件的处理能基本相同，从而纠正各地量刑不平衡的现象。

【案例分析】

1. 被告人衡某、赵某构成故意伤害罪和非法拘禁罪，被告人王某、衡某阳和刘某构成非法拘禁罪。衡某作为承包人伙同窑主王某为谋取私利，采用雇人看守等方法剥夺他人人身自由，强迫被害人劳动。王某不但纵容衡某等人非法拘禁民工，同时还饲养了4只狼狗在砖厂护院，防止民工逃跑。根据《刑法》第238条的规定，衡某和王某的行为属于"非法拘禁他人或者以其他方法非法剥夺他人人身自由"，构成非法拘禁罪。在非法拘禁期间，致使部分民工面部烧伤，甚至达到重伤的程度，属于《刑法》第238条第2款"致人重伤"的情况，法定刑加重。被告人赵某在衡某授意下以被害人刘宝干活慢为由对其进行殴打并致其死亡，根据《刑法》第234条的规定，两人的行为已构成故意伤害罪（致人死亡）。被告人王某、赵某、衡某阳和刘某对民工进行看管、非法限制民工的人身自由，其行为均构成非法拘禁罪。由此可知，除衡某和赵某二人应以非法拘禁罪和故意伤害罪数罪并罚外，其余被告人均构成非法拘禁罪。从以上分析可以看出，非法拘禁罪和故意伤害罪都是刑法明文规定的犯罪行为，要追究被告人的刑事责任须以刑法明文规定为前提。对以上五名被告人的追究，体现了我国《刑法》所确立的罪刑法定原则，即"法律明文规定为犯罪行为的，依照法律定罪处罚"。

2. 衡某拐骗31名民工的行为不构成犯罪。我国刑法规定准确的罪名叫做拐卖妇女、儿童罪（《刑法》第240条），而不叫拐卖人口罪。拐卖妇女、儿童罪中的儿童，是指不满14周岁的男女儿童，而衡某拐骗来的这些民工都是成年男性，既没有女性，也没有不满14周岁的儿童。根据罪刑法定原则，既然法律规定了只有拐卖不满14周岁的儿童才构成犯罪，那么衡某拐骗的是成年男性，当然不能定这个罪。另外，拐卖妇女、儿童罪必须有出卖的目的，而衡某拐骗这些民工是为了剥削他们的廉价劳动力。因此，衡某的拐骗行为不构成犯罪。基于同样的理由，衡某的行为也不构成收买被拐卖的妇女、儿童罪。王某伙同衡某拐骗3名民工的行为性质和衡某的行为性质相同，根据罪刑法定原则，都不能追究刑事责任。

【法律链接】

《中华人民共和国刑法》（1997年）

第三条 法律明文规定为犯罪行为的，依照法律定罪处刑；法律没有明文规定为犯罪行为的，不得定罪处刑。

第四条 对任何人犯罪，在适用法律上一律平等。不允许任何人有超越法律的特权。

第五条 刑罚的轻重，应当与犯罪分子所犯罪行和承担的刑事责任相适应。

【工作任务】

2001年10月，被告人肖某因对上海市政府某领导及上海东方电台新闻中心陈某不满，遂将粉末状的食品干燥剂装入信封，分别投寄给该领导和陈某，结果引起二人所在工作单位的整栋大楼的恐慌，误以为投寄的是炭疽粉末。上海市第二中院以以危险方法危害公共安全罪判处肖某有期徒刑4年。

【问题】

上海市第二中院的判决是否符合罪刑法定原则？

【拓展阅读】

1. 张小虎. 刑法的基本观念. 北京：北京大学出版社，2004.

2. 张军. 刑法基本原则适用. 北京：中国人民公安大学出版社，2012.

3. 郭健，王利宾. 刑法基本原则专题整理. 北京：中国人民公安大学出版社，2009.

项目二　刑法的效力范围

【知识目标】

理解刑法的空间效力的概念与原则，掌握我国刑法关于空间效力的四大管辖权的内涵，掌握我国刑法关于时间效力的规定。

【能力目标】

掌握刑法空间效力和时间效力的规定，并运用原理分析实际问题。

【内容结构图】

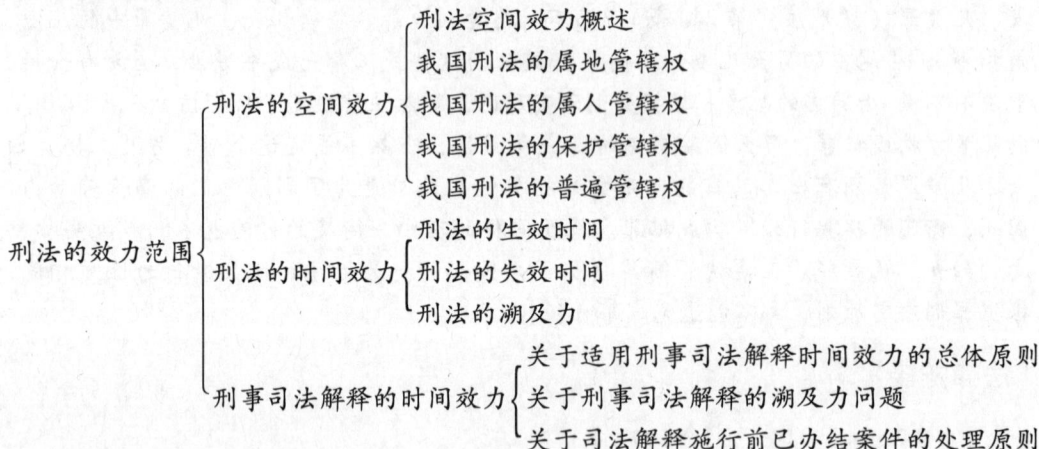

刑法的效力范围
- 刑法的空间效力
  - 刑法空间效力概述
  - 我国刑法的属地管辖权
  - 我国刑法的属人管辖权
  - 我国刑法的保护管辖权
  - 我国刑法的普遍管辖权
- 刑法的时间效力
  - 刑法的生效时间
  - 刑法的失效时间
  - 刑法的溯及力
- 刑事司法解释的时间效力
  - 关于适用刑事司法解释时间效力的总体原则
  - 关于刑事司法解释的溯及力问题
  - 关于司法解释施行前已办结案件的处理原则

【案例导入一】

隶属于中国某边境城市旅游公司的长途汽车在从中国进入 E 国境内之后，乘客因争抢座位，F 国的汤姆一怒之下杀死了 G 国的杰瑞。

【问题】

对汤姆的杀人行为能否适用中国刑法？

【案例导入二】

1990 年，王某将一"女青年"甲卖给乙为妻，获得 3 000 元。乙后来与"女青年"同居生活时发现其是"以男性为主"的两性人。王某被检察院以拐卖人口罪批捕后在逃，1999 年被抓获。

对王某的拐卖行为应适用旧法还是新法？

【基本原理】

刑法的空间效力

一、刑法空间效力概述

刑法的空间效力，是指刑法对地和对人的效力。它解决的是一个国家的刑法适用于什么地域和适用于哪些人的问题，亦即解决国家刑事管辖权的范围问题。不同的国家由于其文化传统与政治制度不同，因而在解决国家刑事管辖权方面所坚持的原则也各有不同。概括起来，刑法的空间效力原则有以下四种：

（1）属地原则。它是指凡在本国领域内发生的犯罪，无论是本国人还是外国人，都适用本国刑法。由于这是以犯罪发生的地域为根据来确立本国刑法的效力范围，所以也被称为属地原则或者领土原则。它体现了维护国家主权的基本精神，是国家行使刑事管辖权的基本原则，为大多数国家所采用。但是，这个原则不能解决以下两种情况的本国刑法适用问题：一是外国人在本国外实施危害本国国家或者公民利益的犯罪行为；二是本国人在本国领域外实施的犯罪行为。因此，单独采用这一原则的国家很少。

（2）属人原则。它是指凡是本国人犯罪，不论其犯罪发生在本国领域内还是本国领域外，都适用本国刑法。由于这是依据犯罪人的国籍确立本国刑法的适用范围，所以被称为属人原则或国籍原则。属人原则对本国人而言无可非议，但单纯实施这个原则，遇到外国人在本国领域内犯罪，就不能适用本国刑法，这有悖于国家主权原则。

（3）保护原则。它是指凡是侵犯本国国家或者公民的利益的，无论是本国人还是外国人，也不论是在本国领域内还是在本国领域外，都适用本国刑法。由于这是依据犯罪是否侵害到本国国家或者公民的利益确立本国刑法的效力范围，以保护本国国家或公民的利益为标准，所以被称为保护原则，也叫自卫原则。保护原则保护了本国国家和人民的利益，但实行起来有一定的困难。假如犯罪人是外国人，犯罪地又在国外，就涉及国家主权问题，所以各国在采用这一原则时也是加以一定条件限制的。

（4）普遍管辖原则。该原则也被称作世界原则。它是指不论犯罪发生在何地，犯罪人和被害人是哪国人，也不论被害人利益的归属，都可以适用本国刑法。随着国际交往的发展，有些国际条约要求签约国行使普遍管辖权，但对没有签约的国家无约束力。

由于以上原则各有其局限性，因此世界上绝大多数国家不是单独采用某种原则，而是以属地原则为基础，兼用其他原则。

二、我国刑法的属地管辖权

我国《刑法》第6条规定："凡在中华人民共和国领域内犯罪的，除法律有特别规定的以外，都适用本法。凡在中华人民共和国船舶或者航空器内犯罪的，也适用本法。

犯罪的行为或者结果有一项发生在中华人民共和国领域内的，就认为是在中华人民共和国领域内犯罪。"这是我国刑法在我国领域内的适用规定，它包含以下两个方面的内容：

（一）"中华人民共和国领域内"的含义

所谓中华人民共和国领域内，是指我国国境以内的全部空间区域，具体包括领陆、领水、领空。所谓领陆，即我国国境线以内的陆地地表及其地下层。所谓领水，即我国国家主权管辖下的全部水域，包括内水、领海及其地下层。内水，是指我国国家领陆内的水域。领海，是指我国（沿海国）陆地及其内水以外邻接的一定宽度的海域，我国领海宽度是 12 海里。所谓领空，即我国领陆、领水上空的空气空间。

根据国际条约、国际惯例以及我国刑法的规定，以下两个部分也属于我国领土的延伸，适用我国刑法。

（1）我国的船舶或航空器。《刑法》第 6 条第 2 款规定："凡在中华人民共和国船舶或者航空器内犯罪的，也适用本法。"

（2）我国驻外使领馆。根据我国 1961 年承认的《维也纳外交关系公约》的规定，各国驻外大使馆、领事馆，不受驻在国而受本国的司法管辖。

此外，针对犯罪行为与犯罪结果在地点方面存在跨国界的情况，我国《刑法》第 6 条第 3 款规定："犯罪的行为或者结果有一项发生在中华人民共和国领域内的，就认为是在中华人民共和国领域内犯罪。"这里包括三种情况都适用我国刑法：一是犯罪的行为和结果都发生在我国领域内；二是犯罪行为实施在我国领域内，但犯罪结果发生在我国领域外；三是犯罪行为实施在我国领域外，但犯罪结果发生在我国领域内。

（二）"法律有特别规定"的含义

法律有特别规定，是指以下情况：

（1）《刑法》第 11 条规定："享有外交特权和豁免权的外国人的刑事责任，通过外交途径解决。"亦即享有外交特权和豁免权的外国人不受我国刑法管辖。但是，派遣国政府明确表示对前述权力放弃的情形除外。根据《中华人民共和国外交特权与豁免权条例》、《维也纳外交关系公约》、《维也纳领事公约》，享有外交特权与豁免权的外国人主要包括：①各国驻我国的大使、公使、代办、参赞、武官、三等以上秘书、使馆行政技术人员及其与他们共同生活的配偶及其未成年子女；②应邀来我国访问的外国国家元首、政府首脑、外交部长及其他具有同等身份的官员；③各国驻我国的领事代表和其他领事馆人员；④根据我国签订的条约或协定享有一定外交特权与豁免权的商务代表；⑤途经或临时留在我国境内的各国驻第三国的外交官；⑥各国派来我国参加会议的代表；⑦各国政府派来我国的高级官员。

（2）香港和澳门特别行政区发生的犯罪由当地的司法机构适用当地的刑法，亦即香港、澳门特别行政区不受我国刑法管辖。但是，全国处于战争状态或者特别行政区处于紧急状态的情形除外。

（3）民族自治地区可以根据本民族特点制定变通或补充规定。亦即在（大陆）少数民族自治地区基本适用我国刑法的前提下，对与少数民族特殊风俗习惯、宗教文化传统相关的部分，少数民族自治地区可以依据本民族的特点制定相应的变通或者补充规定，并报请全国人大常委会批准施行。对前述的规定（包括特别规定或单行规定等）的相关内容，则排除我国刑法的适用。

（4）关于刑法施行后由立法机关制定的特别刑法的规定。现行刑法实施后，随着国家政治、经济、文化等各方面的发展，国家立法机关完全有可能根据需要制定新的单行刑法和附属刑法。如果以后的单行刑法和附属刑法与现行刑法规定发生竞合，则按照"特别法优于一般法"的原则处理。

三、我国刑法的属人管辖权

《刑法》第7条规定："中华人民共和国公民在中华人民共和国领域外犯本法规定之罪的，适用本法，但是按本法规定的最高刑为三年以下有期徒刑的，可以不予追究。中华人民共和国国家工作人员和军人在中华人民共和国领域外犯本法规定之罪的，适用本法。"这就是我国刑法的属人管辖权。它表明中国刑法对中国公民在外国犯罪原则上适用，只是在罪行很轻的情况下即法定最高刑为3年以下有期徒刑的，才属于可以不追究的范围，但也不是绝对不能追究。另外，对于特殊主体即国家工作人员和军人在域外犯罪的，则不管其所犯罪之法定最高刑是否为3年以下，我国刑法一律追究刑事责任。

《刑法》第10条规定："凡在中华人民共和国领域外犯罪，依照本法应当负刑事责任的，虽然经过外国审判，仍然可以依照本法追究，但是在外国已经受过刑罚处罚的，可以免除或者减轻处罚。"这条规定表明：①我国是一个主权国家，具有独立的刑事管辖权，外国的审理与判决对我国没有约束力。也就是说，我国刑法不承认外国刑事判决的效力，不承认外国刑事判决对我国具有"一事不再理"的效力。因此，经过外国审判以后，我国仍然可以依据本国刑法追究。②我国坚持人道主义原则，注重刑法的人权价值。为了避免被告人受双重处罚，我国刑法又规定在外国已经受过刑罚处罚的被告人，可以免除或者减轻处罚。这样既维护了国家主权，又体现了人道主义；既体现了原则性，又体现了灵活性。

四、我国刑法的保护管辖权

《刑法》第8条规定："外国人在中华人民共和国领域外对中华人民共和国国家或者公民犯罪，而按本法规定的最低刑为三年以上有期徒刑的，可以适用本法，但是按照犯罪地的法律不受处罚的除外。"这条规定表明，对在我国领域外犯罪的外国人，只要是对我国国家或者公民犯罪的，我国刑法也有管辖权，但是有一定的条件：一是外国人的犯罪行为，侵害到中国国家或者公民的利益；二是其所犯之罪罪行较重，即按照我国刑法的规定法定最低刑为3年以上有期徒刑；三是"双方可罚"，即其所犯之罪按照犯罪地的法律也应受处罚（行政处罚或者刑事处罚）。

五、我国刑法的普遍管辖权

《刑法》第9条规定："对于中华人民共和国缔结或者参加的国际条约所规定的罪行，中华人民共和国在所承担条约义务的范围内行使刑事管辖权的，适用本法。"根据这一规定，凡是我国缔结或者参加的国际条约所规定的罪行，无论犯罪人是中国人还是外国人，也不论其罪行发生在我国领域内还是在我国领域外，凡在我国所承担条约义务的范围内，如果罪犯没有被引渡给有关国家，我国就可以依照刑法，对其实施刑事管辖权。根据我国刑法的规定，按照普遍管辖原则适用我国刑法，必须具备如下条件：第一，追诉的犯罪是我国缔结或者参加的国际条约所规定的国际犯罪。常见的有：①海盗罪（公海上的暴力行为，如抢劫、杀人等）；②毒品犯罪（具体包括走私、贩卖、制造、运输毒品罪）；③劫持民用航空器罪行；④恐怖主义的犯罪（如绑架外交官、暗杀政治家、爆炸、投放危险物质等犯罪行为）。第二，追诉的犯罪是我国在所承担条约义务的范围之内。第三，追诉的犯罪系发生在我国领域之外。如果是发生在我国领域之内，则应依据属地原则适用我国刑法，而不需要依据普遍管辖原则。第四，犯罪人必须是外国人包括无国籍人。如果犯罪人是我国公民，应当依照属人原则适用我国刑法，也不需要适用普遍管辖原则。第五，对追诉的犯罪，我国刑法有明文规定。第六，犯罪人是在我国领域内居住或者进入我国领域。因为只有这样，我国才能对犯罪人行使刑事管辖权，否则就没有行使普遍管辖权的义务，也没有依据普遍管辖原则适用我国刑法的可能。

行使普遍管辖权的方法为"或引渡或起诉"。也就是说，缔约国对于在本国领域内抓获的国际犯罪分子，要么引渡给有关的请求国，要么自行起诉、审判，不能违背条约义务放任不管，更不能包庇、纵容。

普遍管辖原则对于属地、属人和保护管辖原则具有一定的补充作用。这个补充作用表现在：即使该犯罪人不具有中国国籍、未在中国领域内犯罪、亦未对中国国家和公民犯罪，当其进入我国领域，我国司法机关就有权管辖。要么适用中国刑法定罪处刑，要么按照我国参加、缔结的国际条约实行引渡。

刑法的时间效力

刑法的时间效力，是指刑法在时间上的适用范围。主要内容包括刑法的生效时间、失效时间以及对刑法生效前的行为是否适用，即是否具有溯及力三个方面。

一、刑法的生效时间

关于刑法的生效时间，通常有两种规定方式：一是从公布之日起生效。这是大多数单行刑事法律的生效方式。二是公布之后经过一段时间再施行。这主要是针对内容复杂、条文较多的综合性法律法规而言。例如我国刑法生效的方式就属于第二种情形。我国刑法于1979年7月1日通过，自1980年1月1日起生效；经过修订后的现行刑法于1997年3月14日通过，自1997年10月1日起生效。

二、刑法的失效时间

关于刑法的失效时间，通常也有两种规定方式：一是由国家立法机关明确宣布某个法律失效；二是自然失效，即新法实施后代替了同类内容的旧法，旧法自行废止。

三、刑法的溯及力

刑法的溯及力，是指刑法生效后，对于其生效前未经审判或者判决尚未确定的行为是否适用的问题。如果适用，就有溯及力；如果不适用，就是没有溯及力。对此各国采用不同的原则，学者们也有不同的见解，概括起来大致包括以下四种：

（1）从旧原则。即新法对于其生效前的行为一律没有溯及力，完全适用旧法。

（2）从新原则。即新法对于其生效前未经审判或者判决尚未确定的行为一律适用，新法具有溯及力。

（3）从新兼从轻原则。即新法原则上具有溯及力，但旧法（行为时法）不认为是犯罪或者处刑较轻时，则按照旧法处理。

（4）从旧兼从轻原则。即新法原则上不具有溯及力，但新法不认为是犯罪或者处刑较轻时，则按照新法处理。

西方国家的刑法，大多采用从旧兼从轻原则，也有的采用从新兼从轻原则，绝对禁止从新从重溯及既往。有的国家甚至将禁止从新从重溯及既往，即禁止事后法的原则作为一条牢不可破的宪法性原则，以维护和保障人权，防止国家刑法权的无限扩张。上述关于刑法溯及力的诸原则中，从旧兼从轻原则既符合罪刑法定原则的要求，又适应实际需要，因而为绝大多数国家所采用。我国刑法关于溯及力的规定也采用了这一原则。

我国《刑法》第12条规定："中华人民共和国成立以后本法施行以前的行为，如果当时的法律不认为是犯罪的，适用当时的法律；如果当时的法律认为是犯罪的，依照本法总则第四章第八节的规定应当追诉的，按照当时的法律追究刑事责任，但是，如果本法不认为是犯罪或者处刑较轻的，适用本法。本法施行以前，依照当时的法律已经作出的生效判决，继续有效。"可见，我国《刑法》第12条规定对刑法溯及力确立了从旧兼从轻原则。该原则适用的对象，或者说适用的案件范围，仅限于新刑法"生效以前"发生的"未决案"。未决案是指未经过审判或者判决尚未确定的案件，其中包括正处于上诉期的案件，不包括按照审判监督程序重新审理的案件。对于再审的案件，必须完全适用行为时的法律，也就是旧法。因为再审的案件属于已决的案件，所以应该适用行为时的法律，不能根据行为之后法律发生的变化，不认为犯罪或者处罚较轻，要求适用新法。根据我国《刑法》第12条规定，对于1949年10月1日中华人民共和国成立至1997年10月1日新刑法生效前这段时间内发生的行为，应按照以下不同的情况分别处理：

（1）当时的法律不认为是犯罪的，而新刑法认为是犯罪的，适用当时的法律，即新刑法没有溯及力。对于这种情况，不能以新刑法规定犯罪为由而追究行为人的刑事责任。

（2）当时的法律认为是犯罪，新刑法不认为是犯罪的，只要这种行为未经审判或者判决尚未确定，就应当适用新刑法，即新刑法具有溯及力。

（3）当时的法律和新刑法都认为是犯罪，并且按照新刑法总则第四章第八节的规定应当追诉的，原则上按照当时的法律追究刑事责任，即新刑法不具有溯及力，这就是从旧兼从轻原则所说的从旧。但是，如果当时的法律处刑比新刑法重，则应适用新刑法，新刑法具有溯及力，这便是从轻原则的体现。

（4）如果当时的法律已经作出了生效判决，继续有效。即使按照新刑法的规定，其行为不构成犯罪或处刑较当时的法律要轻，也不例外。这主要是考虑到要维护人民法院生效判决的严肃性和稳定性。

根据罪刑法定原则，只能根据行为当时有效的法律定罪处罚。由此推断，禁止适用事后法，即禁止法有溯及既往的效力。但是，鉴于事后轻法对被告人有利，与罪刑法定原则保障个人权利的宗旨一致。因此现代刑法在坚持罪刑法定原则的同时，赞成适用事后轻法，即允许事后轻法有溯及力。

刑事司法解释的时间效力

司法解释是最高司法机关就具体应用法律问题所作的解释，这一特性决定了其制定实施必然要滞后于法律，这就出现了如何理解司法解释时间效力的问题。特别是由于刑事司法解释直接涉及罪与非罪、此罪与彼罪以及刑罚的轻重，其时间效力问题就显得尤为突出。刑事司法解释的时间效力，主要是指司法解释的生效时间以及对其生效前发生的行为有无效力，即能否溯及既往。但是，由于刑事司法解释的时间效力缺乏明确的法律规定，实践中对此存在理解上的分歧，主要有两种意见：一种意见认为，刑事司法解释只应对其发布实施以后的行为有效，对其施行以前的没有溯及力，对于司法解释施行前没有处理或者正在办理的案件，不应按照新的司法解释办理。另一种意见认为，刑事司法解释的效力应及于法律的施行日期，不但适用于司法解释实施以后的行为，对司法解释施行以前的行为也有溯及力，即对司法解释施行以前的没有处理或者正在办理的案件，应按照新的司法解释办理。在司法实践中，上述分歧的存在，直接影响了有关案件的办理。为保证准确适用司法解释办理案件，最高人民法院、最高人民检察院联合制定了《关于适用刑事司法解释时间效力问题的规定》。《关于适用刑事司法解释时间效力问题的规定》的发布实施，对于统一司法标准、正确适用刑法和刑事司法解释具有重要意义。

一、关于适用刑事司法解释时间效力的总体原则

《关于适用刑事司法解释时间效力问题的规定》第 1 条规定："司法解释是最高人民法院对审判工作中具体应用法律问题和最高人民检察院对检察工作中具体应用法律问题所作的具有法律效力的解释，自发布或者规定之日起施行，效力适用于法律的施行期间。"这一条规定包括三层含义：其一，"两高"司法解释是具有法律效力的文件。1981 年 6 月 10 日《全国人民代表大会常务委员会关于加强法律解释工作的决议》第 2 条规定："凡属于法院审判工作中具体应用法律的问题，由最高人民法院进行解释。凡属于检察院检察工作中具体应用法律的问题，由最高人民检察院进行解释。"这一授权是"两高"进行具有法律效力司法解释的依据。其二，司法解释施行时间可能是发布之日起施行，也可能是规定之日起施行，这也是目前"两高"司法解释的通行作法。但实践中越来越多以自规定之日起施行的方式为主，这主要是因为我国幅员广阔，司法解释的实施也需要一个相应的准备过程，这种方式有利于司法机关准确理解和执行。其三，也是本条规定的核心内容，即司法解释的效力适用法律的施行期间。也就是说，无论司法解释在何时发布，其效力都始自它所解释的法律开始施行的日期，止于法律停止适用的日期，除非在法律施行期间又被新的司法解释所取代。我国最高司法机关没有法律创制权，司法解释只是对司法工作中如何适用法律问题提出的具体意见，不是新的立法。司法解释是从属于法律的，其效力应适用于法律的整个施行期间。因此，不能简单地将司法解释与其所解释的法律平等视之，并据此按照刑事法律溯及力的原则决定适用。

二、关于刑事司法解释的溯及力问题

根据《刑法》第12条关于刑法溯及力的规定，刑事司法解释的溯及力问题也同样采用从旧兼从轻原则。《关于适用刑事司法解释时间效力问题的规定》分以下两种情况对此作了规定：一是司法解释本身的溯及力问题。《关于适用刑事司法解释时间效力问题的规定》第2条规定："对于司法解释实施前发生的行为，行为时没有相关司法解释，司法解释施行后尚未处理或者正在处理的案件，依照司法解释的规定办理。"这一规定表明，司法解释是有溯及力的，这也是前述司法解释效力适用于法律施行期间这一总体原则的应有之义。二是对同一个具体应用法律问题先后有两个司法解释时的处理原则。《关于适用刑事司法解释时间效力问题的规定》第3条规定："对于新的司法解释实施前发生的行为，行为时已有相关司法解释，依照行为时的司法解释办理，但适用新的司法解释对犯罪嫌疑人、被告人有利的，适用新的司法解释。"

三、关于司法解释施行前已办结案件的处理原则

针对实践中不断有人依据新的司法解释去衡量以往的案件，甚至以此提出申诉的情况，《关于适用刑事司法解释时间效力问题的规定》第4条明确规定："对于在司法解释施行前已办结的案件，按照当时的法律和司法解释，认定事实和适用法律没有错误的，不再变动。"司法解释是在准确理解立法本意、系统总结司法实践经验的基础上作出的。因此，在司法解释施行以前，司法机关依照对法律的理解，根据证据认定事实并依法作出的裁判也是正确的，并不因司法解释的发布而必须作出变更。这一规定也是我国法律稳定性原则和司法实践的一贯做法的体现，有利于保持人民法院、人民检察院已办结案件的稳定性和生效裁判的既判力，最大限度地节约司法资源。根据法律规定，对于司法解释施行前已办结但是认定事实和适用法律确有错误、依法应当纠正的案件，也可以按照审判监督程序予以纠正。但是，如果此类案件在认定事实和适用法律方面没有错误，则不能以新的司法解释施行为由，对生效裁判作出变动。

【案例分析】

1. 根据《刑法》第6条，悬挂我国国旗的船舶和航空器属于我国领域，但不包括国际列车，也不包括国际长途汽车。因此，发生在境外的长途汽车上的外国人之间的犯罪，不适用我国刑法。

2. 适用旧法。在拐卖问题上，修订后的刑法处罚比1979年刑法的规定要重，所以按照从旧兼从轻原则，应该适用较轻的1979年刑法的规定，以拐卖人口罪论处。

【法律链接】

1. 《中华人民共和国刑法》（1997年）

第六条 凡在中华人民共和国领域内犯罪的，除法律有特别规定的以外，都适用本法。

凡在中华人民共和国船舶或者航空器内犯罪的，也适用本法。

犯罪的行为或者结果有一项发生在中华人民共和国领域内的，就认为是在中华人民共和国领域内犯罪。

第七条　中华人民共和国公民在中华人民共和国领域外犯本法规定之罪的，适用本法，但是按本法规定的最高刑为三年以下有期徒刑的，可以不予追究。

中华人民共和国国家工作人员和军人在中华人民共和国领域外犯本法规定之罪的，适用本法。

第八条　外国人在中华人民共和国领域外对中华人民共和国国家或者公民犯罪，而按本法规定的最低刑为三年以上有期徒刑的，可以适用本法，但是按照犯罪地的法律不受处罚的除外。

第九条　对于中华人民共和国缔结或者参加的国际条约所规定的罪行，中华人民共和国在所承担条约义务的范围内行使刑事管辖权的，适用本法。

第十条　凡在中华人民共和国领域外犯罪，依照本法应当负刑事责任的，虽然经过外国审判，仍然可以依照本法追究，但是在外国已经受过刑罚处罚的，可以免除或者减轻处罚。

第十一条　享有外交特权和豁免权的外国人的刑事责任，通过外交途径解决。

第十二条　中华人民共和国成立以后本法施行以前的行为，如果当时的法律不认为是犯罪的，适用当时的法律；如果当时的法律认为是犯罪的，依照本法总则第四章第八节的规定应当追诉的，按照当时的法律追究刑事责任，但是如果本法不认为是犯罪或者处刑较轻的，适用本法。

本法施行以前，依照当时的法律已经作出的生效判决，继续有效。

2. 《最高人民法院关于适用刑法时间效力规定若干问题的解释》（1997年）

为正确适用刑法，现就人民法院1997年10月1日以后审理的刑事案件，具体适用修订前的刑法或者修订后的刑法的有关问题规定如下：

第一条　对于行为人1997年9月30日以前实施的犯罪行为，在人民检察院、公安机关、国家安全机关立案侦查或者在人民法院受理案件以后，行为人逃避侦查或者审判，超过追诉期限或者被害人在追诉期限内提出控告，人民法院、人民检察院、公安机关应当立案而不予立案，超过追诉期限的，是否追究行为人的刑事责任，适用修订前的刑法第七十七条的规定。

第二条　犯罪分子1997年9月30日以前犯罪，不具有法定减轻处罚情节，但是根据案件的具体情况需要在法定刑以下判处刑罚的，适用修订前的刑法第五十九条第二款的规定。

第三条　前罪判处的刑罚已经执行完毕或者赦免，在1997年9月30日以前又犯应当判处有期徒刑以上刑罚之罪，是否构成累犯，适用修订前的刑法第六十一条的规定；1997年10月1日以后又犯应当判处有期徒刑以上刑罚之罪的，是否构成累犯，适用刑法第六十五条的规定。

第四条　1997年9月30日以前被采取强制措施的犯罪嫌疑人、被告人或者1997年9月30日以前犯罪，1997年10月1日以后仍在服刑的罪犯，如实供述司法机关还未掌握的本人其他罪行的，适用刑法第六十七条第二款的规定。

第五条　1997年9月30日以前犯罪的犯罪分子，有揭发他人犯罪行为，或者提供重要线索，从而得以侦破其他案件等立功表现的，适用刑法第六十八条的规定。

第六条　1997年9月30日以前犯罪被宣告缓刑的犯罪分子，在1997年10月1日以后的缓刑考验期间又犯新罪、被发现漏罪或者违反法律、行政法规或者国务院公安部门有关缓刑的监督管理规定，情节严重的，适用刑法第七十七条的规定，撤销缓刑。

第七条 1997年9月30日以前犯罪，1997年10月1日以后仍在服刑的犯罪分子，因特殊情况，需要不受执行刑期限制假释的，适用刑法第八十一条第一款的规定，报经最高人民法院核准。

第八条 1997年9月30日以前犯罪，1997年10月1日以后仍在服刑的累犯以及因杀人、爆炸、抢劫、强奸、绑架等暴力性犯罪被判处十年以上有期徒刑、无期徒刑的犯罪分子，适用修订前的刑法第七十三条的规定，可以假释。

第九条 1997年9月30日以前被假释的犯罪分子，在1997年10月1日以后的假释考验期内，又犯新罪、被发现漏罪或者违反法律、行政法规或者国务院公安部门有关假释的监督管理规定的，适用刑法第八十六条的规定，撤销假释。

第十条 按照审判监督程序重新审判的案件，适用行为时的法律。

3. 《最高人民法院、最高人民检察院关于适用刑事司法解释时间效力问题的规定》(2001年)

为正确适用司法解释办理案件，现对适用刑事司法解释时间效力问题提出如下意见：

(1) 司法解释是最高人民法院对审判工作中具体应用法律问题和最高人民检察院对检察工作中具体应用法律问题所作的具有法律效力的解释，自发布或者规定之日起施行，效力适用于法律的施行期间。

(2) 对于司法解释实施前发生的行为，行为时没有相关司法解释，司法解释施行后尚未处理或者正在处理的案件，依照司法解释的规定办理。

(3) 对于新的司法解释实施前发生的行为，行为时已有相关司法解释，依照行为时的司法解释办理，但适用新的司法解释对犯罪嫌疑人、被告人有利的，适用新的司法解释。

(4) 对于在司法解释施行前已办结的案件，按照当时的法律和司法解释，认定事实和适用法律没有错误的，不再变动。

4. 《最高人民法院关于〈中华人民共和国刑法修正案（八）〉时间效力问题的解释》(2011年)

为正确适用《中华人民共和国刑法修正案（八）》，根据刑法有关规定，现就人民法院2011年5月1日以后审理的刑事案件，具体适用刑法的有关问题规定如下：

第一条 对于2011年4月30日以前犯罪，依法应当判处管制或者宣告缓刑的，人民法院根据犯罪情况，认为确有必要同时禁止犯罪分子在管制期间或者缓刑考验期内从事特定活动，进入特定区域、场所，接触特定人的，适用修正后刑法第三十八条第二款或者第七十二条第二款的规定。

犯罪分子在管制期间或者缓刑考验期内，违反人民法院判决中的禁止令的，适用修正后刑法第三十八条第四款或者第七十七条第二款的规定。

第二条 2011年4月30日以前犯罪，判处死刑缓期执行的，适用修正前刑法第五十条的规定。

被告人具有累犯情节，或者所犯之罪是故意杀人、强奸、抢劫、绑架、放火、爆炸、投放危险物质或者有组织的暴力性犯罪，罪行极其严重，根据修正前刑法判处死刑缓期执行不能体现罪刑相适应原则，而根据修正后刑法判处死刑缓期执行同时决定限制减刑可以罚当其罪的，适用修正后刑法第五十条第二款的规定。

第三条　被判处有期徒刑以上刑罚，刑罚执行完毕或者赦免以后，在2011年4月30日以前再犯应当判处有期徒刑以上刑罚之罪的，是否构成累犯，适用修正前刑法第六十五条的规定；但是，前罪实施时不满十八周岁的，是否构成累犯，适用修正后刑法第六十五条的规定。

曾犯危害国家安全犯罪，刑罚执行完毕或者赦免以后，在2011年4月30日以前再犯危害国家安全犯罪的，是否构成累犯，适用修正前刑法第六十六条的规定。

曾被判处有期徒刑以上刑罚，或者曾犯危害国家安全犯罪、恐怖活动犯罪、黑社会性质的组织犯罪，在2011年5月1日以后再犯罪的，是否构成累犯，适用修正后刑法第六十五条、第六十六条的规定。

第四条　2011年4月30日以前犯罪，虽不具有自首情节，但是如实供述自己罪行的，适用修正后刑法第六十七条第三款的规定。

第五条　2011年4月30日以前犯罪，犯罪后自首又有重大立功表现的，适用修正前刑法第六十八条第二款的规定。

第六条　2011年4月30日以前一人犯数罪，应当数罪并罚的，适用修正前刑法第六十九条的规定；2011年4月30日前后一人犯数罪，其中一罪发生在2011年5月1日以后的，适用修正后刑法第六十九条的规定。

第七条　2011年4月30日以前犯罪，被判处无期徒刑的罪犯，减刑以后或者假释前实际执行的刑期，适用修正前刑法第七十八条第二款、第八十一条第一款的规定。

第八条　2011年4月30日以前犯罪，因具有累犯情节或者系故意杀人、强奸、抢劫、绑架、放火、爆炸、投放危险物质或者有组织的暴力性犯罪并被判处十年以上有期徒刑、无期徒刑的犯罪分子，2011年5月1日以后仍在服刑的，能否假释，适用修正前刑法第八十一条第二款的规定；2011年4月30日以前犯罪，因其他暴力性犯罪被判处十年以上有期徒刑、无期徒刑的犯罪分子，2011年5月1日以后仍在服刑的，能否假释，适用修正后刑法第八十一条第二款、第三款的规定。

【工作任务一】

A国公民丙在中国留学期间利用暑期外出旅游，途中为勒索财物，将B国在中国的留学生丁某从东北某市绑架到C国。

【问题】

对丙能否适用中国刑法追究其刑事责任？

【工作任务二】

甲在担任某国有限公司业务员期间，负责向各批发零售商发货。自1997年1月至1998年6月间，甲多次收到货款后不上交公司，共计20余万元，并用这笔钱注册了一家私人公司。公司从账目上发现应收货款与实收货款不一致，追问甲货款去向时，甲交代了将多笔货款用于注册私人公司的事实。

【问题】

对该案应如何适用法律？

【拓展阅读】

1. 张明楷. 刑法格言的展开. 北京：法律出版社，2003.
2. ［意］切萨雷·贝卡利亚. 论犯罪与刑罚. 黄风译. 北京：北京大学出版社，2008.

单元 一

认识刑法

犯 罪

项目一　犯罪与犯罪构成

【知识目标】

掌握犯罪的概念与基本特征；理解犯罪的本质、罪与非罪的区分界限；掌握犯罪构成的概念、特征以及犯罪构成的共同要件。

【能力目标】

掌握犯罪构成的共同要件，并运用原理分析实际问题。

【内容结构图】

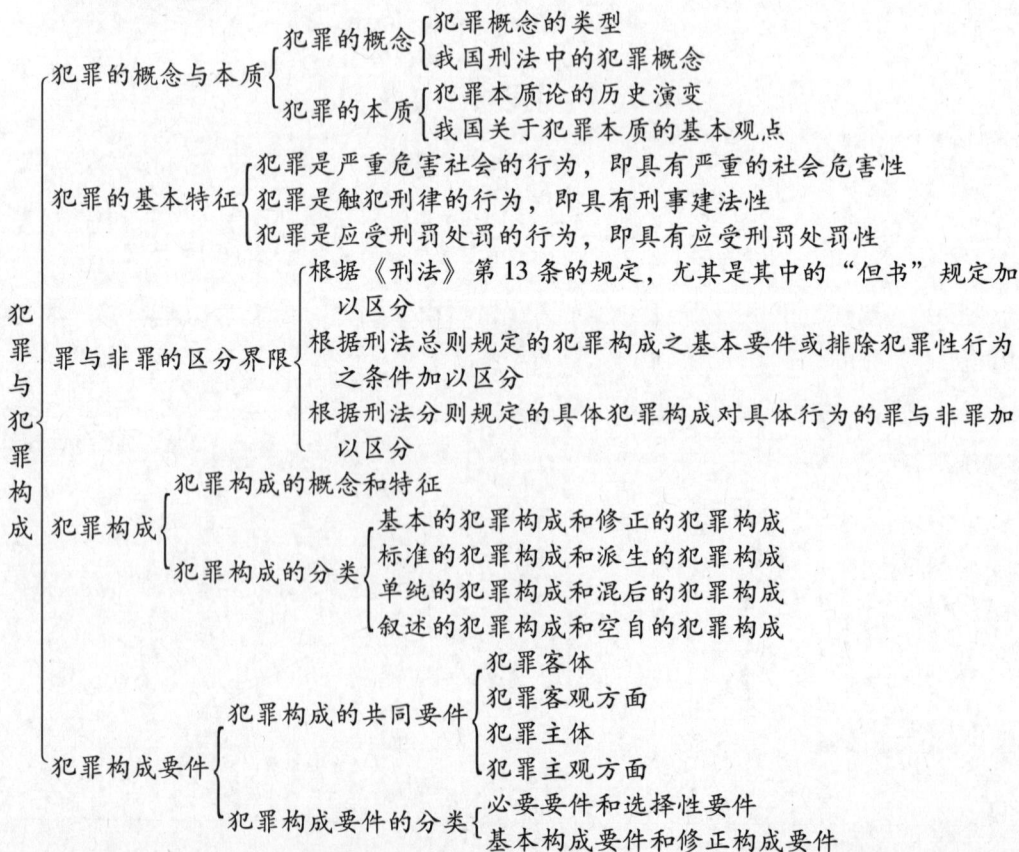

【案例导入】

张三、李四和王五为某单位做保安，他们多次警告收购废品的赵六不要进入单位院内，但赵六仍然趁他们不注意时溜进院内。一次，张三、李四和王五三人将赵六抓获，并带到办公室对其罚款500元，三人还用拳头打了赵六数下。

【问题】

张三、李四和王五的行为是否构成犯罪？

【基本原理】

犯罪的概念与本质

一、犯罪的概念

（一）犯罪概念的类型

1. 犯罪的形式概念

犯罪的形式概念，是仅仅从犯罪的外在形式特征亦即法律特征给犯罪所下的定义。在这种形式层面上，犯罪是指现行刑事实体法明文规定科处刑罚违法行为。任何违法行为，只要经由刑事实体法的规定而赋予刑罚法律效力，即为犯罪。一个违法行为虽然对社会构成严重性危害，但是如果刑事实体法没有处罚该违法行为之法条，则不认为是犯罪。这是罪刑法定原则即"法无明文规定不为罪"的当然要求。基于罪刑法定的精神，现代许多国家尤其是西方资本主义国家的刑法典都规定了犯罪的形式概念。例如1937年《瑞士刑法典》规定，"凡是用刑罚威胁所确实禁止的行为"就是犯罪行为。犯罪的形式概念表明犯罪必须是刑事法律明文规定科处刑罚的违法行为，从而揭示了犯罪的法律特征，界定了犯罪的外延，确定了国家刑罚权的界限，体现了刑法的保障机能。但是，犯罪的形式概念没有说明犯罪的危害性何在，没有说明国家为什么对这些违法行为要科处刑罚，亦即没有揭示犯罪的本质特征。

2. 犯罪的实质概念

与犯罪的形式概念仅揭示犯罪的法律特征相反，犯罪的实质概念则试图揭示犯罪的实质内涵。例如，1922年的《苏俄刑法典》第6条规定："威胁苏维埃制度的基础及工农政权在向共产主义过渡时期所建立的法律秩序的一切危害社会的作为或不作为，都被认为是犯罪。"这是一种典型的关于犯罪的实质性概念。犯罪的实质概念揭示了犯罪的社会危害本质，突出了犯罪的阶级性特点，体现了刑法的保护机能。但是，犯罪的实质概念没有揭示犯罪的法律属性，没有界定犯罪的法律界限，与罪刑法定原则的精神相抵触。

3. 犯罪的形式与实质相统一的概念

犯罪的形式与实质相统一的概念试图完整地揭示犯罪的法律属性和本质特征，科学地揭示犯罪的内涵和外延，以克服犯罪的形式概念和实质概念的片面性，平衡刑法的保障机能和保护机能。例如，1960年《苏俄刑法典》第7条第1款规定："凡本法典分则所规定的侵害苏维埃的社会制度和国家制度，侵害社会主义经济体系和社会主义所有制，侵害公民的人身权、政治权、劳动权、财产权以及其他权利的危害社会行为（作为或不作为），以及本法典分则所规定的其他各种侵害社会主义法律秩序的危害社会行为，都被认为是犯罪。"这一定义，既阐明了犯罪的社会危害性之本质，又限定了犯罪的法律界限，对于社会主义国家刑法中犯罪定义的确立，具有重要的借鉴意义。

（二）我国刑法中的犯罪概念

我国《刑法》第13条明确规定："一切危害国家主权、领土完整和安全，分裂国家、颠覆人民民主专政的政权和推翻社会主义制度，破坏社会秩序和经济秩序，侵犯国有财产或者劳动群众集体所有的财产，侵犯公民私人所有的财产，侵犯公民的人身权利、民主权利其他权利，以及其他危害社会的行为，依照法律应当受到刑罚处罚的，都是犯罪。但是情节显著轻微、危害不大的，不认为是犯罪。"

由此可以看出，我国刑法中的犯罪概念采取的是形式与实质相结合的犯罪定义类型。首先，这一定义科学地揭示了犯罪的社会政治属性，指出犯罪是严重破坏人民民主专政下的社会主义社会关系的行为，具有严重的社会危害性，从而揭示了犯罪的本质所在；其次，该定义又明确指出犯罪必须是依照法律应当受到刑罚处罚的行为，明确指出了犯罪的形式特征即法律特征；再次，这一定义在对犯罪进行定性描述的同时，通过"但书"规定设置了定量的要求，从而将犯罪行为与那些虽然具有一定的社会危害性和刑事违法性但又情节轻微危害不大的行为区分开来。应该说，这种定义类型，逻辑严谨且内容全面，是对犯罪内涵和外延的科学概括。

二、犯罪的本质

犯罪的本质，对立法和司法有着不可忽视的意义。首先，犯罪的本质论是立法者制定犯罪构成要件时的衡量标准。它可以允许根据行为的不同严重程度对不法行为进行分类，并在量刑时加以不同的评价。其次，当司法裁判解释行为的性质时，必须运用犯罪的本质论，寻求作为犯罪构成要件基础的目的和价值观。

（一）犯罪本质论的历史演变

关于犯罪本质问题，在刑法理论史上多有争论。概括起来，有如下五种代表性的观点：①权利侵害说。这是刑事古典学派的代表人物费尔巴哈的观点，他认为犯罪的本质是对由法所赋予的权利的侵害。②法益侵害说。这种观点认为犯罪是对国家所保护的财产或利益的侵害或威胁。法益概念获得了大陆法系刑法理论的普遍认可，法益侵害说至今仍有很大影响。③义务违反说。这是德国纳粹时期的见解，其认为犯罪的本质不是法益侵害，而是义务的违反。但是这种观点关于义务的范畴过于宽泛，诸多说法不严谨，因而其学说随着纳粹政权的崩溃而被抛弃。④伦理规范违反说。该学说起源于麦耶的文化规范论，它不仅重视法益侵害的方面，也重视行为违反社会伦理规范的方面。这种学说在日本很有影响。在德国，更有学者明确指出："犯罪不是法益侵害，而是规范否认。"⑤社会危害说。该学说认为，社会危害性是犯罪最重要的社会（实体）特征，也是犯罪的本质特征。这种观点影响很大，在所有独联体国家的刑法典以及保加利亚、捷克、斯洛伐克等国家的刑法典中都得到充分体现。但是，社会危害说也存在明显不足：其一，一味强调对社会的保护而忽视了对个人的保障；其二，社会危害在一定层面上也是一个比较抽象的概念，对于"社会"的理解存在认识上的分歧；其三，它不能解释有社会危害性，但却被刑法明确否定其违法性的行为，例如正当防卫、紧急避险等。

（二）我国关于犯罪本质的基本观点

我国的刑法理论框架体系主要承袭于苏联的社会主义刑法学体系。在对待犯罪本质这个问题上，社会主义刑法学都是从阶级的角度来予以探讨阐释的。建立在阶级基础上的社会危害说是当今我国刑法学界关于犯罪本质的主流观点。这种观点的主要内容如下：①犯罪是孤立的个人反对统治关系的斗争。所谓孤立的个人，是指相对于整个统治阶级整体、国家而言的犯罪个体，它可以是单个自然人，也可以是某个组织或者集团；所谓统治关系，是指统治阶级从本阶级的根本利益出发，构建或者认可的、便于其统治的整个社会关系。因此，犯罪实际上是对统治阶级支配下的现行社会关系的反对和斗争。②犯罪的本质在于对统治阶级支配下的现行社会利益关系的严重危害。并不是所有的反对统治关系的行为都是犯罪，这里有个程度的问题。我国的刑法只把严重危害社会利益的行为规定为犯罪行为，《刑法》第13条的"但书"规定就是直接的法律依据。因此可以认为，犯罪的本质就是对统治阶级构建、认可、支配的现行社会（关系）的严重反对和危害。简单地说，犯罪的本质就是严重的社会危害性。

犯罪的基本特征

根据我国《刑法》第13条的规定，犯罪具有下列三个基本特征：

一、犯罪是严重危害社会的行为，即具有严重的社会危害性

社会危害性，是指犯罪行为危害某一社会形态中某种社会关系的属性。在我国刑法中，犯罪的社会危害性，是指犯罪行为对我国刑法所保护的社会关系造成各种危害的属性。这种危害包括实际侵害、现实威胁和实际或可能损害等情形。行为虽然具有社会危害性，但是情节显著轻微没有达到一定严重程度的，国家没有必要将其规定为犯罪并用刑罚加以制裁。因此，具有一定严重程度的社会危害性是犯罪的本质特征，它揭示了国家将某种行为规定为犯罪的原因，阐明了犯罪与社会的关系，揭示了犯罪的社会政治本质。

犯罪的社会危害性不是一个泛化抽象的概念，它有特定而具体的内涵与外延。从其内涵看，犯罪的社会危害性是指犯罪行为对刑法所保护的各种法益的侵害、威胁、损害。具体表现为我国《刑法》第13条从宏观层面上规定的九个方面：①对我国国家主权、领土完整和安全的危害；②对人民民主专政的政权和社会主义制度的危害；③对社会公共安全的危害；④对社会主义市场经济秩序的危害；⑤对国有财产、劳动群众集体所有财产和公民私人所有财产的危害；⑥对公民人身权利、民主权利和其他权利的危害；⑦对社会管理秩序包括治安管理秩序、生产秩序、工作秩序、教学科研秩序和人民群众生活秩序等的危害；⑧对国家国防利益、军事利益的危害；⑨对国家机关公务活动秩序和公务活动廉洁性的危害。一个行为只要危害了上述任何一方面的具体社会关系，就可以构成对我国刑法所保护的社会主义社会关系的侵害，就表明其具有社会危害性。

从其外来看，犯罪的社会危害性是以行为的客观危害和行为人的主观恶性为基础的诸多因素的统一。这些影响因素主要有以下五种：①行为侵犯的客体，即指行为侵

犯了什么样的社会关系。这是决定行为的社会危害性的首要因素。侵犯的社会关系与国家和人民的利益关系越重大，行为的社会危害性就越严重。②行为造成的危害结果。如行为是否造成了现实的危害结果、造成危害结果的种类和程度等，这些因素与行为的社会危害性及其程度直接相关。多数情况下，如果行为没有造成现实的危害结果，或者造成的危害结果十分轻微，就不能认为其具有犯罪的社会危害性。③行为的手段、方法以及时间、地点。如行为的手段是否凶狠、残酷，行为是否采用暴力方法，是否使用危害器具，是否在法律禁止的时间、地点实施行为等，这些都与行为的社会危害性直接相关，决定着社会危害性的轻重甚至有无。④行为人的主观心理状态。行为是出于故意还是出于过失，有没有经过预谋，是否出于特定的目的，动机是否卑劣等，这些主观心理因素直接决定行为人的主观恶性程度，从而影响行为的社会危害性程度。⑤行为人的个人情况。如行为人是否具有刑事责任能力，是否具有法律规定的特殊身份或特定职责，是初犯还是累犯等。

二、犯罪是触犯刑律的行为，即具有刑事违法性

行为人实施的具有社会危害性的行为不一定都是犯罪行为，只有触犯刑律的严重危害社会的行为，才是现代刑法意义上的犯罪。在罪刑法定原则的规定之下，刑事违法性是犯罪的基本法律特征。

在我国，刑事违法不仅是指违反刑法，而且也包括违反国家立法机关颁布的单行刑事犯罪法律的规定和行政、经济法律中规定的刑事责任条款；不仅是指违反刑法分则的规定，而且也包括违反刑法总则的规定。

刑事违法性既是犯罪的基本法律特征，也是划分犯罪行为与一般违法行为的基本界限。认定一个行为是否构成犯罪，如果只讲社会危害性而不讲刑事违法性，就会导致罪刑擅断主义。但是，如果只讲刑事违法性而不讲社会危害性，也会掩盖犯罪的社会政治本质，从而陷入纯粹的法律形式主义泥潭。应当看到，一方面，行为的社会危害性是刑事违法性的基础；另一方面，刑事违法性是社会危害性在刑法上的体现。一个行为一旦符合刑法规定的犯罪构成，一般也就表明其具有严重的社会危害性。刑事违法性作为犯罪的基本法律特征，体现了刑法的限制和保障机能。只有当一个行为既具有严重的社会危害性，又违反刑法规范和符合刑法规定的犯罪构成要件时，这个行为才具有刑事违法性，才能被认定为犯罪。

三、犯罪是应受刑罚处罚的行为，即具有应受刑罚处罚性

任何具有行为能力的人实施了违法行为，都应当承担相应的法律责任和法律后果。同样的道理，任何有刑事行为能力的人实施了犯罪行为都应当负刑事责任，承担国家刑罚处罚的法律后果。犯罪是刑罚的必要前提，刑罚是犯罪的必然法律后果。因此，我国刑法关于犯罪的概念规定就内含了刑罚的要求。我国《刑法》第13条规定明确地将"应当受刑罚处罚"写进了犯罪定义，这表明应受刑罚处罚性是犯罪的又一个基本特征。

必须明确的是，行为应不应当受刑事处罚与需不需要进行刑事处罚是两个不同性质的问题。应不应当受刑事处罚所要解决的是行为是否构成犯罪的问题；而需不需要进行刑事处罚则是在行为已经构成犯罪且应受刑罚处罚的前提下，对具体案件的行为人是否免除刑事处罚的问题。

严重的社会危害性、刑事违法性和应受刑罚处罚性是犯罪概念中相互区别、紧密联系、缺一不可的三大基本特征。严重的社会危害性是犯罪的本质特征，反映了犯罪与社会的关系，说明了国家将一定行为规定为犯罪并以刑罚处罚的理由，揭示了犯罪的社会政治内容；刑事违法性是犯罪的法律特征，揭示了犯罪与刑法的关系，反映了罪刑法定原则中罪刑法定的基本要求；严重的社会危害性决定刑事违法性和应受刑罚处罚性，而刑事违法性和应受刑罚处罚性则反过来说明和体现严重的社会危害性。基于此，我们可以给犯罪下一个科学、完整和简约的定义，那就是"犯罪是刑法规定的应当受刑罚处罚的严重危害社会的行为"。

罪与非罪的区分界限

一、根据《刑法》第 13 条的规定，尤其是其中的"但书"规定加以区分

该条规定确定的犯罪概念，是区分罪与非罪的总体标准。它通过犯罪行为的三大特征和"但书"规定将罪与非罪从宏观层面区分开来。首先，一个行为如果同时符合严重的社会危害性、刑事违法性和应受刑罚处罚性特点才算是犯罪行为。其次，行为如果符合"但书"规定，则不是犯罪，即"但是情节显著轻微、危害不大的，不认为是犯罪"。这个"但书"规定是我国刑法关于犯罪概念的一个很有特色的部分。具体内涵包括如下三个方面：

（1）行为具有一定的社会危害性，但还不严重。如果行为根本没有社会危害性，而且形式上根本不符合刑法分则条文的规定，虽然不构成犯罪，但也不适用"但书"的规定。

（2）适用"但书"的规定，须同时具备两个条件：一个是情节显著轻微，另一个是危害不大。"情节"指影响行为社会危害程度的各种情况，如行为的方法、手段、时间、地点、一贯表现、目的、动机等；"显著轻微"指行为明显不严重、不恶劣；"危害不大"是指没有造成严重的危害或损害结果。

（3）"不认为是犯罪"。所谓"不认为是犯罪"，意指不是犯罪，不是"不以犯罪论"。否则"但书"规定就成了区分"以犯罪论与不以犯罪论的界限"，而不是用以区分罪与非罪的界限。实际上，《刑法》第 13 条的前面部分是对犯罪的正面定义，而"但书"规定则是对犯罪的反面作出规定与限制，从反面规定了不是犯罪的一般情形。

二、根据刑法总则规定的犯罪构成之基本要件或排除犯罪性行为之条件加以区分

（1）从主观方面看，行为人是否有罪过。一方面，按照传统刑法"主客观相一致原则"，只有基于主观罪过（故意或者过失）的严重社会危害行为，才应认定为犯罪。另一方面，主观罪过是刑事责任的哲学根据，而应承担刑事责任又是犯罪的本质要件。因此，罪过对于区分罪与非罪的意义就不言自明了。

（2）从主体看，行为人是否具有刑事责任能力。这也是从"应受刑罚处罚性"这一犯罪本质特征，对罪与非罪的区分。因为现代刑法理论认为："刑事责任的存在是适

用刑罚的前提。没有刑事责任，绝不可能适用刑法，只有刑事责任存在才能适用刑罚。"而影响刑事责任的因素主要有两种：①个人的智力、知识因素；②精神因素，具体包括刑事责任年龄、精神障碍、生理功能严重缺陷等。

（3）是否属于正当行为。正当行为，指客观上造成一定危害后果，形式上符合某些犯罪的客观要件，但实质上不具备社会危害性，也不具备形式违法性的行为。正当行为虽形式违法，但本质上无社会危害性，故而排除了犯罪性，当然是非罪行为。这类行为有正当防卫、紧急避险、职务行为、自救行为、执行上级命令的行为、基于被害人承诺的行为、依照法令而为的行为等。

三、根据刑法分则规定的具体犯罪构成对具体行为的罪与非罪加以区分

刑法分则对其所规定的犯罪，大都明确规定了犯罪构成的具体要件，符合的则为罪，不符合的则为非罪。具体来说，我国刑法分则主要是通过如下几种规定方式来体现社会危害程度，从而明确罪与非罪的区分界限。

（1）情节是否严重，是否恶劣。刑法理论中，以情节是否严重、是否恶劣为构成犯罪的限制性条件。如《刑法》第244条规定的强迫职工劳动罪，有严重情节的则为罪，没有的则为非罪。

（2）后果是否严重。它的意义主要在于区分结果犯的罪与非罪。广义讲，它还包括数额是否较大的情形。如《刑法》第133条规定的交通肇事罪等过失类犯罪和第142条规定的生产、销售劣药罪等以较大数量为条件的故意犯罪，均以是否造成严重后果来作为罪与非罪的区分标准。

（3）行为是出于故意还是过失。不同的犯罪，对于主观方面的要求不同，有的要求故意，有的要求过失。主观方面是特定罪名成立与否、罪与非罪的标准之一。另外，主观上是否明知特定事实，是否具有特定目的，也是区分罪与非罪、此罪与彼罪的重要标准，如窝赃、销赃罪便要求是否明知是犯罪所得赃物。

（4）客观方面，是否使用法定方法，是否在法定地点、时间实施行为。如暴力干涉婚姻自由罪要求使用暴力的方法，非法狩猎罪则对时间或方法作了特别要求。

（5）是否为首要分子。在共同犯罪中，为了缩小打击面，扩大教育面，对有些聚众性犯罪，刑法规定只有首要分子才构成犯罪，例如聚众扰乱公共场所秩序罪。当然，首要分子在聚众犯罪中的作用是不同的，主要有三种：一是以其作为加重的犯罪构成要件；二是以其作为基本的犯罪构成要件；三是以其与积极参加者作为基本的犯罪构成要件。

犯罪构成

犯罪构成理论向来被认为是刑法学的理论基石，正如有学者所述："其实犯罪阶层体系可以算作是刑法学发展史上的钻石，它是刑法学发展到一定程度的结晶，而透过它，刑法学的发展才能展现夺目的光彩。"

犯罪构成作为一种法律文化现象，与其他事物一样不是从来就有的，也经历了一个产生、发展、变化的过程。犯罪概念早在中世纪的欧洲就已经产生，但当时只是诉讼上的意义。经过几个世纪的研究发展，直到20世纪真正系统的犯罪构成理论才由德

国法学家贝林格开创，由麦耶完成。传到日本后，日本刑法学者对此加以发展并形成了目前资产阶级国家中最具特色与代表性的犯罪构成理论。该种理论即为大陆法系国家中的犯罪构成理论。而另外一种性质、特点、内容都与之不同的理论就是社会主义国家的犯罪构成理论。苏联代表社会主义国家系统在犯罪构成理论上做出了不可估量的贡献。我国的犯罪构成理论就来源于苏联，而苏联的犯罪构成体系则是在批判地借鉴大陆法系构成要件理论的基础上发展起来的，形成了四要件的犯罪构成理论体系。特别是苏联的著名刑法学家特拉伊宁，他的《犯罪构成的一般学说》一书可以说是新中国犯罪构成理论的基石。他的"四要件说"，即犯罪客体、犯罪客观方面、犯罪主体、犯罪主观方面，经过我国学者几十年的研究和完善，最终成为了在我国居绝对统治地位的通说。根据我国刑法，任何一种犯罪的成立都必须具备四个方面的构成要件，即犯罪客体、犯罪客观方面、犯罪主体、犯罪主观方面。犯罪客体，是指刑法所保护而为犯罪所侵犯的社会主义社会关系；犯罪客观方面，是指犯罪活动的客观外在表现，包括危害行为、危害结果以及危害行为与危害结果之间的因果关系；犯罪主体，是指达到法定刑事责任年龄、具有刑事责任能力、实施危害行为的自然人和单位；犯罪主观方面，是指行为人有罪过。

一、犯罪构成的概念和特征

犯罪构成，是指依照我国刑法的规定，决定某一具体行为的社会危害性及其程度而为该行为构成犯罪所必需的一切客观和主观要件的有机统一。

犯罪构成与犯罪概念，是两个既有密切联系又有区别的概念。犯罪概念是犯罪构成的基础，犯罪构成是犯罪概念的具体化。犯罪概念回答的是什么是犯罪、犯罪有哪些基本属性的问题，从总体上划清罪与非罪的界限，是确定犯罪的总标准，是对犯罪基本特征的高度概括。犯罪构成则是进一步回答犯罪是怎样成立的、其成立需要具备哪些法定要件的问题，其所要解决的是成立犯罪的具体标准、规格问题，是划清罪与非罪、此罪与彼罪的具体标准。

犯罪构成具有以下特征：①犯罪构成是一系列主客观要件的有机统一，这是主客观相统一的原则在犯罪构成中的体现。②任何一种犯罪都可以由许多事实特征来说明，但并非每一个事实特征都是犯罪构成的要件，只有对行为的社会危害性及其程度具有决定意义而为该行为成立犯罪所必需的事实特征，才是犯罪构成的要件。③行为成立犯罪所必须具备的诸要件是由我国刑法加以规定或包含的。

二、犯罪构成的分类

从不同的角度可以对犯罪构成进行不同的分类，研究犯罪构成的分类有助于更准确地把握犯罪构成的特征，有利于正确地运用刑法。

（一）基本的犯罪构成和修正的犯罪构成

基本的犯罪构成，指的是刑法条文就某一犯罪的基本形态规定的犯罪构成。我国刑法分则各条规定的每一具体犯罪，都是以既遂犯和单独犯为标准的。

修正的犯罪构成，指的是以基本的犯罪构成为前提，适应犯罪行为的不同表现形态，而对基本的犯罪构成加以某些修改变更的犯罪构成。修正的犯罪构成，主要是指预备犯、中止犯、未遂犯等故意犯罪过程中几种未完成形态的犯罪构成和共同犯罪中主犯、从犯、胁从犯和教唆犯等共同犯罪人的犯罪构成。修正的犯罪构成规定在刑法总则当中。

（二）标准的犯罪构成和派生的犯罪构成

标准的犯罪构成，又称独立的犯罪构成，指的是符合刑法分则条文对具有标准的社会危害程度行为所规定的犯罪构成。

派生的犯罪构成，指的是在标准犯罪构成的基础上，根据刑法分则条文在标准犯罪构成个别方面的特别规定而形成的犯罪构成。派生的犯罪构成包括加重的犯罪构成和减轻的犯罪构成两种。

（三）单纯的犯罪构成和混合的犯罪构成

所谓单纯的犯罪构成，又称简单的犯罪构成，指的是刑法条文规定的犯罪构成的诸要件均属单一的犯罪构成。即当刑法规定的犯罪构成中只含单一行为、单一主体、单一罪过形式时，便是单一的犯罪构成。

所谓混合的犯罪构成，又称复杂的犯罪构成，是相对于单纯的犯罪构成而言，指的是刑法规定的要件内容可供选择或互有重叠的犯罪构成。其主要表现为两类情况：一类是刑法规定了两种以上行为、对象、主体等，只要具体事实符合其中之一，便成立犯罪，如《刑法》第305条；另一类是刑法规定了两种以上的行为等，具体事实同时符合刑法规定时，才成立犯罪。这两类现象也可能交织在一个犯罪构成中，司法工作人员应特别注重哪些要件是可供选择的，哪些要件是必须同时具备的。

（四）叙述的犯罪构成和空白的犯罪构成

叙述的犯罪构成，指的是刑法条文对某罪的犯罪构成要件予以叙述的犯罪构成。就叙述的情况来看，对那些犯罪性质比较明确，不需要对犯罪构成要件加以详细描述的犯罪，关于犯罪构成要件的描述概括比较简略。

空白的犯罪构成，指的是刑法条文没有将犯罪构成要件予以明确规定，而是需要援引其他规范才能了解的犯罪构成。

犯罪构成要件

犯罪构成要件是指构成犯罪所必须具备的要件。根据不同的标准，犯罪构成要件主要可以分为以下两类：

一、犯罪构成的共同要件

犯罪构成的共同要件是指一切犯罪构成都必须具备的要件，因此也称犯罪构成的必要要件。虽然各个具体的犯罪构成要件都有特殊性，但任何犯罪构成都包括四个方面的要件，即犯罪的客体要件、犯罪的客观要件、犯罪的主体要件、犯罪的主观要件。

（一）犯罪客体

犯罪客体是指我国刑法所保护的，为犯罪行为所危害的社会关系。犯罪客体是行为构成犯罪的必备要件之一。某种行为，如果没有或者不可能危害任何一种刑法所保护的社会关系，那就不可能构成犯罪。

刑法理论按照犯罪行为所侵害的社会关系的范围，对犯罪客体作不同层次的概括，从而把犯罪客体划分为三类或者三个层次：犯罪的一般客体，犯罪的同类客体，犯罪的直接客体。犯罪的一般客体，是指一切犯罪所共同侵犯的客体，即我国刑法所保护的社会主义社会关系的整体。犯罪的同类客体，是指某一类犯罪行为所共同侵犯的客体，即我国刑法所保护的社会主义社会关系的某一部分或某一方面。犯罪的直接客体，是指某一犯罪行为所直接侵害而为我国刑法所保护的社会关系，即我国刑法所保护的某种具体的社会关系。犯罪的直接客体揭示了具体犯罪所危害社会关系的性质以及该犯罪的社会危害性的程度。

犯罪客体具有以下重要意义：它有助于认识犯罪的本质，揭示犯罪的阶级属性；有助于划分犯罪的类型，建立刑法分则的科学体系；有助于确定犯罪的性质，分清此罪与彼罪的界限；有助于评估犯罪行为的社会危害程度，正确地裁量刑罚。

（二）犯罪客观方面

犯罪客观方面，是指刑法所规定的成立犯罪所必须具备的客观外在表现。在犯罪构成的四个共同要件中，犯罪客观方面处于核心地位。犯罪客观要件的内容包括：首先，犯罪客观方面是危害社会的行为。任何犯罪都必须具有刑法规定的危害行为。其次，危害结果、危害行为与危害结果之间的因果关系，也是客观方面的重要内容，但一般认为它们不是一切犯罪的共同要件，只是某些犯罪的构成要件。最后，某些分则条文还要求行为人必须在特定的时间或特定的地点，或者以特定的方法实施某些危害行为，才能构成犯罪。

犯罪客观方面具有以下意义：①犯罪客观方面是区分罪与非罪的重要依据。如果不具备犯罪客观方面的要件，就失去了构成犯罪和承担刑事责任的客观基础。对一切犯罪来说，危害行为的有无是决定犯罪成立与否的标志，无行为则无犯罪。因为仅有思想而没有将思想外化为行为，就不可能有社会危害性，自然不成立犯罪。②犯罪客观方面是区分此罪与彼罪的界限。我国刑法中的许多犯罪在犯罪客体、犯罪主体和犯罪主观方面的要件上往往是相同的，法律之所以把它们规定为不同的犯罪，主要就是基于犯罪客观方面的要件不同。比如，抢劫罪、盗窃罪、诈骗罪、抢夺罪等以非法占有为目的而侵犯他人财产的各种犯罪之间的区别，就是如此。③犯罪客观方面是区分犯罪完成与未完成形态的界限。在成立犯罪的前提下，犯罪完成与未完成形态的标准也主要在于犯罪客观要件是否具备。比如，故意杀人罪的既遂与未遂的区分标准就在于是否发生被害人死亡的结果，受贿罪的既遂与未遂的区分标准就在于行为人是否收受了他人的财物。④犯罪客观方面是认定和分析犯罪主观要件的重要根据。犯罪客观方面是犯罪主观方面的客观外化，主观上的犯罪意图只有通过客观上的危害行为才能实现。因此，要查清罪犯的主观方面必须认真分析其客观方面。通过考察罪犯实施的行为、行为所造成的结果以及行为实施的各种客观条件，才能正确地揭示出罪犯的心理态度。⑤犯罪客观方面是量刑的重要根据。就不同的犯罪来讲，刑法对不同的犯罪规定了轻重不同的刑罚，主要依据是其客观方面的要件不同影响了它们的社会危害性程度的不同。就同一性质的犯罪来讲，犯罪客观方面对量刑的影响体现在以下两个方面：其一，从立法上看，刑法往往把是否具备某种危害结果作为某些犯罪是否加重处罚的根据；其二，从司法实践中看，同一种性质犯罪的不同案件，因为它们所实施的方式、手段以及时间、地点、条件、具体对象的不同而影响它们的社会危害性，从而导致刑罚的轻重不一。此外，故意犯罪的客观方面是否齐备是区分犯罪完成与未完成形态的标准，刑法对犯罪预备、未遂、中止和既遂分别规定了不同的量刑标准。

（三）犯罪主体

根据我国刑法和有关的理论，我国刑法中的犯罪主体，是指实施危害社会的行为并且依法应当承担刑事责任的自然人和单位。从主体的法律性质上分，犯罪主体包括自然人犯罪主体和单位犯罪主体。自然人犯罪主体是我国刑法中最基本的、具有普遍意义的犯罪主体。单位犯罪主体在我国刑法中不具有普遍意义。自然人犯罪主体是指达到刑事责任年龄，具备刑事责任能力，实施危害社会的行为并且依法应当承担刑事责任的自然人。

犯罪主体对定罪和量刑均具有重要意义。就定罪而言，任何犯罪都有主体，即任何犯罪都有犯罪行为的实施者和刑事责任的承担者，离开了犯罪主体就不存在犯罪，也不会发生刑事责任问题。而且犯罪主体需要一定的条件，并非任何人实施了刑法禁止的危害社会的行为都构成犯罪并应承担刑事责任，而只有具备了法律所要求的犯罪主体条件的人，才能构成犯罪并应承担刑事责任。不符合犯罪主体条件的人，虽然实施了刑法所禁止的危害社会的行为，也不构成犯罪，不负刑事责任；不符合特殊主体条件的人，不能构成特殊主体的犯罪。

运用有关的刑法理论正确地阐明我国刑法中关于犯罪主体条件方面的规定，对于正确认定犯罪，划清罪与非罪以及是否追究刑事责任的界限，具有相当重要的意义。而研究刑法分则的某些条文关于犯罪人应该具备的特殊身份要件，则对于正确区分罪与非罪以及此罪与彼罪的界限，也都具有重要意义。

（四）犯罪主观方面

犯罪主观方面，是指犯罪主体对其行为及其危害社会的结果所持的心理态度。它包括罪过、犯罪目的和犯罪动机。其中，罪过即犯罪的故意或过失，是犯罪主观方面最主要的内容，是构成任何犯罪不可缺少的主观要件；犯罪目的只是某些犯罪构成所必备的主观要件，所以又被称为选择要件；犯罪动机不是犯罪构成必备的主观要件，一般不影响定罪，但可以影响量刑。

研究犯罪主观方面不仅具有深化和丰富刑法学研究的作用，而且有助于正确定罪量刑。①在定罪方面，犯罪主观方面是区分罪与非罪、此罪与彼罪的一个重要标准。首先，成立犯罪必须具备罪过，否则行为客观上虽然造成了损害结果，但是行为人主观上没有罪过，便不能认为是犯罪。其次，任何具体犯罪构成的罪过形式和罪过内容都是特定的：有的犯罪只能是出于故意，有的犯罪只能出于过失；同是故意或过失犯罪，此罪与彼罪的故意内容或过失内容也有所不同。罪过不仅支配行为人实施危害社会的行为，而且支配行为人在特定的时间、地点，以特定的方法实施特定的危害社会的行为。如果行为人不具备具体犯罪构成所要求的特定罪过及罪过内容，自然不成立此种犯罪。最后，对于某些具体犯罪，法律还要求其主观方面具有特定的目的。是否具备这些特定的目的，往往是区分罪与非罪、此罪与彼罪的重要标准。②在量刑方面，犯罪主观方面也具有重要作用。首先，法律对故意犯罪和过失犯罪规定了轻重不同的刑罚，因此通过查明主观方面来解决应定此罪还是彼罪就保证了正确适用轻重不同的法定刑。其次，属于犯罪主观方面的心理态度范畴的犯罪动机、犯罪故意的不同表现形式、犯罪过失的严重程度等因素，表现出了行为人的主观恶性和人身危险性大小的不同，而这些因素往往对量刑起重要的影响作用。因此，查明这些主观因素并在决定怎样运用刑罚时予以适当考虑，无疑会有助于正确量刑，体现出罪责刑相适应的原则。

二、犯罪构成要件的分类

（一）必要要件和选择性要件

犯罪构成的必要要件，是指一切犯罪构成都必须具备的、不可或缺的要件。犯罪客体、危害行为、刑事责任能力、刑事责任年龄、罪过等是每一个犯罪构成都必须具备的，缺少其中任何一个要件，就不存在犯罪构成，也就不成立犯罪。

犯罪构成的选择要件，是指不是每一个犯罪构成而是部分犯罪构成必须具备的要件。例如，一般的犯罪对犯罪主体只要求达到刑事责任能力，但刑法上有一些犯罪则要求除具备上述条件外，行为人还必须具备某种特殊的身份。如渎职犯罪的主体必须具有国家机关工作人员身份。又如，犯罪的时间、地点并不是犯罪构成的必要要件，但有一些特定的犯罪是以一定的时间、地点作为犯罪构成的要件。如非法捕捞水产品、非法狩猎等犯罪，刑法规定行为必须是在禁渔区、禁渔期、禁猎区、禁猎期这些特定的时间、地点实施才能构成犯罪。

（二）基本构成要件和修正构成要件

这是以犯罪构成的形态为标准进行划分的。基本的犯罪构成，是指刑法条文就某一犯罪的基本形态所规定的犯罪构成。基本的犯罪构成一般是指既遂犯或者单独犯的构成要件。例如《刑法》第232条规定："故意杀人的，处死刑、无期徒刑或者十年以上有期徒刑；情节较轻的，处三年以上十年以下有期徒刑。"该条规定了故意杀人罪的基本构成，包括故意实行杀人行为和造成死亡结果。

修正的犯罪构成，也称为特殊形态的犯罪构成，是指以基本的犯罪构成为前提，适应犯罪行为的不同形态，对基本的犯罪构成加以某些修改变更的犯罪构成。预备犯、未遂犯、中止犯等未完成形态的犯罪构成以及共同犯罪的犯罪构成则属于修正的犯罪构成。例如《刑法》第232条规定了故意杀人罪的基本构成（实行故意杀人行为且造成死亡结果），但没有单独规定故意杀人的犯罪预备（尚未实行）、犯罪未遂（未造成死亡结果）、犯罪中止（没有造成死亡结果）、杀人的帮助或教唆行为。在刑法总则中对这些行为一并规定适用第232条定罪处罚，由此形成第232条故意杀人罪基本的犯罪构成之修正的犯罪构成。

刑法分则条文大都是以单个自然人犯罪的既遂形态为标本的，基本犯罪构成以刑法分则为基准，直接根据刑法分则就可以认定；而犯罪的未完成形态以及共同犯罪的内容都在刑法总则部分规定，因此修正的犯罪构成要以刑法分则规定的基本的犯罪构成为基础，结合刑法总则的有关规定加以认定。

【案例分析】

不构成犯罪，可对其三人进行治安处罚。《刑法》第13条的适用：情节显著轻微，危害不大，不认为是犯罪。

【法律链接】

《中华人民共和国刑法》（1997年）

第十三条　一切危害国家主权、领土完整和安全，分裂国家、颠覆人民民主专政的政权和推翻社会主义制度，破坏社会秩序和经济秩序，侵犯国有财产或者劳动群众集体所有的财产，侵犯公民私人所有的财产，侵犯公民的人身权利、民主权利和其他权利，以及其他危害社会的行为，依照法律应当受刑罚处罚的，都是犯罪，但是情节显著轻微、危害不大的，不认为是犯罪。

【工作任务】

《刑法》第 384 条规定：国家工作人员利用职务上的便利，挪用公款归个人使用、进行非法活动的，或者挪用公款数额较大、进行营利活动的，或者挪用公款数额较大、超过三个月未还的，是挪用公款罪，处五年以下有期徒刑或者拘役；情节严重的，处五年以上有期徒刑。挪用公款数额巨大不退还的，处十年以上有期徒刑或者无期徒刑。

挪用用于救灾、抢险、防汛、优抚、扶贫、移民、救济款物归个人使用的，从重处罚。

【问题】

运用犯罪构成理论分析本条规定的挪用公款罪的犯罪构成。

【拓展阅读】

1. 许玉秀．当代刑法思潮．北京：中国民主法制出版社，2003.
2. 杨兴培．犯罪构成原论．北京：中国检察出版社，2004.
3. 刘生荣．犯罪构成原理．北京：法律出版社，1997.

项目二　犯罪客体

【知识目标】

理解犯罪客体的概念、意义，掌握犯罪客体的分类。

【能力目标】

领会犯罪客体与犯罪对象的联系与区别。

【内容结构图】

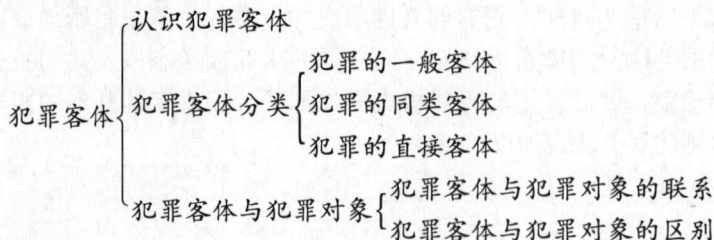

犯罪客体
- 认识犯罪客体
- 犯罪客体分类
  - 犯罪的一般客体
  - 犯罪的同类客体
  - 犯罪的直接客体
- 犯罪客体与犯罪对象
  - 犯罪客体与犯罪对象的联系
  - 犯罪客体与犯罪对象的区别

【案例导入】

甲盗窃正在使用中的电话线，数额不大，构成破坏通讯设备罪；乙盗窃放在仓库里的电话线，数额较大，构成盗窃罪。

【问题】

对甲、乙定罪不同的原因是什么？

【基本原理】

一、认识犯罪客体

犯罪客体是刑法所保护而为犯罪行为所侵犯的社会主义社会关系。某种行为，如果没有或者不可能危害任何一种刑法所保护的社会关系，那就不可能构成犯罪。因此，犯罪客体是行为构成犯罪的必备要件之一。

社会关系是人们在生产和共同生活的活动过程中所形成的人与人之间的相互关系。具体表现为国家主权、领土完整与安全，人民民主专政的政权，社会主义制度，社会秩序和经济秩序，国有财产或者劳动群众集体所有的财产，公民私人所有的财产，公民的人身权利、民主权利和其他权利等合法权益。犯罪客体必须是刑法所保护的社会关系。如果某种社会关系只是由道德规范或者其他社会规范调整与保护，而不是由刑法保护或者不需要由刑法调整与保护，则不可能成为犯罪客体。例如同学关系、上下级关系以及一般的民事、经济、行政关系等，均由其他法律、道德和社会规范所调整。犯罪客体必须是犯罪行为所侵犯的社会关系，而且被侵害的社会关系越重要，该行为对社会的危害性越大。

犯罪客体在一定意义上能够反映犯罪的社会危害程度，犯罪客体是犯罪构成的重要内容，是我们分析具体行为是否构成犯罪的必要条件，对于准确量刑也是必须考量的因素之一。

二、犯罪客体的分类

我国刑法理论按照犯罪行为所侵害的社会关系范围的不同，对犯罪客体做了不同层次的概括，把犯罪客体划分为三类或者三个层次：一般客体、同类客体和直接客体。它们之间是一般与特殊、共性与个性的关系，见下表。

单元 ◆ 犯罪

犯罪客体的分类

分类	范围	社会关系的范围	意义
一般客体	一切犯罪	整体	犯罪的本质
同类客体	部分犯罪	部分	划分犯罪类型 建立刑法分则体系
直接客体	个别犯罪	具体	决定具体犯罪的性质

（一）犯罪的一般客体

犯罪的一般客体，又称犯罪的共同客体，是指一切犯罪行为所共同侵犯的客体，也就是我国刑法所保护的社会关系的整体。任何犯罪都会侵犯刑法所保护的社会关系的某一种或某一方面，当然也就侵犯了这个整体。在我国，所有的犯罪都会侵害刑法所保护的社会主义社会关系，即犯罪的一般客体。研究犯罪的一般客体，即把刑法所保护的社会关系作为一个整体来研究，以揭示犯罪的共同属性，认识犯罪的社会危害性。犯罪的一般客体是刑法所保护客体的最高层次，反映了一切犯罪的共性，因此是研究一般犯罪特征的依据，也是研究其他层次犯罪的基础。

（二）犯罪的同类客体

犯罪的同类客体，又称犯罪的分类客体，是指某一类犯罪行为所共同侵犯的客体，也就是我国刑法所保护的社会关系的某一部分或某一方面。例如，危害国家安全罪的同类客体是国家主权、领土完整和安全等；侵犯财产罪的同类客体是公、私财产关系；破坏社会主义市场经济秩序罪的同类客体是社会主义市场的经济秩序等。我国刑法正是按照犯罪的同类客体把社会上形形色色的犯罪分为十大类，即刑法分则的十章罪名。各章中又设有若干节，理论上又称节罪名，与一般意义上的同类客体相比较，节罪名属于一种较小范围的同类客体。

【知识链接】

我国刑法分则根据犯罪的同类客体，将犯罪分为十大类：①危害国家安全罪，其同类客体是国家安全，即国家主权、领土完整与安全，人民民主专政的政权与社会主义制度的安全。②危害公共安全罪，其同类客体是公共安全，即不特定或者多数人的生命、身体、健康或者重大公私财产的安全。③破坏社会主义市场经济秩序罪，其同类客体是社会主义市场经济秩序，即国家通过法律对在由市场资源配置的经济运行过程进行调节和实行管理所形成的正常、有序的状态。④侵犯公民人身权利、民主权利罪，其同类客体是公民的人身权利、民主权利以及与人身直接有关的其他权利。⑤侵犯财产罪，按照通说，其同类客体是公私财产所有权，即财产所有人依法对自己的财产享有的占有、使用、收益和处分的权利。⑥妨害社会管理秩序罪，其同类客体是社会管理秩序，即国家对社会的日常管理活动与秩序。⑦危害国防利益罪，其同类客体是国防利益，包括国防物资、作战与军事行为、国防自身安全、武装力量建设、国防管理秩序等方面的利益。⑧贪污贿赂罪，其同类客体是职务行为的廉洁性与不可收买性。⑨渎职罪，其同类客体是国家机关的正常管理活动。⑩军人违反职责罪，其同类客体是军事利益。

研究犯罪的同类客体，对犯罪进行分类，为建立科学的刑法分则体系提供了理论依据和标准。同时，依照同类客体的理论，在很大程度上把多种多样的犯罪行为从性质上和社会危害程度上区别开来，便于我们理解各类犯罪的基本特点及其危害性，确定刑法的打击重点，保持社会稳定。

（三）犯罪的直接客体

犯罪的直接客体，又称犯罪的具体客体，是指某一种具体犯罪行为所直接侵犯的、我国刑法所保护的具体的社会关系。例如，故意杀人罪侵犯的直接客体是他人的生命权。犯罪的直接客体揭示了具体犯罪所危害的社会关系的性质及其社会危害性的程度。研究犯罪的直接客体，对于区分各种具体犯罪的界限以及量刑的轻重，都具有重要的意义。

一般来说，犯罪直接客体只能是一个，理论上称为单一客体，这是指一种犯罪行为只直接侵犯到一种具体社会关系，如盗窃罪、杀人罪。但也有犯罪行为直接侵犯到两种以上具体社会关系，如抢劫罪，不仅侵犯公私财产关系，而且直接侵犯他人的人身权利。我们根据犯罪行为所直接侵犯的社会关系的数量的不同，将犯罪直接客体划分为简单客体和复杂客体。

简单客体，又称单一客体。这是一种犯罪行为只直接侵犯到一种具体的社会关系，如盗窃罪侵犯的客体是公私财产的所有权。复杂客体，是指犯罪行为所直接侵犯的客体包括两种及以上的具体的社会关系。例如刑讯逼供罪，既直接侵犯了公民的人身权，又直接侵犯了司法活动的正常秩序。在复杂客体中，各个客体有主有次，不能等量齐观。主要客体也就是立法者在制定某一具体犯罪构成时重点予以保护的社会关系。主要客体有助于我们正确认识某一犯罪的性质。次要客体是立法者在制定某一具体犯罪构成时予以一般保护的另一种具体社会关系。具体罪的归类以主要客体为准。如刑法典将抢劫罪纳入侵犯财产罪，而将刑讯逼供罪纳入侵犯公民人身权利、民主权利罪。但次要客体也是犯罪构成的必备要件，对定罪量刑也有决定作用。如行为人乘受害人不备，强行抢走其财物，未侵害到受害人的人身权利，就不能以抢劫罪来认定，而应当认定为抢夺罪。

三、犯罪客体与犯罪对象

犯罪对象是犯罪行为所作用的、社会主义社会关系的主体或者物质表现，大多数犯罪行为都通过直接作用于一定的人或物，进而侵害刑法保护的社会关系。

我国刑法中的犯罪对象，基本上来自于刑法的明文规定。如故意杀人罪的"人"、盗窃罪中的"公、私财物"就是犯罪对象。特定的犯罪对象在某些犯罪中是构成要件，行为只有作用于特定的对象，才能构成犯罪。例如，只有当行为人拐骗了不满14周岁的儿童时，才可能构成拐骗儿童罪。特定的犯罪对象在某些犯罪中影响此罪与彼罪的区分。例如，盗窃财物与盗窃枪支的，分别构成盗窃罪与盗窃枪支罪。

（一）犯罪客体与犯罪对象的联系

犯罪客体与犯罪对象的关联在于：犯罪对象往往是犯罪客体存在的前提和条件，是犯罪客体的物质载体和主体承担者；犯罪人的行为作用于犯罪对象，就是通过犯罪对象即具体物或具体人来侵害一定的社会关系。

（二）犯罪客体与犯罪对象的区别

（1）犯罪客体决定犯罪的性质，而犯罪对象则未必。例如：张三盗窃某工厂仓库中存放的大量电缆，其行为侵犯了该工厂的财物所有权，构成盗窃罪；而李四盗割输电线路上正在使用的电缆，其行为危及了公共安全，构成破坏电力设施罪。前后两个案例犯罪对象同为电缆，但两种电缆表现为不同的社会关系。犯罪客体不同，决定了不同的犯罪性质。

（2）犯罪客体是任何犯罪构成的必备要件，而犯罪对象仅仅是某一些犯罪构成的必备要件。没有犯罪客体，就谈不上犯罪。如偷越国（边）境罪，脱逃罪，非法集会、游行、示威罪等，并没有具体的犯罪对象，但这些犯罪无疑都侵害了一定的社会关系，具有犯罪客体。

（3）任何犯罪都会使犯罪客体受到损害，而犯罪对象则不一定受到损害。例如，盗窃他人宝石的行为，使他人财物的所有权（犯罪客体）受到损害，但行为人一般不会将宝石（犯罪对象）加以损坏，往往是将偷来的东西好好保存起来，以供自用或者销赃。

（4）犯罪客体是犯罪分类的基础，而犯罪对象则不是。比如在盗窃罪的具体案件中，盗窃的他人财物可能属于不同的物质形态，如现金、珠宝、存折、家电等等，但危害的都是他人的财物所有权，构成盗窃罪。但是如果盗窃的是枪支、弹药、爆炸物等特殊物，危害的客体不再是一般的财物所有权，而是国家对这些特殊危险物的管制，构成的是危害公共安全这一类罪中的盗窃枪支、弹药、爆炸物罪。

（5）犯罪对象是具体的人或物，因此可以凭借人的感觉器官来感知；犯罪客体则是生命权、财产权、公共安全等凭借人的思维才能认识的观念上的东西。二者是具体与抽象的差别。

【案例分析】

甲盗窃正在使用中的电话线，数额不大，构成破坏广播电视设施、公用电信设施罪；乙盗窃放在仓库里的电话线，数额较大，构成盗窃罪。对甲、乙定性不同的原因在于犯罪对象所体现的社会关系的性质不同。

【工作任务】

1. 什么是犯罪客体？研究犯罪客体有什么意义？
2. 犯罪客体是怎样分类的？其分类的意义是什么？
3. 犯罪客体与犯罪对象有什么联系和区别？

【拓展阅读】

1. 李洁. 犯罪对象研究. 北京：中国政法大学出版社，1998.
2. 童伟华. 犯罪客体研究：违法性的中国语境分析. 武汉：武汉大学出版社，2005.

项目三　犯罪客观方面

【知识目标】

掌握犯罪客观方面的概念、特征和要件；掌握危害行为、危害结果的特征；理解犯罪的时间、地点和方法对定罪量刑的意义；理解刑法上的因果关系。

【能力目标】

领会因果关系与刑事责任的关系，运用刑法上因果关系原理分析实际问题。

【内容结构图】

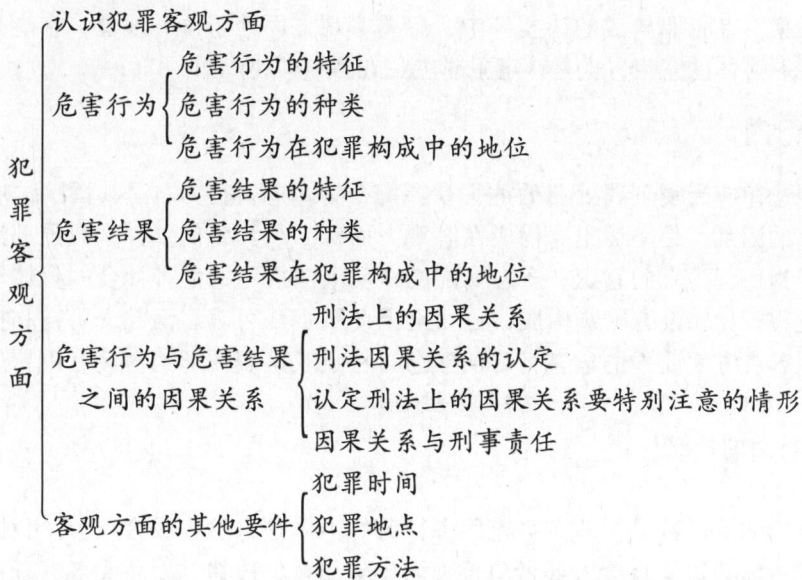

【案例导入】

赵某，男，26岁，初中文化，某大型公司仓库管理员。赵某在上班期间，看见公司仓库门口停放着一辆运货的小汽车（注：该公司区域不允许社会机动车通行）。车门未锁，赵某便坐进驾驶室听音乐。他发现汽车仪表台上有串钥匙，便私自发动汽车。当车行至50多米远时，赵某因既无驾驶证又无驾驶经验，错把油门当刹车，将正在公司水池边玩耍的沈某当场撞死。

对赵某构成何罪有不同观点：一是认为赵某的行为构成交通肇事罪；二是认为赵某的行为构成过失致人死亡罪。

【问题】

赵某的行为构成何罪？为什么？

【基本原理】

一、认识犯罪客观方面

犯罪客观方面，是指刑法规定的、说明行为对刑法所保护的社会关系造成侵害的客观外在事实特征。犯罪客观方面是构成犯罪的重要组成部分，在犯罪构成的四个方面中居于主导地位。

犯罪客观方面的要件具体表现为危害行为，危害结果，犯罪的方法、时间、地点等。在这些要件中，危害行为是一切犯罪在客观方面都必须具备的要件，是一切犯罪构成要件的核心要件；危害结果是大多数犯罪成立在客观方面必须具备的要件；犯罪的方法、时间、地点则只是某些犯罪成立在客观方面所必须具备的要件。因此，危害行为在传统的刑法理论中常被称为犯罪客观方面的必要要件，而危害结果，犯罪的方法、时间、地点则被称为犯罪客观方面的选择要件。

犯罪客观方面由于是构成犯罪不可缺少的要件或要素，因此也被称为犯罪客观要件或犯罪客观因素。在犯罪构成的诸要件中，犯罪客观方面处于核心地位，它既是联系犯罪主体与犯罪客体的纽带，也是认定犯罪主观方面的客观依据。

二、危害行为

犯罪是依照法律应当受刑罚处罚的危害社会的行为。危害行为，是我国刑法中犯罪客观方面首要的因素，是一切犯罪构成在客观方面都必须具备的要件。我国刑法中的危害行为，是指由行为者的意识、意志支配的违反刑法规定的危害社会的身体动作或静止。没有危害行为就没有犯罪构成，自然也无刑事责任可言。因此，研究和把握刑法上作为犯罪客观方面要件的危害行为的概念、特点及其表现形式，具有重要的特殊意义。

（一）危害行为的特征

1. 主体特定性

这是危害行为的前提特征，即指实施危害行为的主体是自然人或者单位。我国刑法中危害行为的主体必须是自然人或者单位，而排除动物、植物、物品或自然现象作为犯罪主体的可能性。欠缺主体性的自然现象，如给社会带来一定损害的刮风、打雷、下雨、地震等，均不属于危害行为。

2. 有体性

这是危害行为的外在特征。现代各国刑法普遍反对所谓的"思想犯罪"，而只以行为作为刑事责任的基础。这种"行为"在客观上表现为自然人主体或者单位中直接负责的主管人员和其他直接责任人员的身体的动作或静止。一般来说，必须具有身体的动作才能形成行为，但是在一定条件下，身体的静止也可以是行为。欠缺有体性的思想活动，如冥思苦想、自言自语、犯意表示等，同样不成立危害行为。需要说明的是，虽然单纯的思想由于没有客观的外在表现而不能成为危害行为，但是言论却有可能构成犯罪。发表言论如果能影响外界、产生危害，根据刑法的规定符合一定犯罪的犯罪构成的话，就能够成立犯罪。

3. 有意性

这是危害行为的内在特征。危害行为是行为者的意志支配的结果。刑法中的危害行为，必须是受自然人或者单位的意志支配的。自然人或者单位中直接负责的主管人员和其他直接责任人员的无意志的身体动静，即使客观上对社会造成损害，也不是刑法意义上的危害行为。根据我国的刑法规定与司法实践，欠缺有意性的行为，诸如以下各种行为、举动，均不属于刑法上的危害行为：

（1）反射动作。指行为者在受到外界刺激时瞬间作出的身体本能反应，因缺乏系统的意识过程与完全的意志因素而欠缺有意性。例如司机甲在驾驶汽车时，被乙经车窗扔进车内的一个烟头烧痛双手，甲双手反射性离开方向盘，致使汽车突然拐弯，撞死丙。甲的行为欠缺有意性特征，因而不是犯罪客观方面的危害行为。

（2）睡梦中或精神错乱状态下的举动。行为者在睡眠中意志受到深度抑制，意识丧失程度随睡眠程度深浅而异，虽然睡眠者仍可能具备知觉和运动能力，如说梦话、梦游，但这不能反映行为人真正的意识和意志。精神病有多种，如外因性精神病（器质性精神病、中毒性精神病、癫痫等）、内因性精神病（精神分裂症、抑郁症等），处于精神错乱状态下的行为人缺乏意志能力，不能辨认或控制自己的行为。处于睡梦中或精神错乱状态下的举动，并非人的意志的表现，即使客观上对社会造成了一定的损害，也不能认定为刑法中的危害行为。

（3）身体受暴力强制情况下的行为。行为者对身体受暴力强制无法排除时所实施的行为，不是体现行为者意志的行为，因此这种情况下的行为不能视为刑法意义上的危害行为。例如，正在客车运行中的司机被罪犯捆绑，无法履行职责，导致严重交通事故。司机未履行职责是由于身体受到强制而无法实施法律所要求的积极行为，不属于犯罪客观方面的危害行为，不负刑事责任。但是，如果行为者仅仅是精神上受到强制（如被威胁、威吓等）而实施或不实施某种行为，是否是客观方面的危害行为，则需具体情况具体分析。符合紧急避险条件的，应按紧急避险处理。对其他不符合紧急避险条件而达到触犯刑律程度的行为，都应当认为是客观方面的危害行为，因为这时行为者的行为是受其意识和意志支配的。

（4）不可抗力引起的举动。不是出于行为者的意识、意志，而是由于不能抗拒的外力作用或者不能预见的原因而引起的某种举动，也不表现行为者的意志，甚至往往是违背其意志的，因而这种举动即使对社会造成一定损害，也不能视为客观方面的危害行为。例如，因道路被洪水冲坏，消防车无法通行，消防人员未能及时赶到火灾现场扑救，不能让消防人员负刑事责任。

4. 有害性

危害行为是在法律上对社会有害的行为。我国刑法理论认为，作为犯罪的行为，不仅具有社会危害性，而且具有刑事违法性。危害行为的社会危害性，是危害行为的价值评价特征，也称为危害行为的社会性特征。犯罪的社会危害性通过人的行为表现出来，没有危害社会的行为，不是犯罪。这种危害性在法律上表现为违反刑法规范性。因此，刑法中规定的正当防卫行为、紧急避险行为、不满 14 周岁的人实施的对社会有害的行为等都不是刑法意义上的危害行为。

5. 刑事违法性

这是危害行为的法律特征，即指危害行为是触犯刑法的行为。换言之，行为者的行为只有在违反刑法规范时，才能作为犯罪客观方面的危害行为。这里所讲的刑法规范，既包括禁止性规范，如禁止强奸、盗窃等；也包括命令性规范，如应当抚养未成年子女、应当依法纳税等。而欠缺刑事违法性特征的行为，虽然也具有社会危害性，但由于未达到应受刑罚处罚的程度，因而不认为是犯罪行为，或者刑法未将其规定为犯罪。

（二）危害行为的种类

刑法上规定的客观方面危害行为，其表现形式是多种多样、千差万别的，但其基本表现形式，在刑法理论上概括为两种，即作为与不作为。

1. 作为

作为，就是行为者用积极的身体举动去实施为我国刑法所禁止的严重危害社会的行为。例如抢劫罪、抢夺罪、诈骗罪、强奸罪等都是以作为的形式表现出来的。刑法意义上的作为是危害行为的基本形式之一，它自然具有危害行为的基本特征。此外还有其自身的两个特点：第一，作为的行为形式表现为行为者只能是以身体活动来实施，身体的静止不可能实施作为形式的犯罪。第二，作为违反的是禁止性规范，即法律禁止去做而去做。例如，用刀砍人而构成的故意杀人罪，行为人的作为就是直接违反了"不得杀人"的禁止性规范。

按照行为者是否借助外力来实现犯罪意图进行划分，作为可分为以下三种实施方式：

（1）利用自己的身体实施的作为。这是作为的常见形式之一，即行为者只依靠自身的一系列积极的动作或举止所进行的作为。自身的动作或举止既可以表现为四肢的活动，也可以表现为五官的活动。例如，拳打脚踢的伤人或杀人是典型的以身体四肢的活动方式实施的作为；而口出秽言的侮辱、眼神示意的教唆等，则是常见的以五官动作方式实施的作为。无论是身体哪个部位的动作或举止，只要符合作为的特点，就是作为的具体实施方式。

（2）借助外力实施的作为。即行为者借助工具，利用动物和自然力，甚至利用别人的行为帮助自己所实施的作为。例如，以木棍伤人、放狗咬人、决水毁坏农田、唆使精神病人放火等均属于借助外力的作为。

（3）利用身份条件的作为。行为人利用自己所具有的特定身份而实施危害社会的行为。比如，国家工作人员或者其他依照法律从事公务的人员除了利用职务的便利实施经济犯罪之外，还可能利用职务的便利实施其他危害社会的行为。

2. 不作为

不作为，就是指行为者负有实施某种行为的特定法律义务，能够履行而不履行该种义务的危害行为。比如，负有扶养义务的行为人对不具有独立生活能力的人拒绝扶养，而情节恶劣的，就是一种典型的不作为。不作为是危害行为的基本形式之一，是与作为相对而言的，跟作为一样，应当具备危害行为的基本特征。

（1）成立不作为必须具备的条件。

首先，行为者负有实施某种行为的特定法律义务。所谓特定法律义务，是指基于某种法律规定或者特定事实产生的、和法律责任直接相联系的义务。这是不作为成立的前提条件。正确理解这一前提条件，应注意两点：第一，如果行为者不负有实施某种行为的特定义务，即使其行为与危害结果的发生有关系，也不属于刑法上的不作为。例如，行人甲路过铁路时发现铁轨中间有一块巨大的石头，但他置之不理，结果发生了火车脱轨事故。由于甲不是负有特定职责的铁路工作人员，没有修路、护路的特定义务，所以其行为不是刑法上的不作为，不能追究甲的刑事责任。第二，特定义务是法律上的义务，而不是道德上的义务。如果这种义务是道德上的义务，就根本不可能构成不作为。例如，乙看见一个人在海滨浴场挣扎呼喊救命，他却站在一旁观望，不下水救人。在这种情况下，尽管从道德上讲乙有救人的义务，但乙不是浴场救生员，没有必须救人的法律上的特定义务，所以乙不救人的行为，不构成刑法上的不作为。

特定义务有四个来源：一是法律的明文规定。法律明文规定的义务不仅指刑法明文规定的义务，而且还指由国家制定或认可并由国家强制力保证其实施的一切行为规范的总和，包括宪法、法律、行政法规、条例、规章等。例如，《婚姻法》规定夫妻之间有相互扶养的义务，《刑法》第261条规定的遗弃罪，就是以不履行这种法律规定的义务的不作为形式构成的犯罪。二是职务或业务上的要求。这一特定义务以行为者具有某种职务身份或从事某种业务，并且以正在履行其职责或从事其职业为前提，否则不发生履行该类义务的问题。例如，值班医生有抢救危重病人的义务，值勤消防人员有消除火灾隐患的义务，扳道工有按时准确扳道岔的义务等。三是行为者的先行行为引起的义务。如果行为人不履行这种义务，就是以不作为的形式实施的危害行为。比如，行为人驾驶汽车将行人撞伤，就负有将行人送往医院抢救的义务。先行行为是否仅限于违法行为，是一个理论上争议较大的问题。本教材认为，无论是违法行为还是合法行为，既然由于它而使某种合法权益处于危险的状态，行为人就有义务消除其能够消除的危险。四是法律行为引起的义务。法律行为是指在法律上能够产生一定权利义务的行为。若一定的法律行为产生某种特定的积极义务，行为者不履行该义务，以致使刑法所保护的社会关系受到侵害或威胁，就可以成立不作为形式的危害行为。例如，受雇为他人照顾小孩的保姆，负有看护小孩使其免受意外伤害的义务。如果该保姆严重不负责任，见危不救，致使小孩身受重伤，就应当承担相应的刑事责任。在司法实践中法律行为引起的义务，大多数情况下是指合同行为引起的义务。

其次，行为者有履行特定法律义务的实际可能性。这里包括两方面的含义：第一，行为者主观上具有履行义务的能力，这包括行为人的智力、财力、技能、身体健康状况等。如果一个人不具有该方面的能力，就不能强求他履行义务。例如，某人由于患重病而丧失劳动能力，无法赡养年迈父母，不能认定其构成遗弃罪。不过，行为者虽然自身不具有履行义务的能力，但可以求助于他人而不去求助，以致未能防止危害结果发生的，仍可成立不作为。第二，行为者具有履行义务的客观条件，包括时间、地点、环境、情势以及必要的物质条件。行为人虽然有能力履行义务，但如果受客观条件的限制，无法发挥自己的能力从而无法履行义务的，不能认为是不作为。例如，子女急需将患重病的年迈母亲送往医院，但因山路遥远又没有交通工具，而未及时将病人送往医院，就不能认定其是遗弃罪的不作为。简言之，行为者虽然具有实施某种行为的义务，但由于某种客观条件的限制而不具备履行该项义务的实际可能性，则不构成犯罪的不作为。

最后，行为者未履行特定法律义务并造成危害后果。行为者负有特定法律义务，而且能够履行，但没有履行，由此造成对刑法所保护的社会关系的危害后果，就可认定其实施了犯罪客观方面的不作为，应当追究其不作为的刑事责任。这是不作为的实质所在，也是区别作为与不作为的根本标志。

需要注意的是，不作为在表现形式上通常表现为身体的静止、消极，但这并不是绝对的。在某些不作为犯罪中，行为人往往具有积极的身体活动。例如偷税罪，只能由不作为形式构成，即行为人有依法履行缴纳国家税款的特定法律义务，能履行而不履行。但是，偷税罪往往表现为行为人积极地涂改账本、销毁账册的积极行为，而不是消极的身体静止。因此，尽管作为只能是积极而为，不作为通常是消极不为，但又不能绝对以积极与消极、动与静来区分作为与不作为。作为与不作为的区别，关键在于是否与负有特定法律义务相联系。

（2）不作为的分类。

从犯罪构成的角度看，我国刑法中的由不作为的行为形式实现的犯罪有两种类型，即纯正不作为与不纯正不作为：

第一，纯正不作为，亦称真正不作为，是指刑法规定只能由不作为形式构成犯罪的危害行为，如《刑法》第 261 条规定的遗弃罪、第 422 条规定的拒传军令罪等犯罪的危害行为。

第二，不纯正不作为，是指刑法没有明文规定只能由不作为方式构成，但行为者是以不作为的形式构成的犯罪。也就是说，这些犯罪既可以由作为方式构成，也可以由不作为方式构成，如故意杀人罪、放火罪等，刑法理论称之为"不纯正不作为犯"。这类犯罪客观方面的危害行为就是不纯正不作为。

在共同犯罪中，情况则较为复杂：有些犯罪在由单个人实施时是"纯正作为犯"（即只能由作为方式构成的犯罪），共同实施时则可以由不作为与作为方式构成共犯。例如，仓库保管员甲与无业青年乙密谋盗取甲单位的财物，甲在其值班时故意擅离岗位，使得乙有机可乘盗走大量财物。甲的不作为与乙的作为就构成共同犯罪。

（三）危害行为在犯罪构成中的地位

危害行为既是犯罪构成中犯罪客观方面的内容之一，也是整个犯罪构成的核心。其原因在于任何种类、任何形态犯罪的犯罪构成，均有危害行为作为其犯罪构成的必备要素。虽然不同犯罪构成要求的行为形式不同，有的要求以单一行为的作为构成犯罪，如故意杀人罪、故意伤害罪；有的则要求以复合行为的作为构成犯罪，如抢劫罪必须既有暴力、胁迫等方法行为，又有劫取财物的目的行为；有的要求只能以作为形式构成犯罪，如盗窃罪；有的要求只能以不作为形式构成犯罪，如遗弃罪，但任何犯罪构成都要求以危害行为为必要条件，没有危害行为，任何犯罪构成都成了无源之水、无本之木。因此，危害行为在整个犯罪构成中处于核心地位。

三、危害结果

危害结果的概念有广义与狭义之分。广义的危害结果，是指由行为人的危害行为所引起的一切对社会的损害事实，它包括危害行为的直接结果和间接结果、构成结果与非构成结果。例如，甲盗窃了乙的大量钱财，乙因而自杀身亡。这里甲的盗窃行为所引起的危害结果即广义的危害结果，包括财物损失和被害人自杀身亡这两个结果。这两种危害结果都与行为危害程度相关，因而在处理案件时都应加以考虑。狭义的危害结果是指危害行为对犯罪直接客体，即刑法保护的具体社会关系造成的法定的损害事实。例如前例中，财物损失的危害结果就是狭义的危害结果。

（一）危害结果的特征

危害结果是定罪的主要根据之一，并存在于任何犯罪之中，其主要特征是：

1. 客观性

危害结果属于犯罪客观方面的要件之一，它一经产生就成为不依人的主观意志而转移的客观现实。危害结果与行为人希望达到的结果是两个不同的范畴，前者属于客观范畴，后者属于主观范畴，即行为人的犯罪目的。

2. 因果性

在刑法中，引起危害结果的只能是危害行为（作为或不作为）。引起危害结果发生的原因和发生的危害结果是相对而言的，是哲学上的因果关系在刑法中的反映。非危害行为所造成的危害事实，如自然力、动物引起的损害，以及正当行为、人的非意志支配行为所引起的结果，都不属于刑法意义上客观方面的危害结果的范畴。

3. 多样性

危害结果作为危害行为对刑法所保护的社会关系造成侵害的一种事实，必然具有多样性。这是因为刑法所保护的社会关系、危害行为、行为对象、行为手段等，均具有多样性的特征。无论其表现为何种具体形式，只要造成损害的事实，而且是危害行为侵犯刑法所保护的社会关系形成的损害事实，都可以成为危害结果。

4. 刑法规定性

危害结果的刑法规定性，也称作法定性，指危害结果是刑法意义上的，即刑法规范中规定的危害结果。行为者对一种犯罪所造成的实际危害结果，可能是多种多样的。例如，同是故意杀人案件，行为者都是出于故意杀人的目的，其结果有的造成轻伤，有的造成重伤，有的造成死亡。但是，作为故意杀人罪的构成要件的结果，只能是死亡。只有这个死亡结果才是刑法规范中规定的故意杀人罪的危害结果。

（二）危害结果的种类

刑法理论上以不同标准，对危害结果作了多种分类，本教材主要介绍如下三种：

1. 构成结果与非构成结果

这是以危害结果是否是犯罪构成要件为标准而作的划分。构成结果，是指属于犯罪构成要件的危害结果，这种危害结果的发生与否将影响犯罪的成立。例如，直接故意杀人罪以被害人死亡为构成结果。如果行为人以剥夺他人生命为目的实施杀人行为，由于意志以外的原因并未致被害人死亡，只是致其重伤或轻伤，甚至一点儿伤也没有，故意杀人罪仍然成立，但只构成故意杀人罪（未遂）。

非构成结果，是指不属于构成要件的危害结果。这种危害结果发生与否以及轻重程度如何，并不影响犯罪的成立，只是在行为构成犯罪的基础上影响到行为的社会危害性程度的大小，进而影响到量刑的轻重。例如，行为人实施非法搜查行为，导致他人财物破损的结果。这种财物破损的结果不影响非法搜查罪的成立，但却影响行为人的量刑。

2. 物质性结果与非物质性结果

这是依据危害结果的形态所作的划分。物质性结果，是指表现为物质性形态的危害结果。物质性结果一般来说是有形的、可测量的，例如，致人死亡、重伤，将财物烧毁等，均是物质性结果。非物质性结果，是指表现为非物质形态的危害结果。非物质性结果往往是无形的、不可测量的。对自然人来说，主要是危害行为对个人的心理造成影响，留下痕迹，如对人格、名誉的损害；对于社会组织来说，则是使其正常的状态、名誉、信用受到不良影响。物质性结果与非物质性结果的划分，有助于全面认识危害结果，也有助于对非物质性结果作深入研究。

3. 直接结果与间接结果

这是依据危害结果距离危害行为的远近或危害结果与危害行为的联系形式而对危害结果进行的划分。直接结果，是指由危害行为直接造成的侵害事实。间接结果，是指由危害行为间接造成的侵害事实，它与危害行为之间存在着独立中介介入现象。如甲侮辱乙后，乙因羞愤而自缢，乙之死就是甲侮辱行为的间接结果。

（三）危害结果在犯罪构成中的地位

广义的危害结果是犯罪构成的共同要件，即犯罪客观方面的共同要件。但从狭义的危害结果来看，只有刑法规定的以某种特定的危害结果为构成要件的犯罪（即结果犯），且只有这些犯罪的完成形态（过失犯罪并不存在未完成形态问题）才存在危害结果，即构成结果。理论上对危害结果在犯罪构成中的地位一般是从狭义的角度定位的。通说认为，危害结果并非犯罪构成的共同要件，它只是某些犯罪即结果犯的构成要件。

四、危害行为与危害结果之间的因果关系

（一）刑法上的因果关系

刑法上研究的因果关系，是指人的危害行为同危害结果之间的因果关系。研究刑法上的因果关系具有重要意义。罪责自负是我国刑法的基本原则，一个人对某种危害结果有无罪责，决定条件之一就是他的行为与该结果之间有无因果关系。因此，当危害结果发生时，要使某人对该结果负责任，就必须查明他所实施的行为与该结果之间是否具有因果关系。查明某人的行为同危害结果有无因果关系，是正确认定犯罪、解决刑事责任的必要条件。

在实践中，对于危害行为与危害结果之间的因果关系，通常并不难确定。但是，犯罪情况复杂多样，某种危害结果的发生既有内部原因，也有外部原因；有主要原因，也有次要原因；有直接原因，也有间接原因等。比如，行为人意图杀害被害人，致其重伤，被害人在被送医院过程中遇交通堵塞无法及时救治身亡，或在抢救过程中遇医生玩忽职守而不治而亡。在这些情况下，行为人的行为与被害人死亡之间是否有刑法上的因果关系就不是那么一目了然了，需要我们科学地分析和论证。

（二）刑法因果关系的认定

正确认定刑法因果关系，主要从以下六个方面来把握：

1. 刑法因果关系的客观性

刑法理论上通常所说的刑法因果关系，是指危害行为与危害结果之间的客观联系，并不涉及行为者主观的内容。强调其客观性的意义在于，当判断行为者的行为与危害结果之间有无因果关系的时候，一定要从客观实际出发，以事物内部的客观联系为标准，不能以行为者的主观认识为标准，也不能以司法人员的主观假设为标准。只有这样，才能正确地解决刑法因果关系问题。比如，行为人轻伤被害人，但碰巧被害人为血友病患者，因流血不止死亡。在这种情况下，就不能以行为人不知被害人是血友病患者，认为其行为不会导致被害人死亡为依据，而否定轻伤行为与死亡结果的因果关系的存在。行为人对被害人的特殊体质有无认识，不影响因果关系的成立。因果关系具有客观性，不受行为人主观认识的影响。

2. 刑法因果关系的相对性

唯物辩证法认为，原因与结果的客观存在是相对的，不具有绝对性。刑法因果关系的相对性表现在它只能是危害行为与危害结果之间的因果联系。危害行为是因，危害结果是果。正确理解刑法因果关系的相对性需要注意以下两点：第一，刑法因果关系中的原因，是指危害社会的行为。因此，如果查明某人的行为是正当、合法的行为而不具有危害社会的性质，那么即使该行为与危害结果之间具有某种联系，也不能认为是刑法因果关系。例如，乙很想让王某死亡，便劝其坐飞机出差，乙认为如果飞机坠毁，王某必然死亡。王某便坐飞机出差，结果飞机因为天气原因而坠毁，王某死亡。乙的劝说行为属于日常生活行为，不具有危害社会的性质，与王某的死亡没有刑法上的因果关系。第二，作为刑法因果关系中的结果，是指法律所要求的已经造成的有形的、可被具体测量确定的物质性危害结果。只有这样的结果才能被查明和确定，才能作为具体把握的由危害行为引起的现象，才能据此确定因果关系是否存在。

3. 刑法因果关系的时间序列性

所谓时间序列性，就是从发生时间上看，原因必定在先，结果只能在后，即危害行为的发生在前，危害结果出现在后，二者的时间顺序不能颠倒。因此，在刑事案件中，只能从危害结果发生以前的危害行为中去找原因。如果查明某人的行为是在危害结果发生之后实施的，那就可以肯定，这个行为与这一危害结果之间没有因果关系。比如，甲突发心脏病死于床上，行为人意图杀甲。他看到甲躺在床上，以为其在熟睡，便用枪向其射击。由于行为人的杀害行为是在甲的死亡结果发生之后实施的，因而二者之间不可能有因果关系。

4. 刑法因果关系的条件性和具体性

刑法因果关系是具体的、有条件的。司法实践中刑事案件千差万别，危害行为能引起什么样的危害结果，没有一个固定不变的模式。因此，查明刑法因果关系时，一定要从实施危害行为的时间、地点、条件等具体情况出发作具体分析，否则难以正确判明因果关系。例如，年满16周岁的高中学生甲和乙在校园内玩耍时因琐事发生纠纷，甲愤怒之下打了乙一拳，乙倒地死亡。尸体解剖表明乙患有先天性心脏病，在遭外力打击时极易发生休克死亡。在这个案件中，如果乙没有患先天性心脏病，在一般情况下一拳不会造成多大伤害甚至死亡。但并不能由此否定甲的拳击行为与乙的死亡之间的因果关系，因为甲的拳击行为正是发生在乙这个特异体质的对象上，造成了乙的死亡。在全面分析对于结果发生的诸因素时，要注意把原因与条件严格区分开来。原因是引起结果诸因素中的决定性因素，而条件虽然对结果的发生起着一定的作用，但它只是围绕原因对结果起加速或延缓的作用，而非决定性的作用。因此，不能把原因与条件同等看待，否则将会扩大刑事责任的客观依据。

5. 刑法因果关系的多样性

刑法上的因果关系与哲学上的因果关系一样都具有复杂性与多样性，这种复杂性和多样性主要表现为一因多果和多因一果。一因多果，指的是一个危害行为同时引起多种结果的情况。如行为人抢劫被害人，并致其死亡。在一个行为引起多种结果的情况下，要分析主要结果与次要结果、直接结果与间接结果，以便正确定罪量刑。多因一果是指多个危害行为共同引起的一个结果。如在责任事故类的过失犯罪中，事故的发生通常涉及许多人的过失，而且还是主客观原因交织在一起。在多行为导致某一危害结果发生的情况下，应该区别原因的程度，分清什么是主要原因，什么是次要原因。通过分清主次原因，使各行为人承担各自的刑事责任。

6. 刑法因果关系的必然性与偶然性

从司法实践中看，因果关系一般表现为一对现象之间存在着内在的、必然的、合乎规律的引起与被引起的关系。这种联系称为必然因果关系，它是因果关系基本的和主要的表现形式。通常也只有这样的刑法因果关系，才是追究行为者刑事责任的基础。但是自然和社会现象十分复杂，从因果性和规律性的相互关系的观点来看，因果关系可能是一般的和必然的，也就是可能具有规律的意义。但也可能既不是一般的联系，也不是必然的联系，而只是单一的和偶然的联系。这种单一的和偶然的联系，又被称为偶然因果联系，指的是某种行为本身并不包含产生某种危害结果的必然性，但在其发展过程中，偶然又有其他原因加入其中，即偶然地同另一原因的展开过程相交错，由后来介入的这一原因合乎规律地引起了这种危害结果的情况。

本教材认为，刑法因果关系，应当是必然因果关系与偶然因果关系的统一。刑法中的偶然因果关系是指危害行为对危害结果的发生起非根本性、非决定性作用，二者之间存在着外在的、偶然的联系。通常表现为两种情况：一是出现在两个正在进行的必然发展过程的交叉点上。例如，甲欲追杀乙，乙逃跑时被丙开车撞死。甲的行为同乙的死亡结果存在偶然因果关系。二是出现在两个前后发生的必然过程的汇合点上。例如，甲用刀杀乙，乙当时并未死但昏倒在马路上，乙后被丙开车轧死。甲的行为与乙的死亡结果之间，也是一种偶然因果关系。一般情况下，偶然因果关系对量刑具有意义，在某些特殊情况下亦可能对定罪与否产生影响。例如，私营企业主甲，以限制人身自由的方法强迫乙在其作坊劳动。乙乘甲监管不备，逃出作坊。甲发现后立即持棍棒追赶，乙慌不择路，跌到路边沟里，撞到沟底一块大石头上，造成头部重伤。若甲仅有先行的强迫劳动行为，应该说尚未达到情节严重的程度，对甲应以一般违法行为处理。但是，现在发生了乙重伤的结果，而且甲的强迫劳动行为与乙重伤结果之间具有偶然的因果关系，据此可以认定甲的强迫劳动行为已达到情节严重的程度，依照《刑法》第244条的规定，对甲应以强迫职工劳动罪定罪。

在刑事案件中，危害行为与危害结果之间是否实际存在因果关系，必须依法认定，认定因果关系的方法与人类认识方法密切相关。任何客观存在的东西必定有原因的存在。因此，认定刑法因果关系离不开自然法则，离不开实验与鉴定，离不开法官的经验判断，离不开司法经验的不断积累。

（三）认定刑法上的因果关系要特别注意的情形

1. 中断的因果关系

中断的因果关系，是指在危害行为正在引起危害结果的过程中，介入了另一原因，从而切断了原来的因果关系，行为人只对另外原因介入前的情况负责。例如，甲要杀乙，因此故意向乙的食物中投放了足以致死的毒药，但在该毒药还没有起作用时，丙开枪杀死了乙。在此，丙的开枪行为中断了甲的投毒行为与乙的死亡之间的因果关系，甲只负杀人未遂的刑事责任。

2. 竞合的因果关系

竞合的因果关系，是指两个以上的行为分别都能导致结果的发生，但在行为人没有意思联络的情况下，竞合在一起导致了结果的发生。例如，甲和乙没有意思联络，都意欲杀丙，并同时向丙开枪，且均打中了丙的心脏。在这种情况下，全部行为都是结果发生的原因，甲、乙都负杀人既遂的刑事责任。

3. 重叠的因果关系

两个以上相互独立的行为，单独不能导致结果的发生，但合并在一起造成了结果时，就是所谓重叠的因果关系。例如，甲、乙二人没有意思联络，分别向丙的食物中投放了致死量50%的毒药，二人行为的重叠达到了致死量，丙吃食物后死亡。在这种情况下，甲、乙二人的行为均与丙的死亡之间具有因果关系。

4. 不作为的因果关系

不作为与危害结果之间具有因果关系。首先，从权利义务的关系上看，如果义务主体不履行义务，权利主体就不能享受权利，从而使法律关系受到侵害。不作为正是因为行为人负有特定义务而不履行义务，才使法律关系遭受破坏，造成具体的危害结果。其次，作为与危害结果之间的关系一般表现为：如果没有该行为，危害结果便不会发生，故该作为是原因。不作为与危害结果之间的关系则表现为：如果行为人履行义务，危害结果便不会发生，故不履行义务是原因。二者虽然在形式上有差异，但因果联系的内容是相同的。

（四）刑法因果关系与刑事责任

根据我国刑法的罪责自负原则，如果行为人的行为与危害结果之间不存在因果关系，那么其当然不对该结果负刑事责任。当然，这并不是说行为与危害结果之间存在因果关系，行为人就须对此负刑事责任。

我国刑法中的犯罪构成是主客观诸要件的统一，行为符合犯罪构成才能追究行为人的刑事责任。因此，危害行为与危害结果之间具有刑法上的因果关系，尚不能直接使行为人负刑事责任。行为人除实施了危害行为，造成了危害结果（危害行为与危害结果之间具有因果关系）外，还必须具备主观上的罪过（故意或过失），才能导致刑事责任。危害行为与危害结果之间具备刑法上的因果关系，只是行为人承担刑事责任的一个必要条件。没有刑法因果关系，不能使行为人对该结果负责；但有了刑法因果关系，如果行为人对危害结果不具备罪过心理的话，也不能使行为人对该结果承担刑事责任。

简言之，因果关系不等于认定刑事责任。认定某种行为与某种危害结果之间具有因果关系，只是确立了行为人的行为造成了特定危害结果。一方面，行为人的行为与所造成的结果在客观上是什么性质，在刑法上属于何种类型，这不是因果关系所能解决的问题，需要根据刑法的规定判断行为与结果的性质。另一方面，应否负刑事责任不仅取决于客观事实，还取决于行为人对自己行为及所造成的结果的心理状态；在具有因果关系的情况下，行为人可能没有刑法所要求的故意与过失，因而不可能追究行为人的刑事责任。所以，有因果关系不等于有刑事责任。

五、客观方面的其他要件

犯罪客观方面的其他要件，是指刑法规定的构成某些犯罪必须具备的特定的时间、地点和方法（手段）等客观要件。在刑法上，它们并非都是犯罪构成的要件，只是少数犯罪才将它们作为构成要件加以规定，即它们是选择性的客观要件。

（一）犯罪时间

犯罪时间可以分为构成要件的时间与非构成要件的时间。构成要件的时间，指刑法规定的某些犯罪构成必须具备的犯罪发生的特定时间。例如，《刑法》第340条规定的非法捕捞水产品罪、第341条第2款规定的非法狩猎罪，其构成条件之一，就是违反有关规定，在"禁渔期"或者"禁猎期"实施捕捞水产品或者狩猎的行为。对于将犯罪时间作为构成要件的犯罪来说，犯罪时间是区分罪与非罪的重要界限。对于未将犯罪时间作为构成要件的犯罪来说，犯罪行为在什么时间内实施或犯罪结果在什么时间出现，通常对认定犯罪的成立没有影响。这种未被刑法作为犯罪构成要件、通常对定罪没有影响的犯罪时间，就是非构成要件的时间。在我国刑法中，大多数犯罪的时间因素对该行为成立犯罪没有影响，但这些因素往往会影响犯罪行为本身社会危害程度的大小，影响量刑的轻重。比如，在发生自然灾害或"严打"期间实施故意暴力犯罪，其社会危害程度就比平时要大一些，量刑时就需要适当从重处罚。

（二）犯罪地点

犯罪地点是指犯罪发生的场所或位置，是犯罪客观方面的选择要件。同犯罪时间一样，犯罪地点也可分为构成要件的地点与非构成要件的地点。构成要件的地点，指刑法规定的某些犯罪构成必须具备的犯罪发生的特定场所或位置。例如，非法捕捞水产品罪、非法狩猎罪，刑法将"禁渔区"、"禁猎区"规定为这两种罪的构成要件之一。对于将犯罪地点作为构成要件的犯罪来说，犯罪地点是区分罪与非罪的重要界限之一。非构成要件的犯罪地点是指未被刑法作为犯罪构成要件、通常对定罪没有影响的犯罪地点。比如，《刑法》第236条规定："行为人在公共场所当众强奸妇女的，处十年以上有期徒刑、无期徒刑或者死刑。"对于未将犯罪地点作为构成要件的犯罪来说，犯罪在什么场所或位置发生，通常对定罪没有影响，但可能对量刑有影响。

（三）犯罪方法

犯罪方法，又称犯罪手段，是指行为者在实施犯罪时所采用的具体方式和手法，是犯罪客观方面的选择要件。刑法理论根据不同标准，对犯罪方法有多种分类，但对定罪量刑有实践意义的是，将犯罪方法分为构成要件的方法与非构成要件的方法。构成要件的方法，指刑法规定的某些犯罪构成必须具备的实施危害行为的特定方式。对于构成要件的方法来说，犯罪方法是区分罪与非罪的重要界限。例如，《刑法》第277条规定的妨害公务罪，通常必须"以暴力、威胁方法"实施。此外，有时特定的方法（手段），还是区分此罪与彼罪的标准，如抢劫罪、盗窃罪、诈骗罪的区分，主要以实施犯罪的方法作为标准。对于未将犯罪方法作为构成要件的犯罪来说，犯罪用什么方法实施，通常对认定犯罪没有影响。这种未被刑法作为犯罪构成要件、通常对定罪没有影响的犯罪方法，就是非构成要件方法。

应当指出，虽然对大多数犯罪来说，犯罪的时间、地点、方法等并非犯罪构成要件，但其往往影响到犯罪行为本身社会危害程度的大小，因而对正确量刑具有重要意义。例如故意杀人罪、故意伤害罪，时间、地点、方法等因素并不影响犯罪的成立，但是，战时、社会治安状况不好时期与正常时期相比，公共场合与偏僻地方相比，以残酷方法杀害、伤害与采用一刀或一枪打死、打伤的方法相比，前者的社会危害性显然大于后者，因而对刑罚的轻重程度应有一定的影响。此外，在刑法条文中，有的犯罪是直接而明确地把特定的方法、地点作为加重刑罚的条件。例如，《刑法》第237条规定："聚众或者在公共场所当众强制猥亵妇女、侮辱妇女的，应从重处罚。"

【案例分析】

赵某不构成交通肇事罪。我国《刑法》第133条明文规定："交通肇事罪是指违反交通运输管理法规，因而发生重大事故，致人重伤、死亡或者使公私财产遭受重大损失的行为。"本案中赵某的行为符合交通肇事罪的主体要件、主观要件、客体要件，但不具有客观要件。《中华人民共和国道路交通安全法》第119条第1款规定："道路是指公路、城市道路和虽在单位管辖范围但允许社会机动车通行的地方，包括广场、公共停车场等用于公众通行的场所。"本案发生的地点是某公司，是个特定的场所，不属于《中华人民共和国道路交通安全法》第119条调整的范围。因而赵某的行为不构成交通肇事罪。

赵某构成过失致人死亡罪。我国《刑法》第233条规定："过失致人死亡罪是指行为人由于过失导致他人死亡的行为。"本案中赵某既无驾驶证又无驾驶经验，他应当预见到自己的驾驶行为可能发生某种危害社会的结果。但他一时疏忽大意没有预见，以致发生撞死人这种结果。客观上，赵某已经实施了造成他人死亡结果的行为，赵某的驾车行为是导致他人死亡结果发生的直接原因，其行为与结果之间存在着法律上的因果关系，完全符合过失致人死亡罪的特征。因此，赵某的行为应定为过失致人死亡罪。

【法律链接】

《中华人民共和国刑法》（1997 年）

第十三条　一切危害国家主权、领土完整和安全，分裂国家、颠覆人民民主专政的政权和推翻社会主义制度，破坏社会秩序和经济秩序，侵犯国有财产或者劳动群众集体所有的财产，侵犯公民私人所有的财产，侵犯公民的人身权利、民主权利和其他权利，以及其他危害社会的行为，依照法律应当受刑罚处罚的，都是犯罪，但是情节显著轻微、危害不大的，不认为是犯罪。

第十六条　行为在客观上虽然造成了损害结果，但是不是出于故意或者过失，而是由于不能抗拒或者不能预见的原因所引起的，不是犯罪。

第十七条　已满十六周岁的人犯罪，应当负刑事责任。

已满十四周岁不满十六周岁的人，犯故意杀人、故意伤害致人重伤或者死亡、强奸、抢劫、贩卖毒品、放火、爆炸、投毒罪的，应当负刑事责任。

已满十四周岁不满十八周岁的人犯罪，应当从轻或者减轻处罚。

因不满十六周岁不予刑事处罚的，责令他的家长或者监护人加以管教；在必要的时候，也可以由政府收容教养。

第十八条　精神病人在不能辨认或者不能控制自己行为的时候造成危害结果，经法定程序鉴定确认的，不负刑事责任。

【工作任务】

关于刑法上的因果关系，下列哪一判断是正确的？（2010 年司法考试试卷二第 3 题）

A. 甲开枪射击乙，乙迅速躲闪，子弹击中乙身后的丙。甲的行为与丙的死亡之间不具有因果关系。

B. 甲追赶小偷乙，乙慌忙中撞上疾驰的汽车身亡。甲的行为与乙的死亡之间具有因果关系。

C. 甲、乙没有意思联络，碰巧同时向丙开枪，且均打中了丙的心脏。甲、乙的行为与丙的死亡之间不具有因果关系。

D. 甲要杀乙，故意向乙的食物中投放了足以致死的毒药，但在该毒药起作用前，丙开枪杀死了乙。甲的行为与乙的死亡之间不具有因果关系。

【拓展阅读】

各国立法避免见死不救①

广东佛山的 2 岁女童小悦悦被两辆车先后 3 次碾轧，而在 7 分钟内有 18 名路人走过竟不闻不问，直到拾荒阿姨陈贤妹经过，将小悦悦搬离街心。无独有偶，武汉一名 15 岁学生扶起一个被电瓶车撞伤的中年妇女，却被伤者指认为肇事者。

一边是路人漠然而去，一边是好心人被诬陷，当今社会的公共道德良知再次被严厉拷问。如何避免类似道德悲剧重演？如何保证好心人行善"零风险"？为此，有律师提出，有必要把道德问题上升到法律责任。实际上，在欧美诸国，都有类似"见死不救罪"的法律规定。

美国：遇人受伤不打"911"算疏忽罪。

美国有两部法律是要求和鼓励人们助人为乐的，分别是《救援责任法》和《善行法案》。《救援责任法》规定了特殊关系人之间的责任，比如消防人员、急救人员有责任救助危境中的公众，配偶之间的救援责任，父母子女之间的救援责任。还有相当一部分的州将此法律延伸到普通百姓之间：任何人需要对求助的陌生人予以帮助。《善行法案》保护的是施救人员，如果施救人员在帮助他人时造成其他意外伤害，可以免除法律诉讼。

在美国，如果一个人没有受过专门训练，即使遇到需要急救的情形，也不可轻易动手，但应拨打"911"。一些州就规定，发现陌生人受伤时，如果不打"911"电话，可能构成轻微疏忽罪。

美国还有一部专门的法律《好撒玛利亚人法》，是为好人做好事量身定造的，避免其惹麻烦上身。好撒玛利亚人意为好心人、见义勇为者。虽然《好撒玛利亚人法》的法律细节在联邦和各州有各种司法变化，不过其主要特点是共同的：陌生人在对受伤者进行紧急医疗抢救时出现的失误，被给予法律责任上的赦免。这种情形必须是在紧急事件发生现场，而且这种救助是无偿的。

欧洲：见死可不救有前提。

在欧洲不少国家，对于不负法定职责的普通人来说，"见死不救"的确是一种"罪与罚"。

法国 1994 年修订的《法国刑法典》就有"怠于给予救助罪"："任何人对处于危险中的他人，能够个人采取行动，或者能唤起救助行动，且对其本人或第三人均无危险，而故意放弃给予救助的，处 5 年监禁并扣 50 万法郎罚金。"

在欧洲的其他国家，如德国、挪威、瑞典、西班牙、意大利等国的法律也规定，任何有责任能力的成年人具有营救危难的法律义务。《德国刑法典》第 323 条 c 项就规定："意外事故、公共危险或困境发生时需要救助，根据行为人当时的情况急救有可能，尤其对自己无重大危险且又不违背其他重要义务而不进行急救的，处 1 年以下自由刑或罚金。"

值得注意的是，在上述国家规定"见死不救罪"时，无一例外地都有着大同小异

---

① 蒋林．各国立法避免见死不救．http：//life.jschina.com.cn/system/2011/10/25/011935988.shtml，2011－10－19/2011－10－25．

的前提性限制：救助他人对自己或者第三人并无危险。法律为"见死不救"的法律设置这样一个"天条戒律"，根本原因在于法律的平等保护原则，即法律从来都不能强迫互相之间不负法定救助责任的当事人之间，以牺牲一方当事人安危为代价来救助处于危险境地的另一方。

加拿大：为保护施救者立法。

加拿大也有类似的"好撒玛利亚人法"，但主要是属于省司法权，例如安大略省2001年颁布的《见义勇为法》规定："自愿且不求奖励报酬的个人，不必为施救过程中因疏忽或不作为所造成的伤害承担责任。"制定该法是为打消施救者因担心施救不当而惹上官司的顾虑，以防止他们事后成为被告。

项目四　犯罪主体

【知识目标】

理解犯罪主体的概念与意义，掌握我国刑法关于刑事责任能力及其相关内容之规定，掌握自然人犯罪主体的共同要件和单位犯罪的特征与处罚原则。

【能力目标】

掌握自然人犯罪主体、单位犯罪主体及其刑事责任的实践认定。

【内容结构图】

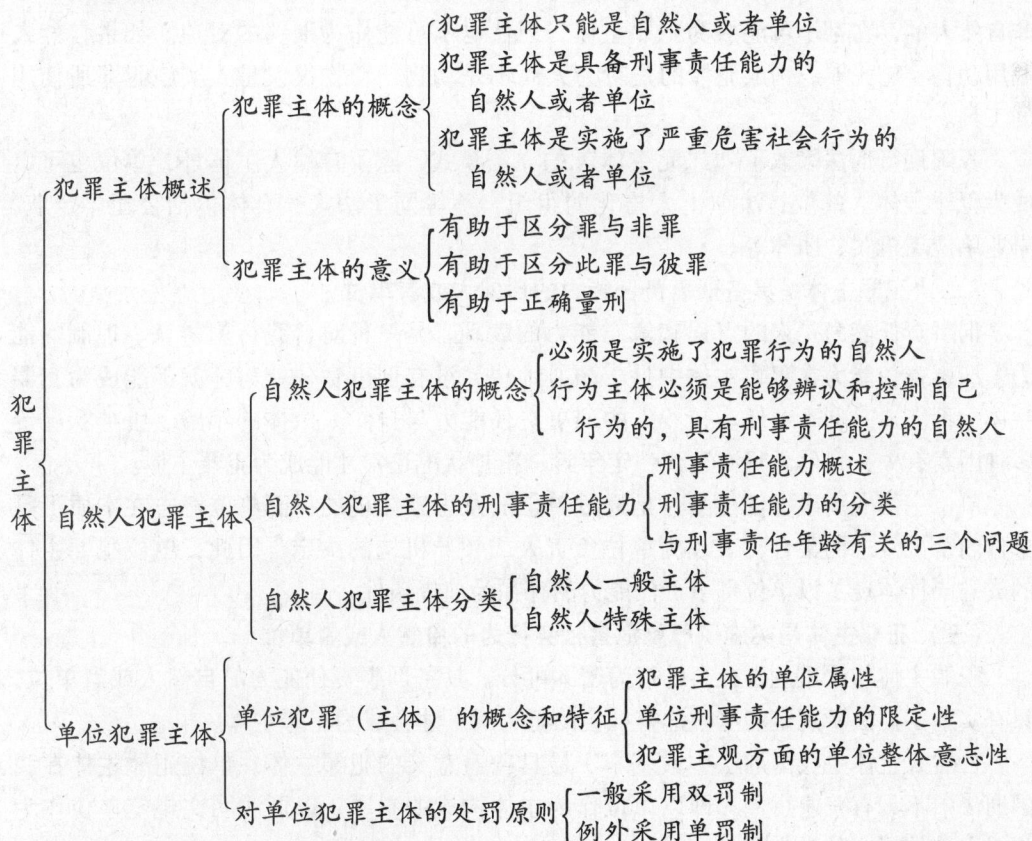

犯罪主体

- 犯罪主体概述
  - 犯罪主体的概念
    - 犯罪主体只能是自然人或者单位
    - 犯罪主体是具备刑事责任能力的自然人或者单位
    - 犯罪主体是实施了严重危害社会行为的自然人或者单位
  - 犯罪主体的意义
    - 有助于区分罪与非罪
    - 有助于区分此罪与彼罪
    - 有助于正确量刑
- 自然人犯罪主体
  - 自然人犯罪主体的概念
    - 必须是实施了犯罪行为的自然人
    - 行为主体必须是能够辨认和控制自己行为的，具有刑事责任能力的自然人
  - 自然人犯罪主体的刑事责任能力
    - 刑事责任能力概述
    - 刑事责任能力的分类
    - 与刑事责任年龄有关的三个问题
  - 自然人犯罪主体分类
    - 自然人一般主体
    - 自然人特殊主体
- 单位犯罪主体
  - 单位犯罪（主体）的概念和特征
    - 犯罪主体的单位属性
    - 单位刑事责任能力的限定性
    - 犯罪主观方面的单位整体意志性
  - 对单位犯罪主体的处罚原则
    - 一般采用双罚制
    - 例外采用单罚制

【案例导入】

甲，1988年8月出生。2002年9月，甲到某办公大楼盗窃，盗取价值5 000元的财物后脱逃；2004年10月，甲进入某高档小区抢劫，将受害人乙杀死并抢去价值10 000元的财物后脱逃；2008年3月，甲在某市公共汽车上将丙扎成轻伤，被车上便衣警察当场抓获。一审对甲数罪并罚，判处甲死刑缓期两年执行，并剥夺政治权利终身。

【问题】

1. 甲的三个行为是否均构成犯罪？请分析说明。
2. 一审判决是否适当？甲应承担怎样的刑事责任？

【基本原理】

犯罪主体概述

一、犯罪主体的概念

犯罪主体，是指实施严重危害社会的行为，依法应负刑事责任的自然人或者单位。

（一）犯罪主体只能是自然人或者单位

自然人是指有生命的人类个体，始于出生，终于死亡。因而胎儿、动物、死尸等非自然人的存在都不可能成为犯罪主体，当然也不可能作为刑罚的对象。如果自然人利用动物实施犯罪，构成犯罪的是行为人而不是动物，动物仅仅是人实施犯罪所使用的工具。

我国现行刑法采取了"二元主体"的立法模式，除了自然人主体外，单位也可以成为犯罪主体。单位是法律上人格化的组织，不等同于法人，具体包括公司、企业、事业单位、机关、团体等。

（二）犯罪主体是具备刑事责任能力的自然人或者单位

刑事责任能力是人的意识和意志能力的表现，是一种对自我行为辨认、控制的能力。刑事责任能力在犯罪主体中处于核心地位，没有刑事责任能力，就不能成为犯罪主体，不能追究刑事责任。自然人的刑事责任能力与自然人个体的年龄、精神状况等多种因素有关，自然人只有达到一定年龄、精神状况正常才能成为犯罪主体。

单位主体的刑事责任能力，是通过单位的意志来体现的，而单位意志在本质上是单位内个人意志的集合，表现为单位负责人或领导机构的决定。因此，单位犯罪主体的成立同样体现了以单位刑事责任能力的存在为前提条件。

（三）犯罪主体是实施了严重危害社会行为的自然人或者单位

犯罪主体与严重危害社会的行为密不可分。具备刑事责任能力的自然人或者单位，只有实施了刑法所规定的严重危害社会的行为时，才会成为犯罪主体。

自然人主体是我国刑法中最基本、最具普遍意义的犯罪主体。单位犯罪主体在我国刑法中不具有普遍意义，即以单位作为主体构成的犯罪，以刑法明文规定单位作为犯罪主体的犯罪种类为限。

二、犯罪主体的意义

犯罪主体在犯罪构成中居于重要地位。确定犯罪主体具有如下意义：

（一）有助于区分罪与非罪

任何犯罪行为都是由一定的犯罪主体实施的，没有犯罪主体就谈不上犯罪行为。如自然灾害致人死亡、雷电杀人、野兽杀人等都不构成犯罪。但并不是说，所有自然人和单位实施了危害社会的行为都构成犯罪，只有当自然人或单位符合刑法关于主体的构成条件时，也就是主体适格才会构成犯罪。比如，根据《刑法》第17条第2款的规定，一个不满14周岁的人杀人，就不构成犯罪。

（二）有助于区分此罪与彼罪

我国刑法分则规定的某些具体犯罪，对主体条件有特殊的要求，具备该条件的人，才能构成此种犯罪。比如，刑讯逼供罪的主体只能是司法工作人员。如果行为人不具备这种身份，对他人实行了刑讯逼供，有可能会构成其他的犯罪，如非法拘禁罪；如果出现法定伤害结果，可能构成故意伤害罪。

（三）有助于正确量刑

刑罚与犯罪性质、刑事责任相适应，是刑法基本原则的要求。犯罪主体的刑事责任能力受其年龄、精神状况等因素的制约。因此，研究犯罪主体的刑事责任能力状况对正确量刑具有重要意义。例如，我国《刑法》第17条第2款规定："未成年人犯罪，应当从轻或者减轻处罚。"第19条规定："又聋又哑的人或者盲人犯罪，可以从轻、减轻或者免除处罚。"第307条规定："司法工作人员犯妨害作证罪与帮助毁灭、伪造证据罪的，从重处罚。"《刑法修正案（八）》在《刑法》第49条的规定："除了以特别残忍的手段致人死亡外，审判时年满七十五周岁的人，不适用死刑。"

自然人犯罪主体

一、自然人犯罪主体的概念

自然人犯罪主体，是指具备刑事责任能力，实施了危害社会行为，且依法应负刑事责任的自然人。作为自然人犯罪主体必须同时满足以下两个条件：

（一）必须是实施了犯罪行为的自然人

自然人实施危害社会的行为，必须达到了犯罪的程度，也就是说行为的性质是犯罪，而不是一般的违法行为，否则行为主体不能成立犯罪主体。

（二）行为主体必须是能够辨认和控制自己行为的，具有刑事责任能力的自然人

刑事责任能力是自然人辨认和控制自己行为的能力。自然人主体的刑事责任能力的大小及其有无，主要受其年龄、精神状况等因素的制约。因此，并非每个自然人都可以成为犯罪主体。

二、自然人犯罪主体的刑事责任能力

（一）刑事责任能力概述

1. 刑事责任能力的概念

刑事责任能力，是指行为人构成犯罪和承担刑事责任所必备的，刑法意义上辨认与控制自己行为的能力。不具备刑事责任能力者，即使实施了严重危害社会的行为，也不能构成犯罪主体，不能被追究刑事责任；刑事责任能力减弱者，其刑事责任也相应减轻。

刑事责任能力与个人的年龄、生理、精神状况密切相关。一般人当其达到一定的年龄之后，智力发展正常，就自然具备了这种刑事责任能力。当然，这种能力会因为年龄幼小或者精神状况异常、生理功能缺陷等原因而不具备或者减弱、丧失。

刑事责任能力具有明显的法定性特点。也就是说，行为人是否具备这种能力是由刑法所规定的，与其事实上是否具有这种能力并不完全一致。刑法规定，只有达到一定年龄（明文性规定）并且精神正常的自然人才具备辨认与控制自己行为的能力。所以，有些未达到规定年龄的"神童"，虽然有事实上的辨认与控制自己行为的能力，但其并不是刑法意义上具有刑事责任能力的人；而某些"瘾君子"，虽然无事实上的辨认与控制自己行为的能力，但却是刑法意义上的具有刑事责任能力的人。

2. 刑事责任能力的内容

（1）辨认能力。即行为人对自己的行为在刑法上的意义、性质、后果的辨别认识能力。它是行为人控制自己行为的前提。行为人如果不具备辨认能力，当然就不具备刑事责任能力。

（2）控制能力。即行为人通过自我意志对自身行为加以约束、控制的能力，对自己是否以行为触犯刑法的决定能力。作为一种意志能力，它是建立在辨认能力基础上的结果，也是刑事责任能力的关键所在。

辨认能力与控制能力是刑事责任能力不可分割的两个方面。应当注意的是，如果行为人有辨认能力，但不具备控制能力，一般不具备刑事责任能力。如身体受到强制或者遭遇不可抗力的情况，行为人不负刑事责任。但如果是毒瘾发作、生理性醉酒的情况则不同，法律规定这种情况行为人应负刑事责任。

（二）刑事责任能力的分类

由于年龄、精神、生理功能以及知识与智力等状况的不同，行为人的刑事责任能力的强弱程度亦不相同。根据我国刑法规定以及刑法理论通说，一般将刑事责任能力分为如下四个层次：

1. 完全刑事责任能力

简称为刑事责任能力或责任能力。根据我国刑法规定，凡年满18周岁，精神和生理功能健全以及智力与知识发展正常的人，都是完全刑事责任能力人。完全责任能力人实施了严重危害行为的，应当依法负全部的刑事责任，不能因其责任能力因素而不负刑事责任或者减轻刑事责任。

除完全正常状况的人外，根据我国《刑法》第18条第2款的规定，间歇性的精神病人在精神正常的时候犯罪，应当负全部的刑事责任。根据我国《刑法》第18条第4款的规定，生理性醉酒的人犯罪，应当负全部的刑事责任。

2. 完全无刑事责任能力

简称为完全无责任能力或无责任能力。意指行为人对自己行为完全没有刑法意义上的辨认能力和控制能力。按照我国《刑法》第17条、第18条的规定，完全无刑事责任能力人包括了两种类型：不满14周岁的人；因严重的精神、生理疾患在行为时完全不能辨认和控制自己行为的人。第二种类型具体包括：严重精神病发作者（含病理性醉酒者），严重痴呆症患者，夜游症（梦游症）发作者，以及其他原因导致完全没有辨别、控制能力的人。完全无刑事责任能力的人实施任何危害社会的行为，都不构成犯罪，都不负刑事责任。

3. 相对无刑事责任能力

又称为相对有刑事责任能力或相对刑事责任能力。意指行为人仅对刑法所明确限定的某些严重犯罪行为有刑事责任能力，而对未明确限定的其他行为一概没有刑事责任能力。根据我国《刑法》第17条第2款的规定，已满14周岁不满16周岁的人属于相对无（有）刑事责任能力人，他们只对故意杀人罪、故意伤害致人重伤或者死亡罪、强奸罪、抢劫罪、贩卖毒品罪、放火罪、爆炸罪、投毒罪（《刑法修正案（三）》已经将其改为投放危险物质罪）负刑事责任。同时，根据《刑法》第49条、第65条、第72条、第100条的规定（经过《刑法修正案（八）》的修改），未成年人犯罪，应当从轻或减轻处罚，且不能判处死刑；未成年人再次犯罪，不构成累犯；扩大未成年人犯罪的缓刑适用范围；未成年轻型犯免除前科报告制度。

无论是完全无刑事责任能力者还是相对刑事责任能力者，根据我国《刑法》第17条第4款的规定，因不满16周岁不予刑事处罚的，责令他的家长或者监护人加以管教；在必要的时候，也可以由政府收容教养。另外，因危害行为给他人造成的经济损失，未成年人的家长或者监护人还要负赔偿责任。

4. 限制刑事责任能力。

又称为限定刑事责任能力或者减轻刑事责任能力、部分刑事责任能力，是完全刑事责任能力和完全无刑事责任能力的中间状态。具体而言，是指因年龄、精神状况、生理功能缺陷等原因，行为人在实施刑法所禁止的危害行为时，其辨认或者控制自己行为的能力有一定程度的减弱、降低的情况。根据我国《刑法》第17条、第18条、第49条等有关规定，减轻刑事责任能力人有四种类型：已满16周岁不满18周岁的、心智正常的未成年人，又聋又哑的人（不含只聋不哑或者只哑不聋的人），盲人（不含只有一只眼睛失去视力的人），尚未完全丧失辨认、控制自己行为能力的精神病发作者、智障患者等，年满75周岁的老人。对于第一种类型，行为人对所有严重危害行为都必须承担刑事责任，但都应当从轻或减轻处罚且不能判处死刑；对于第二种、第三种类型，行为人对所有严重危害行为都必须承担刑事责任，都可以从轻、减轻或者免除处罚；对于第四种类型，行为人对所有严重危害行为都必须承担刑事责任，除以残忍手段致人死亡外，一般不能判处死刑。

（三）与刑事责任年龄有关的三个问题

1. 刑事责任年龄的计算

刑事责任年龄按照实足年龄即周岁来计算。计算时一律以公历的年、月、日为标准；日为最小单位，不计算到时、分、秒。1周岁为12个月；某周岁生日的第2天（亦即当天晚上12点以后）起，才认为增加了1岁，生日的当天不能视为增加了1岁。

例如，一个人在 14 周岁生日当天杀人，应视为不满 14 周岁，不能追究刑事责任。

2. 刑事责任年龄的起算

犯罪主体的刑事责任年龄，是以行为实施时的年龄为准还是以行为结果发生时的年龄为准，这涉及对年龄的具体起算问题。具体分为三种情形：第一，一般情况下，行为时的年龄与结果发生时的年龄一致，不存在起算问题。如盗窃犯罪中的盗窃行为与被害人的财物失窃的结果二者同时发生的情形。第二，行为时的年龄与结果发生时的年龄前后不一致，以行为时的年龄为准。如一个人在 16 周岁生日当天，因过失行为造成他人的重伤，行为人的行为不构成犯罪，不承担刑事责任。因为行为人行为时不满 16 周岁，对过失犯罪不具有刑事责任能力。第三，如果行为出现了连续或者持续状态，则以行为状态结束之时的年龄为准。

3. 跨刑事责任年龄犯罪的认定

对于跨刑事责任年龄犯罪的认定，不按照前后一并认定的方法进行处理，而应当根据具体情况，区别不同的年龄时期，分别按照刑法的相关规定予以认定。因为行为时所处的不同年龄阶段，决定了行为人对某一具体犯罪的刑事责任能力的有无和大小的不同。

三、自然人犯罪主体的分类

根据自然人犯罪主体在构成犯罪上是否必须具备特定身份，可将自然人犯罪主体分为一般主体和特别主体两类。

（一）自然人一般主体

所谓自然人一般主体，是指具备刑事责任能力，实施了危害行为，依法应当负刑事责任的自然人。我们前面所论述的主要是自然人一般主体的条件问题。

（二）自然人特殊主体

所谓自然人特殊主体，是指除了具备自然人一般主体的构成条件外，还必须具备某种特殊身份作为构成条件的个人。所谓特殊身份，是指刑法明确规定的、影响行为人刑事责任的、有关行为人人身方面的特定资格、地位等因素。我国刑法对自然人特殊主体主要从以下四个方面来规定其特殊条件。

1. 从特定公务人员方面来规定特殊条件

（1）只有国家工作人员才能构成的犯罪。如《刑法》第 382 条规定的贪污罪、第 384 条规定的挪用公款罪、第 385 条规定的受贿罪等，都是只能由国家工作人员利用职务上的便利实施的特殊主体的犯罪。所谓国家工作人员，根据《刑法》第 93 条的规定，是指国家机关中从事公务的人员，国有公司、企业、事业单位、人民团体中从事公务的人员和国家机关、国有公司、企业、事业单位委派到非国有公司、企业、事业单位、社会团体从事公务的人员，以及其他依照法律从事公务的人员，以国家工作人员论。

（2）只有国家机关工作人员才能构成的犯罪。如《刑法》第 254 条规定的报复陷害罪；第 397 条规定的滥用职权罪、玩忽职守罪；第 398 条规定的故意泄露国家秘密罪；第 418 条规定的招收公务员、学生徇私舞弊罪等。

（3）只有特定国家行政机关工作人员才能构成的犯罪。如《刑法》第 402 条规定的徇私舞弊不移交刑事案件罪；第 408 条规定的环境监管失职罪；第 411 条规定的放纵走私罪等。

（4）只有司法工作人员才能构成的犯罪。如《刑法》第 247 条规定的刑讯逼供罪、暴力取证罪；第 399 条规定的徇私枉法罪、枉法裁判罪；第 400 条规定的私放在押人员罪等。

（5）只有邮政工作人员才能构成的犯罪。如《刑法》第 253 条第 1 款规定的私自开拆、隐匿、毁弃邮件、电报罪。

（6）只有国有公司、企业、事业单位负责人才能构成的犯罪。如《刑法》第 165 条规定的非法经营同类营业罪；第 167 条规定的签订、履行合同失职被骗罪；第 169 条规定的徇私舞弊低价折股、出售国有资产罪等。

（7）只有军人才能构成的犯罪。我国《刑法典分则》第十章规定的军人违反职责罪，犯罪主体必须是军人。根据《刑法》第 450 条的规定，"军人"包括中国人民解放军的现役军官、文职干部、士兵及具有学籍的学员以及执行军事任务的预备役人员和其他人员。

2. 从负有特定义务方面来规定特殊条件

（1）只有纳税义务人才能构成的犯罪。如《刑法》第 201 条规定的偷税罪，第 202 条规定的抗税罪。

（2）只有抚养义务人才能构成的犯罪。如《刑法》第 261 条规定的遗弃罪。

（3）只有负有特定职责的国家工作人员才能构成的犯罪。如《刑法》第 414 条规定的放纵制售伪劣商品罪；第 416 条规定的不解救被拐卖、绑架妇女儿童罪，阻碍解救被拐卖、绑架的妇女儿童罪；第 417 条规定的帮助犯罪分子逃避处罚罪。

3. 从特定的法律关系主体方面来规定特殊条件

（1）只有证人、鉴定人、记录人、翻译人员才能构成的犯罪。如《刑法》第 305 条规定的伪证罪。

（2）只有辩护人、诉讼代理人才能构成的犯罪。如《刑法》第 305 条规定的辩护人、诉讼代理人毁灭证据、伪造证据、妨害作证罪。

（3）只有在押特定人员才能构成的犯罪。如《刑法》第 315 条规定的破坏监管秩序罪，第 316 条规定的脱逃罪。

（4）只有首要分子才能构成的犯罪。如《刑法》第 291 条规定的聚众扰乱公共场所秩序、交通秩序罪。

（5）只有特定经济法律关系的主体才能构成的犯罪。如《刑法》第 159 条第 1 款规定的虚假出资、抽逃出资罪。

4. 从特定职业方面来规定特殊条件

（1）只有航空人员才能构成的犯罪。如《刑法》第 131 条规定的重大飞行事故罪。

（2）只有铁路职工才能构成的犯罪。如《刑法》第 132 条规定的铁路运营事故罪。

（3）只有企事业单位的职工才能构成的犯罪。如《刑法》第 134 条规定的重大责任事故罪。

（4）只有金融工作人员才能构成的犯罪。如《刑法》第 186 条规定的违法发放贷款罪，第 187 条规定的用账外客户资金非法拆借、发放贷款罪。

（5）只有医务人员才能构成的犯罪。如《刑法》第 335 条规定的医疗事故罪。

单位犯罪主体

一、单位犯罪（主体）的概念和特征

单位犯罪是相对于自然人犯罪的另一个范畴。我国在 1979 年的《中华人民共和国刑法》中，采取的是"一元主体"的立法形式，没有单位犯罪的规定。1987 年 1 月 22 日由全国人大常委会通过的《中华人民共和国海关法》第 47 条第 4 款关于企业、事业单位、国家机关、社会团体犯走私罪的规定，是我国首次以附属刑法形式确认了单位可以成为犯罪主体。1988 年全国人大常委会制定《关于惩治贪污罪贿赂罪的补充规定》和《关于惩治走私罪的补充规定》，分别规定企业、事业单位、机关、团体可以成为贪污罪、受贿罪、行贿罪、走私罪、逃汇罪等犯罪的主体，这是我国首次在单行刑法中确认单位犯罪。我国 1997 年实施的《中华人民共和国刑法》，即现行刑法，则采取了"二元主体"立法形式，以总则与分则相结合的方式全面确立了单位犯罪及其刑事责任。

根据《刑法》第 30 条的规定，所谓单位犯罪主体，是指具备刑事责任能力，实施了刑法分则明文规定可由单位构成的犯罪的公司、企业、事业单位、机关、团体。所谓单位犯罪，是指由单位犯罪主体实施的依法应当承担刑事责任的危害社会的行为。单位犯罪应具备以下三个基本特征：

（一）犯罪主体的单位属性

犯罪主体不能是自然人，只能是单位。具体包括公司、企业、事业单位、机关、团体。所谓"公司、企业、事业单位"，按照最高人民法院的司法解释，既包括国有、集体所有的公司、企业、事业单位，也包括依法设立的合资经营、合作经营企业和具有法人资格的独资、私营等公司、企业、事业单位。所谓"机关"，是指国家各级权力机关、行政机关、司法机关、军事机关。所谓"团体"，主要是指人民团体和社会团体。

（二）单位刑事责任能力的限定性

所谓限定性，一是期限性。单位的刑事责任能力是有期限的，即始于成立，终于撤消销者解散。二是法定性。即只有法律明文规定单位可以成为犯罪主体或者只能由单位构成犯罪主体的犯罪，才存在单位犯罪及单位承担刑事责任的问题，而并非一切犯罪都可以由单位构成。规定单位犯罪的"法律"，是指刑法分则性条文，包括现行刑法典分则条文，以及刑法颁行后国家最高立法机关根据实际需要制定的单行刑法及有关附属刑法规范。从我国刑法典分则的规定看，单位犯罪广泛存在于危害公共安全罪，破坏社会主义市场经济秩序罪，侵犯公民人身权利、民主权利罪，妨害社会管理秩序罪，危害国防利益罪以及贪污贿赂罪等类罪中。在刑法规定的 400 多个具体罪名中，单位能够成立的犯罪有 120 个左右，既包括了故意犯罪，也包括少数过失犯罪。

（三）犯罪主观方面的单位整体意志性

亦即单位犯罪必须是单位整体意志支配下的行为。单位犯罪虽然也是通过单位具体成员实施，但都是由单位集体决定或者负责人决定，在单位的统一部署和要求下进行的，是单位整体意志的反映。否则，其犯罪不构成单位犯罪。根据最高人民法院

1999 年 6 月 18 日《关于审理单位犯罪案件具体应用法律有关问题的解释》的规定，个人以犯罪为目的设立公司、企业、事业单位而实施犯罪的，或者单位成立后实际上以实施犯罪为主要活动内容的，不以单位犯罪论处；盗用单位名义实施犯罪，违法所得实际上由实施犯罪的个人私分的，也不以单位犯罪论处，而应当依照刑法有关的自然人犯罪的规定定罪处罚。

二、对单位犯罪主体的处罚原则

对单位犯罪主体的处罚，世界各国刑事立法与刑法理论主要有两种原则：一是双罚制，即单位犯罪的，对单位和单位直接责任人员（代表、主管人员以及其他有关人员）均予以刑罚处罚；二是单罚制，即单位犯罪的，只对单位予以刑罚处罚而对直接责任人员不予处罚，或者只对直接责任人员予以刑罚处罚而不处罚单位。根据我国《刑法》第 31 条规定，我国对单位犯罪主体的处罚采用"双罚制为一般，单罚制为例外"的原则。

（一）一般采用双罚制

所谓一般采用双罚制，就是对单位犯罪，绝大部分情况下采取双罚制的原则。即单位犯罪的，对单位判处罚金，同时对单位直接负责的主管人员和其他直接责任人员判处刑罚。

（二）例外采用单罚制

所谓例外采用单罚制，是指当刑法典分则和其他法律（特别刑法）另有特别规定不采取双罚制而采取单罚制的例外情况。由于单位犯罪情况的复杂性，一律采取双罚制的原则，并不能全面准确地体现罪责刑相适应的原则，以及对单位犯罪起到足以警戒的作用，甚至还会导致明显的不公正。因此，法律明确规定少数几种特殊的单位犯罪采取单罚制原则。如我国《刑法》第 396 条规定的私分国有资产罪，第 244 条规定的强迫职工劳动罪，第 161 条规定的提供虚假财务报告罪和 162 条规定的妨害清算罪，都不处罚作为犯罪主体的公司、企业，而只处罚其直接责任人员。应当注意的是，例外情况采取的单罚制，仅仅是指只处罚单位中的有关责任人员而不处罚单位的一种情况，而不包括只处罚单位不处罚直接责任人员的"单罚制"。

【案例分析】

1. 甲只在抢劫杀人案、伤害案中构成犯罪。根据我国刑法关于相对刑事责任能力的规定，年满 14 周岁但不满 16 周岁的人只对故意杀人罪、故意伤害致人重伤或者死亡罪、投放危险物质罪、贩毒罪、抢劫罪、强奸罪、放火罪、爆炸罪这 8 个犯罪承担刑事责任，其他行为一概不构成犯罪，不承担任何刑事责任。而甲在 2002 年的盗窃行为（行为时满 14 周岁但不满 16 周岁）不在前述的 8 个犯罪行为之中。

2. 一审判决不适当。根据《刑法》第 17 条第 3 款以及第 49 条的规定，犯罪时已满 14 周岁但不满 18 周岁者，应当从轻或者减轻处罚且不适用死刑。应该说甲多次犯案，主观恶性大，后果严重，但甲的抢劫杀人案（抢劫罪）是发生在满 16 周岁不满 18 周岁期间，而成年后的伤害案（故意伤害罪）属于后果较轻情形。因此，一审判决违背刑法现行规定。若对甲以抢劫罪、故意伤害罪数罪并罚，判处其"无期徒刑，剥夺政治权利终身"的刑罚则较为合适。

【法律链接】

1.《中华人民共和国刑法》（1997 年）

第十七条第二款　已满十四周岁不满十八周岁的人犯罪，应当从轻或者减轻处罚。

第十八条　精神病人在不能辨认或者不能控制自己行为的时候造成危害结果，经法定程序鉴定确认的，不负刑事责任。但是应当责令他的家属或者监护人严加看管和医疗；必要的时候，由政府强制医疗。

间歇性的精神病人在精神正常的时候犯罪，应当负刑事责任。

尚未完全丧失辨认或者控制自己行为能力的精神病人犯罪的，应当负刑事责任，但是可以从轻或者减轻处罚。

醉酒的人犯罪，应当负刑事责任。

第十九条　又聋又哑的人或者盲人犯罪，可以从轻、减轻或者免除处罚。

第三十条　公司、企业、事业单位、机关、团体实施的危害社会的行为，法律规定为单位犯罪的，应当负刑事责任。

第三十一条　单位犯罪的，对单位判处罚金，并对其直接负责的主管人员和其他直接责任人员判处刑罚。本法分则和其他法律另有规定的，依照规定。

第四十九条（刑法修正案八）：审判的时候已满七十五周岁的人，不适用死刑，但以特别残忍手段致人死亡的除外。

第一百零九条第二款　掌握国家秘密的国家工作人员犯前款罪的，依照前款的规定从重处罚。

第三百零七条　以暴力、威胁、贿买等方法阻止证人作证或者指使他人作伪证的，处三年以下有期徒刑或者拘役；情节严重的，处三年以上七年以下有期徒刑；帮助当事人毁灭、伪造证据，情节严重的，处三年以下有期徒刑或者拘役。司法工作人员犯前两款罪的，从重处罚。

2.《中华人民共和国海关法》（1987 年）

第四十七条第四款　企业、事业单位、国家机关、社会团体犯走私罪的，由司法机关对其主管人员和直接责任人员依法追究刑事责任；对该单位判处罚金，判处没收走私货物、物品、走私运输工具和违法所得。

【工作任务】

某市 A 公司在本单位效益不好的情况下，为了解决本单位职工的冬天供暖问题，经过领导集体讨论，决定偷接邻居 B 单位的供热管道，为本单位数栋职工宿舍供热。此行为被发现时，A 公司偷热能价值达数百万元。B 公司立即报案。

【问题】

1. A 公司是否构成犯罪？为什么？

2. 本案应当如何处理？

【拓展阅读】

1. 康树华. 当代中国犯罪主体. 北京：群众出版社，2005.

2. 黎宏. 美国近年来的法人刑事责任理论评述. 法商研究，1999（1）.

项目五　犯罪主观方面

【知识目标】

理解犯罪主观方面的概念与内容；熟练掌握犯罪故意的概念、特征及其基本类型；熟练掌握犯罪过失的概念、特征及其基本类型；理解意外事件、不可抗力的概念与特征；理解犯罪目的与犯罪动机在定罪量刑中的意义。

【能力目标】

掌握我国刑法关于犯罪故意、犯罪过失的具体规定及其实践认定。

【内容结构图】

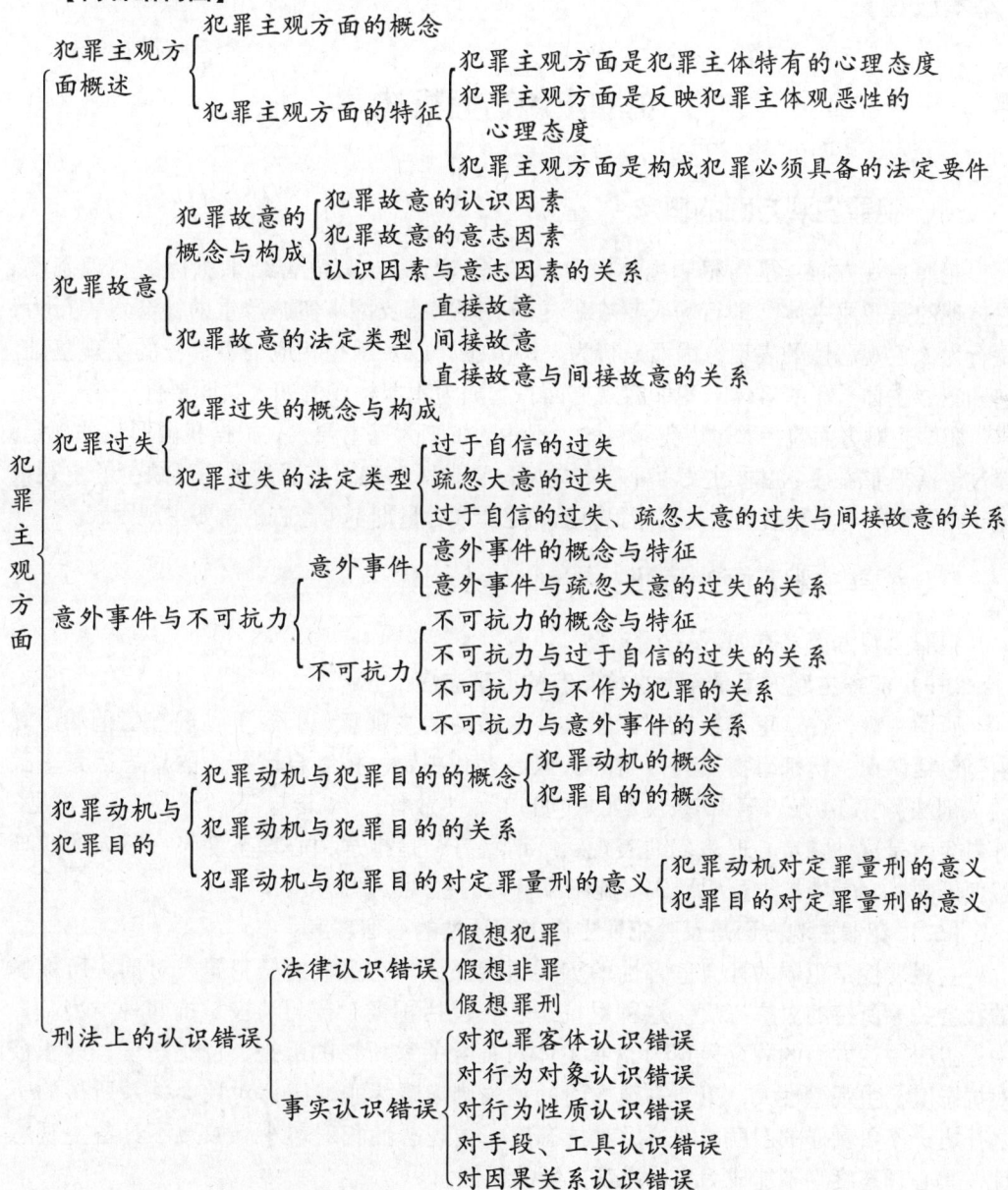

【案例导入】

行为人 A 曾因多次盗窃被判刑 3 年，于 1998 年 10 月刑满出狱。2000 年春节期间的某个深夜，A 溜进广东省某市火车站贵宾候车室，见一身穿风衣的中年男子 B 正在打瞌睡，其手边有一漂亮提包，立即将其提包偷走，但在出站时被民警抓获。提包内有人民币 1 000 元，五四手枪一支，衣物若干。原来，B 是一位解放军现役军官，正出差执行任务。A 很快被检察机关以盗窃枪支罪起诉。

【问题】

1. 检察机关的起诉是否恰当？为什么？
2. 行为人 A 应承担怎样的刑事责任？为什么？

【基本原理】

犯罪主观方面概述

一、犯罪主观方面的概念

犯罪主观方面，是指犯罪主体对自己的危害行为及其危害结果所持的心理态度。它体现的是犯罪主体（即行为人）在怎样的心理状态支配下实施严重的社会危害行为，是行为人主观恶性的表现，因而是行为人构成犯罪以及承担相应刑事责任的主观基础。它和犯罪主体、犯罪客体、犯罪客观方面一起成为犯罪构成的四大共同要件。

犯罪主观方面包括罪过、犯罪目的、犯罪动机三大基本要素。根据我国刑法的规定，罪过包括犯罪故意与犯罪过失两种基本类型，它是所有犯罪定罪量刑不可缺少的主观依据；犯罪目的与犯罪动机则是某些犯罪正确定罪或者量刑不可忽视的重要主观因素。

二、犯罪主观方面的特征

犯罪主观方面具有如下三个特征：

（一）犯罪主观方面是犯罪主体特有的心理态度

所谓主观，在这里是指支配犯罪人外在活动的主观意识，属于心理态度范畴。其内容包括认识、辨别事物及其性质的认识因素和决定、控制自己行为的意志因素。我国《刑法》第 14 条、第 15 条规定的"明知"、"放任"、"希望"、"轻信"、"预见"等内容就是这种特定心理态度的表现。所谓特有，是指这种心理态度与一般人的心理态度不同，它是特指支配犯罪人实施犯罪行为的主观心理态度。

（二）犯罪主观方面是反映犯罪主体主观恶性的心理态度

主观恶性是犯罪的社会危害性的重要组成部分。它反映的是犯罪人对刑法所保护的社会关系所持的对抗态度。这种对抗态度，包括积极对抗与消极对抗两种类型。其中，犯罪主观方面的故意表现为犯罪主体对社会关系所持的敌视、侵犯态度，即积极对抗态度，主观恶性大；犯罪主观方面的过失则表现为犯罪主体对社会关系所持的听之任之、不负责任的态度，即消极对抗态度，主观恶性相对较小。如果不具备主观恶性，其心理态度则不能成为犯罪主观方面的要件。

（三）犯罪主观方面是构成犯罪必须具备的法定要件

所谓法定要件，是指刑法明文规定必须具备的要件。犯罪主观方面的法定性在我国刑法的总则与分则中都有体现。犯罪故意与犯罪过失是犯罪主观方面的两种基本形式，是一切犯罪构成都必须具备的共同要件。犯罪动机与犯罪目的是犯罪故意中两种重要构成因素，有助于进一步说明犯罪故意的主观恶性。犯罪目的是构成某些犯罪故意的必备要件，犯罪动机一般不是犯罪的构成要件，但是对量刑有直接影响。

因此，作为犯罪构成共同要件之一，犯罪主观方面具有不可或缺的地位与作用。研究犯罪主观方面，有助于进一步区分罪与非罪、此罪与彼罪，有助于确定犯罪的罪数，有助于正确量刑。

犯罪故意

一、犯罪故意的概念与构成

根据我国《刑法》第14条的规定和有关刑法理论，所谓犯罪故意，是指明知自己的行为会发生危害社会的结果，并且希望或者放任这种结果发生的主观心理态度。

（一）犯罪故意的认识因素

行为人明知自己的行为会发生危害社会的结果的心理态度，是犯罪故意的认识因素。

1. 认识的内涵

即对"明知"的正确把握。①把握字义层次。所谓明知，在这里是扩张解释，它包括"明明知道"和"应该知道"两种情况。所谓明明知道，就是明白、确切地知道了；所谓应当知道，就是在掌握某些事实后，有义务与能力知道。②把握范围层次。根据我国刑法学界的通说，"明知"应该包括如下三个方面的内容：第一，对行为本身的认识，即对刑法规定的危害社会行为的内容、性质以及作用的认识。如盗窃罪的行为人认识到自己盗窃他人的贵重包裹是具有社会危害性的行为。这是对行为结果认识的前提。第二，对行为结果的认识。即对行为产生或者将要产生的危害社会结果的内容与性质的认识。如盗窃罪的行为人认识到自己的行为会发生公私财物为其非法占有的结果。这种对结果的认识，在很大的程度上具有预见性、可能性的特点，它并不要求认识到的结果一定发生。第三，对犯罪构成其他要件的事实认识。主要是对犯罪对象、犯罪时空的认识。如盗窃枪支罪，它要求行为人明知盗窃的对象是枪支；又如非法捕捞水产品罪，它要求行为人明知自己在特定的时间和地点，用特定的方法实施捕捞行为，否则这项罪名不成立。

另外，关于"明知"是否应该包括行为人对违法性的认识，这是迄今为止刑法学界颇有争论的问题。根据通说，一般情况下，对行为违法性的认识不纳入犯罪故意的内容。

2. 认识的程度

即对明知自己的行为"会发生"危害社会结果的含义之理解。在这里，所谓会发生，包括两种情况：一是"必然发生"，即明知自己的行为一定会发生某种特定的危害结果。如A用枪顶着B的太阳穴射击，只要A有刑事行为能力，即A明知自己的行为一定会导致 B 死亡的结果。二是"可能发生"，即行为人明知自己的行为可能发生某种特定的结果（也可能不会）。如 A 想杀死 B，发现 B 正和 C 坐在一起，A 明知自己的枪法不好，依然远距离开枪射击，那么 A 对 C 死亡结果的认识就属于"可能发生"的情形。

（二）犯罪故意的意志因素

行为人对自己的行为将导致的危害结果抱希望或者放任的心理态度，是犯罪故意的意志因素。它是犯罪故意成立的决定性条件。

从上述定义可知，犯罪故意的意志因素存在"希望结果发生"与"放任结果发生"两种表现形式。所谓希望危害结果的发生，是指行为人对危害结果的发生抱积极追求的心理态度。也就是说，某种危害结果的出现，正是行为人想达到的犯罪目的。如直接故意杀人犯对犯罪对象的死亡结果就是抱积极追求的态度。所谓放任结果发生，是指行为人对危害结果的发生，抱既不希望也不反对、既不积极追求也不设法阻止的、听之任之的心理态度。也就是说，不管危害结果发生与否，均不违背行为人的意愿。如前所述枪法不好的 A 为杀死 B，不管坐在 B 旁边的 C 而远距离开枪射击，那么 A 对于 C 可能伤亡的结果就是一种放任的态度。

（三）认识因素与意志因素的关系

二者的关系是一个辩证统一的关系。一是相互区别，即彼此内涵不同，各自在犯罪故意的构成中作用不同；二是相互联系，即在犯罪故意的认定中相互依赖，缺一不可。①认识因素是意志因素存在的前提和基础。行为人只有对自己的行为及其结果的危害性质有了明确认识，才有可能产生相应的希望或者放任的心理态度并采取相关的实施步骤与方法，从而构成犯罪故意。②意志因素是认识因素的必然发展。如果只有认识因素而没有意志因素，即行为人没有希望或放任结果发生的主观心理，而是采取有效措施防止危害结果的发生，也就不会实施完成犯罪行为，最终不可能成立犯罪故意。显然，意志因素在成立犯罪故意的过程中具有将犯罪思想转为犯罪行动的决定性作用。

二、犯罪故意的法定类型

根据行为人对危害结果所持的心理态度不同，我国刑法将犯罪故意分为直接故意与间接故意两种基本类型（法定类型）。

（一）直接故意

犯罪的直接故意，是指明知自己的行为必然或者可能发生危害社会的后果，并且希望这种结果发生的心理态度。其构成因素有二：一是认识因素，即行为人明知自己的行为会发生危害社会的结果；二是意志因素，即行为人希望危害结果的发生。根据认识因素的不同，直接故意又有如下两种不同表现形式：

1. 明知—必然—希望

即行为人明知自己的行为必然会发生危害社会的后果，并且希望这种结果发生的心理态度。例如，复仇的甲对自己持匕首向乙的心脏部位扎入的行为所持的心理态度，就属于第一种形式的直接故意。

2. 明知—可能—希望

即行为人明知自己的行为可能发生某种危害社会的结果，并且希望这种结果发生的心理态度。例如，丙一直希望杀死丁，苦于没有机会，一次丁一人在大河的对岸，枪法不好的丙对远距离射杀丁确实感到没有把握，但又不愿意放弃这个难得的机会，于是毅然实施了射杀行为。在这里，丙实施该行为的心理态度就属于第二种形式的直接故意。

（二）间接故意

犯罪的间接故意，是指行为人明知自己的行为可能发生危害社会的结果，并且放任这种结果发生的心理态度。表现形式为：明知—可能—放任。

1. 间接故意的认识与意志特征

①认识特征。主要表现为行为人认识到自己的行为可能发生危害社会的结果，具体说来，就是行为人通过对自身状况、环境状况、对象状况等因素的了解，认识到自我行为对危害结果的发生具有可能性（而不是必然性）。②意志特征。主要表现为行为人放任自己的行为导致危害结果的发生。"放任"，是指行为人在明知自己的行为可能导致某种特定危害结果发生的情况下，为了另一个直接目的，依然决意实施该行为，对某种特定危害结果的出现抱既不希望也不阻止与排除的心理态度（最后某种特定危害结果也确实发生了）。

2. 间接故意的三种情况

①基于追求某一犯罪目的——放任另一危害结果发生。例如，甲想毒杀妻子，于是准备在妻子爱喝的汤里下毒，同时甲也预见到可能祸及儿子，因为妻子常常给儿子喂汤（但不是每次都喂），但甲杀妻心切，还是下了毒，结果母子都中毒身亡。在这里，甲杀妻是直接故意，而对于儿子的死亡，则是间接故意。②基于追求某一非犯罪目的——放任某种危害结果发生。例如，甲在林中打猎，发现一只野兔，同时又发现不远处有一农妇，根据距离与自己的枪法，甲对打中野兔且不伤农妇没有把握，但是甲不愿放弃这个机会而开了枪，结果打死农妇惊跑野兔。在这里，甲打死农妇的心态即符合该种情况下间接故意的认识特征与意志特征。③突发犯罪，不计后果——放任严重结果发生。例如，甲与乙因小事争吵而大怒，甲拿出随身携带的水果刀朝乙大腿猛扎一刀，然后扬长而去，结果乙因股动脉大出血而死亡。在这里，甲对乙的伤害是直接故意，而对乙的死亡结果则是该情况下的间接故意。

（三）直接故意与间接故意的关系

1. 相同点

二者均属于犯罪故意的范畴。在认识因素上，二者对自己的行为导致危害社会的结果都有明确的认识；在意志因素上，二者都不排斥、不反对危害结果的发生。

2. 不同点

主要表现有五点：①在认识因素上的范围及程度不同。直接故意存在两种情况：明知自己的行为必然发生危害结果，明知自己的行为可能发生危害结果。间接故意只有一种情况，即明知自己的行为可能会发生危害结果。②在意志因素上的内涵不同。直接故意是希望即积极追求危害结果的发生，间接故意是放任即听之任之危害结果的发生。③犯罪成立的条件不同。在直接故意的情况下，只要有犯罪故意及其支配下的行为，不管有无危害结果，一般不影响犯罪的成立；在间接故意的情况下，除了犯罪故意及其支配下的危害行为外，还必须有特定的危害结果发生，否则犯罪不成立。④犯罪存在的形态不同。直接故意条件下的犯罪形态，在不同情况下可以是犯罪预备、中止、既遂、未遂中的一种；而在间接故意情形下的犯罪，不存在上述形态的选择，只存在犯罪成立与否的问题。⑤主观恶性以及处罚不同。一般情况下，直接故意的主观恶性较大，对直接故意下的犯罪处罚也较重（特殊情况下例外）。这也正是区分直接故意与间接故意的最大意义所在。

犯罪过失

一、犯罪过失的概念与构成

根据我国《刑法》第15条对过失犯罪的规定和有关刑法理论，所谓犯罪过失，是指行为人应当预见自己的行为可能发生危害社会的结果，因为疏忽大意没有预见，或者已经预见而轻信能够避免，以致发生这种危害结果的心理态度。其中，应当预见或者已经预见自己的行为可能发生危害社会的后果，是犯罪过失的认识因素；不希望或者反对危害结果的出现，是犯罪过失的意志因素。

显然，犯罪过失是针对危害结果的一种心理态度。危害结果的出现，是成立犯罪过失的必要前提。而且，必须指出的是，一般情况下，犯罪过失中的危害结果是指严重的社会危害结果，这也是过失条件下行为人承担刑事责任的客观依据。

在过失犯罪情况下，由于行为人对危害结果的出现不情愿或者明确反对，因而其主观恶性相对较小。但是，国家刑法依然规定了行为人必须承担刑事责任。这样做的主要原因在于：行为人本来能够清楚认识到自己的行为与危害结果之间的关系，进而能够正确选择自己的行为而避免危害结果的发生，但是行为人却在自己的意志支配下，对国家利益、公民利益、社会利益采取了严重不负责任的态度，从而使自己的行为造成了严重危害社会的结果。这也是国家要求过失犯罪行为人承担刑事责任的主观依据。

二、犯罪过失的法定类型

依据不同的分类标准，犯罪过失可以分为不同的类型。在这里只讨论我国刑法对犯罪过失的分类即法定类型，它包括过于自信的过失与疏忽大意的过失两种情况。

（一）过于自信的过失

过于自信的过失，也叫有认识过失，是指行为人已经预见自己的行为可能发生危害社会的结果，但轻信能够避免而实际未能避免，以致发生这种危害结果的心理态度。它有以下两个基本特征：

（1）已经预见—可能发生。即行为人已经预见自己的行为可能发生危害社会的结果。这是过于自信的过失在认识因素上的特点。如果行为人预见自己的行为必然发生危害社会的结果，则不属于过于自信的过失，而是直接故意或者不可抗力状况下的心态。

（2）轻信能免—未能避免。即行为人轻信能够避免但事实上未能避免，以致发生了危害结果。这是过于自信的过失在意志因素上的特点。所谓轻信，包括四层意思：一是行为人相信危害结果不会发生，同时也反对危害结果的发生；二是行为人的"相信"有一定的依据，如很好的技术、很强的体力、对情况环境的熟悉等；三是赖以凭借的"依据"不可靠，过高地估计了自身避免危害结果发生的能力或条件；四是严重的危害结果发生。

（二）疏忽大意的过失

疏忽大意的过失，也叫无认识过失，是指应当预见自己的行为可能发生危害社会的结果，因为疏忽大意没有预见，以致发生这种危害结果的心理态度。它有以下三个基本特征：

（1）应当预见—可能发生。即行为人应当预见自己的行为可能发生危害社会的结果，这是该过失在认识因素上的特点。所谓应当预见，有两层意思：一是行为人在行为时有预见的义务。这种义务来自于法律、规章的规定，或者来自于职务、业务、公共准则的要求。二是行为人在行为时有预见的能力。而预见能力的具备与否，只能依据当时行为人的实际认识能力和当时具体的客观环境条件来确定。一般情况下，预见义务与预见能力是内在的逻辑统一，法律只对有条件可能预见的人才提出预见的义务。

（2）疏忽大意—没有预见。即由于行为人疏忽大意，事实上没有预见到危害结果的发生。所谓疏忽大意，就是粗心、没留意、不负责任；所谓没有预见，是指行为人在行为时没有想到自己的行为可能发生危害社会的结果，而不是说行为人不可能知道会发生这种结果（如果不可能知道，那是意外事件）。疏忽大意，是没有预见的根本原因，也是刑法要求行为人承担刑事责任的主观依据。

（3）严重的危害结果出现。这是疏忽大意过失构成犯罪的关键条件，也是刑法要求行为人承担刑事责任的客观依据。

（三）过于自信的过失、疏忽大意的过失与间接故意的关系

1. 过于自信的过失与间接故意的关系

①相同点。在认识因素上，都预见到其行为可能发生危害社会的结果；在意志因素上，都不希望危害结果的发生，都没有追求危害结果的直接目的；危害结果都已经发生。②不同点。二者是性质根本不同的罪过形式。首先，对危害结果的认识程度不同。虽然都是已经预见—可能发生，但对可能性是否转化为现实性的估计不同。前者自信地认为不会转化，属于估计错误；后者则有主客观大体一致的正确估计。其次，对危害结果发生所抱"不希望态度"的程度不同。前者不仅不希望，而且排斥、反对；后者虽然不希望，但是也不排斥和反对，而是听之任之。

2. 疏忽大意的过失与间接故意的关系

①相同点。主要是在意志因素上都不希望、不积极追求危害结果的发生。②不同点。在认识因素上，前者因为疏忽对危害结果的可能出现没有预见，而后者已经预见；在意志因素上，对危害结果的出现，前者排斥、反对，后者听之任之。

例如，驾驶员张某深夜超速行驶将行人李某撞昏在地，并且造成李某大出血。张某见状忙将李某拖到公路旁边的树林中，然后匆忙驾车离去，最后李某因重伤在树林中死亡。在这里，张某对李某的死亡是什么样的心理态度呢？首先，张某对李某死亡的结果肯定有预见，因此可以排除疏忽大意的过失；其次，张某深夜把李某拖进树林，并没有任何止血疗伤的举动，而且客观上也只有让后面的司机、他人减少发现李某的机会从而促进李某的死亡。虽然事后张某说李某也有可能被其他人发现或者因自己醒来呼救而得救，但在深夜这个可能性极小。因此，对于李某的死亡结果，也不存在张某过于自信的过失，而只能是放任李某死亡的间接故意或者加大李某死亡机会的直接故意。

意外事件与不可抗力

一、意外事件

（一）意外事件的概念与特征

根据我国《刑法》第 16 条的规定，所谓意外事件，是指由行为人的行为造成某种损害结果的，但不是出于行为人的故意或者过失，而是由于不能预见的原因所引起的事件。意外事件具有如下三个特征：

（1）行为造成了严重损害结果。即行为人的行为是损害结果发生的原因。换句话说，如果损害结果是自然因素、动物侵袭等原因造成，则不构成意外事件。

（2）行为人无罪过。即行为人在主观上对行为的实施没有故意或者过失的心理态度。正是因为无罪过心理，按照我国刑法坚持的主客观相统一的定罪原则，意外事件不构成犯罪。也正因为如此，法律对结果的用词是"损害结果"而不是"危害结果"。

（3）损害结果是由于不能预见的原因引起的。所谓意外，即意料之外。"不能预见"是意外事件的根本特征，也是该行为区别于其他犯罪行为的最重要标志。"不能预见"是指行为人在其行为引起损害结果发生时，根据当时的主观条件和客观情况，行为人没有预见也不可能预见损害结果的出现。

上述特征也是意外事件成立必须具备的三个条件。

（二）意外事件与疏忽大意的过失的关系

1. 相同点

一是都发生了有害结果；二是行为人对自己的行为可能导致有害结果的出现都没有预见。

2. 不同点

二者有着本质的区别。①"没有预见"的原因不同。意外事件是行为人对损害结果的发生因不应预见、不能预见而没有预见。也就是说，根据当时的主观条件与客观情况，行为人没有预见的义务，也没有预见的能力，从而没有预见损害结果的发生。而疏忽大意的过失是行为人对危害结果的发生应当预见、能够预见，因疏忽大意、不负责任而没有预见。②"没有预见"的性质不同。虽然都产生了有害结果，但意外事件因为没有主观罪过，从而不构成犯罪；至于疏忽大意的过失则因为过失的心理态度而构成过失犯罪。

二、不可抗力

（一）不可抗力的概念与特征

根据我国《刑法》第 16 条的规定，所谓不可抗力，是指由行为人的行为造成的，但不是出于行为人的故意或者过失，而是由于不可抗拒的原因引起某种社会损害结果的情况。不可抗力具有如下三个特征：

（1）行为人的行为造成了严重的社会损害结果。

（2）行为人没有主观上的故意或者过失。

（3）严重损害结果是由于不可抗力的原因引起的。所谓不可抗力，是指行为人虽然意识到自己的行为会发生损害结果，但限于行为时的主观和客观条件，无力排除或者无力阻止损害结果的发生。例如，一个晚上，某值班铁路扳道工被人绑架，未能履行扳道的职责，结果造成当晚火车相撞的重大事故。在这里，扳道工的行为就属于不可抗力的情况。

上述三大特征也是不可抗力成立必须具备的三个条件。

（二）不可抗力与过于自信的过失的关系

1. 相同点

都预见到了损害结果或危害结果的发生，损害结果或危害结果都已经发生，行为人都希望避免损害结果或危害结果的发生。

2. 不同点

①预见损害结果或危害结果发生的概率不同。不可抗力预见损害结果的可能发生或者必然发生，过于自信的过失只预见危害结果的可能发生。②避免损害结果或危害结果发生的情形不同。不可抗力属于本来就不能避免而最后未能避免，而过于自信的过失则属于本来能够避免而最后没能避免。③行为人的主观态度及其行为性质不同。在不可抗力的情况下，行为人主观上无故意或者过失的心理，因为无论行为人的心理态度如何，都不能阻碍或者促进损害结果的发生，其行为不构成犯罪行为；而在过于自信过失的情况下，正是由于行为人采取了轻率的、不负责任的态度才导致危害结果的发生，行为人主观上有过错，其行为构成过失犯罪。

（三）不可抗力与不作为犯罪的关系

1. 相同点

①行为外在表现方式相同。在大多数情况下，不可抗力造成损害结果的行为表现方式与不作为犯罪的行为表现方式都是"不作为"。②都预见到了损害结果或危害结果的发生。③损害结果或危害结果都已经发生。

2. 不同点

主要在于行为人对排除或阻止损害结果或危害结果的发生有无履行义务与能力。在不可抗力的情况下，行为人没有能力履行应尽的义务，不可能排除或阻止损害结果的发生，因而刑法也就没有规定行为人应当履行义务；而在不作为犯罪的情况下，行为人既预见了危害结果可能发生或必然发生，本身也有能力排除或阻止危害结果的发生，因而刑法规定了行为人的应尽义务。由此可见，行为人有无能力履行义务，或者说有无能力排除或阻止结果的发生，是不可抗力与不作为犯罪区分的关键所在。

（四）不可抗力与意外事件的关系

1. 相同点

①行为人的行为都导致了损害结果；②对结果的发生，行为人都没有主观上的故意或者过失；③行为人的行为均不构成犯罪。

2. 不同点

①导致损害结果的原因不同。不可抗力——不可抵御，即损害结果的出现是包括自然力与非自然力在内的、非本人能力所能抵御的外力强制所致；意外事件——没有预见也不能预见，亦即损害结果的出现是当时情况下行为人对损害结果不能预见的客观局限因素造成。②对损害结果发生的预见不同。不可抗力——有所预见或可以预见，亦即行为人对损害结果的发生是有所预见或者可以预见的，只是出于当时的特殊情况

自己无能为力；意外事件——完全没能预见也不能预见，亦即行为人对损害结果的发生根本就没有预见到，也不可能预见到。③不构成犯罪的根据不同。不可抗力——支配不了，亦即行为人不能按照自己的主观意志支配自己的行动；意外事件——认识不了，亦即行为人主观上根本就不能认识到损害结果会发生。

犯罪动机与犯罪目的

一、犯罪动机与犯罪目的的概念

（一）犯罪动机的概念

犯罪动机，是指刺激犯罪人实施犯罪以达到某种犯罪目的的内心冲动或者起因。所谓动机，是指推动行为人去追求某种目的的内在动力或内心起因，其作用在于发动人的行为，在于激励人去确立某种目的以及采取行动去达到某种目的。犯罪动机与一般动机的区别在于，它刺激和发动人实施的是犯罪行为，推动人去确立与实现的是犯罪目的。犯罪动机的产生需要具备两个条件：一是行为人具有内在的需要与愿望，二是外界的诱惑与刺激。例如，从一个强奸罪的实行犯来看，以非法强制的方式与妇女发生性关系是其犯罪目的，但是促使其确立这种目的的则是犯罪动机，诸如贪色、报复等。以贪色为例，它的产生则是行为人强烈的性生理需要与诸如酗酒、遇见独处的女性等各种刺激因素共同作用的结果。

犯罪动机与犯罪行为的关系比较复杂。一方面，犯罪动机发动犯罪行为，没有犯罪动机就没有直接故意犯罪；另一方面，在社会现实中，犯罪动机与犯罪行为往往不是简单的一一对应的关系。相同的（或者一个）动机可以引发不同的（或者多个）犯罪行为，不同的（或者多个）动机也可以引发同种（或者一个）犯罪行为。例如，同样是一个强奸罪的犯罪行为，其动机可以是贪色、报复，也可以是其他因素。反过来，同样是贪色的动机，可能引发强奸、杀人或者猥亵等多种不同的犯罪行为。

间接故意犯罪与过失犯罪不存在犯罪动机。犯罪动机与犯罪目的是内在联系的辩证统一体。例如，有动机必有目的，目的必然出于动机。行为人基于内心需要与外界刺激形成犯罪动机，在犯罪动机的发动与推动下进一步确定犯罪目的。而间接故意犯罪与过失犯罪均无希望危害结果出现的某种目的，因此也就不存在犯罪动机。

（二）犯罪目的的概念

犯罪目的，是指犯罪人希望通过实施犯罪行为达到某种危害结果的心理态度。犯罪目的有两种含义：一是在一般直接故意犯罪中，它是指犯罪人决意通过犯罪行为追求某种危害结果出现的心理态度。在这里，出现的危害结果即为目的的内容。例如在盗窃犯罪中，对公私财物的非法占有即为盗窃犯的目的所在。二是在某些特定犯罪中，它还包括刑法条文规定的、行为所导致的直接危害结果之外的特定目的。例如在走私淫秽物品罪中，除了行为人将淫秽物品走私出去或者进来的目的之外，还必须包括"牟利"或者"传播"的特定目的，否则不构成该罪。

间接故意犯罪与过失犯罪不存在犯罪目的。在间接故意犯罪中，对危害结果的出现与否，采取的是听之任之的态度，因而不具备对目的追求、希望等鲜明的目标性特点。而在过失犯罪中，行为人对危害结果的出现，采取的是否定态度，不可能存在相关的目的追求。

二、犯罪动机与犯罪目的的关系

犯罪动机与犯罪目的既相互联系，又彼此区别，是一个辩证统一的关系。

1. 相同点

①二者都是行为人通过犯罪行为表现出来的、彼此不可缺少的主观心理活动。犯罪动机是犯罪目的的基础，它促进犯罪目的的形成；犯罪目的是犯罪动机的必然发展，它给犯罪动机以具体的指向和表现。②二者都反映行为人的某种需要以及主观恶性程度。面对同样的危害结果，行为人的动机与目的不同，直接反映其主观恶性的大小不同，进而影响定罪量刑。③在某些情况下，二者反映的需要是一致的。

2. 不同点

①二者产生的前后顺序不同。动机产生在前，是目的产生的前提与基础；目的形成在后，是动机发展的结果。在某些情况下，动机不一定促成目的。②二者的深度层次不同。目的是已经被行为人意识到的并且希望通过犯罪行为实现的犯罪思想；而动机可能是被行为人认识到的明确意识，也可能是没被行为人认识到的潜在意识。总体上，动机是一种比目的更内在、更抽象的心理现象。③二者在犯罪活动中的作用不同。犯罪动机起着发动、推动犯罪行为的作用，间接影响危害结果的发生；而犯罪目的则为犯罪行为确定犯罪对象和危害程度提供指导，直接促进危害结果的发生。④二者与犯罪的对应关系不同。对于犯罪目的来说，一般是一罪一目的；而对于犯罪动机来说，可以是一罪一动机，也可以是一罪多动机或者多罪一动机。

三、犯罪动机与犯罪目的对定罪量刑的意义

（一）犯罪动机对定罪量刑的意义

（1）犯罪动机对定罪的影响。根据《刑法》第 13 条的"但书"内容以及其他规定，犯罪情节的严重与否，也影响定罪。动机是犯罪的重要情节之一。因此，在情节犯即以情节严重、情节恶劣为构成要件的犯罪中，动机的恶劣与否，直接影响定罪。

（2）犯罪动机对量刑的影响。由于犯罪动机是重要的犯罪情节之一，而不同的犯罪情节对量刑有着非常重要的影响，因此犯罪动机也给量刑带来一定影响。在非情节犯中，由于同一种犯罪可以缘于不同的动机，而不同的动机表现出不同的主观恶性，因而犯罪动机可能影响量刑的轻重；在法律对犯罪的不同情节规定了不同刑罚的情况下，犯罪动机还可能影响量刑的不同幅度。

（二）犯罪目的对定罪量刑的意义

犯罪目的主要影响定罪，对量刑也有一定意义。

（1）对特定目的类犯罪而言，犯罪目的是罪与非罪或者此罪与彼罪的区分标准。所谓特定目的类犯罪，是指犯罪主观方面除了以危害结果为内容的直接行为目的外，刑法还明确规定了特定目的的犯罪类型。在这种犯罪中，特定的犯罪目的是犯罪构成主观方面的必备要件。具体说来，犯罪目的的意义表现为以下三个方面：①成为罪与非罪的区分标准。例如，在赌博罪的审判中，行为人如有"营利"的特定目的，其行为可能构成赌博罪；行为人如果没有"营利"的特定目的，则其行为只能是一般赌博行为。②成为此罪与彼罪的区分标准。如在制作、贩卖、传播淫秽物品罪的审判中，

在行为人同样具有严重的传播淫秽物品行为的情况下，行为人如有"牟利"的特定目的，构成传播淫秽物品牟利罪；反之，则构成传播淫秽物品罪。③影响量刑。在大多数情况下，不同的罪名对应不同的刑罚种类及其幅度，因而犯罪目的也影响量刑。

（2）对非特定目的类犯罪而言，犯罪目的对直接故意犯罪的定罪量刑也有重要作用。所谓非特定目的类犯罪，是指刑法没明确规定特定犯罪目的的直接故意犯罪。在这类犯罪中，犯罪的特定目的不是犯罪构成的必备要件。但是，每一个直接故意犯罪都有其具体的犯罪目的（直接行为目的），而直接行为目的的不同，直接反映出犯罪人主观恶性的大小，进而影响其行为的社会危害性的大小。因此，犯罪目的影响量刑。另外，在非特定目的类犯罪中，犯罪人的直接行为目的对正确区分罪与非罪、此罪与彼罪也有重要作用。例如，行为人对财物故意毁坏与非法占有目的的不同，是实践中正确区分故意毁坏财物罪与抢劫罪、抢夺罪的重要标准之一。

刑法上的认识错误

所谓刑法上的认识错误，是指行为人对自己的行为在法律上的意义以及是否影响犯罪成立的事实情况的不正确认识。刑法上的认识错误具有以下三个特征：

（1）认识主体——行为人自己。即认识错误是行为人自己对行为的主观认识与客观实际的不一致。在这里，认识主体是行为人本人，而不是他人。如果是其他公民，即使是司法人员、被害人、证人等对行为人的行为所作的法律评价或者事实认识发生错误，也均不属于刑法上的认识错误。

（2）认识客体——行为人自己的行为。即认识错误是行为人对自己的行为在主观认识上与客观现实不一致。如果是行为人对别人的行为或者对其他事物的错误认识，则不属于刑法上的认识错误。

（3）认识性质——行为人自己与犯罪相关的行为。即认识错误是行为人自己对其实施的与犯罪相关的行为在主观认识上与客观实际的不一致。所谓与犯罪相关的行为，包括犯罪行为与本来不是犯罪行为，但行为人自己误认为是犯罪行为两种情况。

从认识错误的内容来看，刑法上的认识错误包括两个方面：一是行为人在法律上的认识错误，二是行为人在事实上的认识错误。

一、法律认识错误

法律认识错误，是指行为人对自己的行为在法律上是否构成犯罪、构成何种犯罪或者应受到什么处罚等方面的不正确认识。这种错误是由于行为人不懂法律造成的。它包括如下三种情形：

（一）假想犯罪

这种认识错误是指行为本身不构成犯罪，但行为人误认为是犯罪，故称为假想犯罪，也叫做法律上的积极错误。比如，小偷小摸等一般性违法行为、正当职务行为、自救行为等适法行为，由于法律的变更以前是犯罪但现在不再是犯罪的行为。假想的犯罪不构成犯罪。

（二）假想非罪

这种认识错误是指其行为已经构成犯罪，但行为人误认为不是犯罪，故称为假想非罪，也叫做法律上的消极错误。这里有两种情形：①一般情况下，这种认识错误不影响犯罪的成立。也就是说，只要行为构成犯罪，就必须按相关犯罪处理。②在某种特殊情况下，则不应按犯罪处断。主要是指行为人因某种特殊的客观性因素而确实对国家的某种刑法性禁令或命令不知情，从而不能认识到其行为的社会危害性的，就不能让其承担故意犯罪的刑事责任。例如，在某山区狩猎历来是合法的，但是国家新近颁布法令宣布此地为禁猎区，某猎人由于长期在外不知此变化，回家后就在此区域猎取了珍禽。那么，该猎人的行为就属于这种特殊情况。

（三）假想罪刑

这种认识错误是指行为人对自己的行为的犯罪性质有正确认识，但是对自己行为的定罪量刑认识错误，如自以为应定甲罪名，但实际上应定乙罪名。或者对自己的行为应处的刑罚轻重的错误认识。在这种情况下，由于认识错误并不影响犯罪性质与主观罪过，因而不影响实际的定罪量刑。

二、事实认识错误

事实认识错误，是指行为人对自己行为有关的事实情况所产生的不正确认识。这种认识错误是否影响行为人的刑事责任，必须根据不同情况区别对待。具体有以下五种类型：

（一）对犯罪客体认识错误

即对犯罪侵害的社会关系认识错误。行为人本意想侵害一种社会关系，但其行为实际上侵害的是另一种社会关系。这种错误成立的前提是行为人具有侵害刑法所保护的某种社会关系的意图，其实质是行为人的行为在客观上侵害了自己没有认识到的另一种社会关系。由于行为人意图侵犯的和他实际侵犯的社会关系不同，但客观上行为人又仅仅实施了一个行为，这种情况构成刑法理论上的想象竞合犯。因此，对客体认识错误，应当在行为人意图实施的犯罪与实际侵害的社会关系所成立的犯罪之间选择一个重罪处罚，即"择一重罪处断"，不实行数罪并罚。

（二）对行为对象认识错误

即行为人主观上认识的对象与行为实际侵害的对象不一致。具体包括以下四种情况：

（1）误把甲对象当作乙对象侵害，而二者反映的社会关系相同。这种情况下，不影响同种罪名的成立。例如，行为人本来想杀甲，但是却把乙误当成甲杀了，同样构成故意杀人罪（既遂）。

（2）误把甲对象当作乙对象侵害，而二者反映的社会关系不同。①两种情况下都构成犯罪的情形。该种情形下，行为人意欲侵犯的对象与实际侵犯的对象触犯的罪名不同，构成想象竞合犯，应"从一重罪处断"。②只在一种情况下构成犯罪的情形。如果只有针对意欲侵害的对象才可能构成犯罪，由于主观上有犯罪故意，客观上又实施了行为，那么一般构成犯罪未遂；如果对意欲侵害对象不可能构成犯罪（如本意是猎杀野猪），但由于认识错误，实际上侵害了其他对象（如误杀了人），那么构成过失犯罪或者不构成犯罪。

（3）犯罪对象在犯罪时并不存在，但是行为人误认为存在从而实施了侵害行为。按照主客观相统一的基本定罪原则，这种情况不影响犯罪的成立。但是，由于没有现实的犯罪对象，因而属于对象不能犯，构成犯罪未遂。

（4）犯罪对象在行为时本来存在，而行为人误认为不存在从而实施了实际上的侵害行为。在这种情况下，由于没有犯罪故意，因而不构成故意犯罪，只能根据具体情况认定为过失犯罪或者意外事件。

（三）对行为性质认识错误

行为性质认识错误，是指行为人对自己所实施的行为是否具有社会危害性的主观认识与客观实际不相一致的情况。具体包括两类：

（1）对实际有害行为的错误认识。亦即某种行为本来是具有社会危害性的行为，但是行为人却误认为自己所实施的行为是正当的，从而实施了该行为。对于这种情况，如果行为人确实对客观存在的危害性没有认识，则不构成故意犯罪；如果行为人有犯罪过失，则应认定为过失犯罪；如果行为人不存在过失，则属于意外事件，不承担刑事责任。

（2）对实际无害行为的认识错误。亦即某行为本来是对社会有益的行为，但由于行为人不了解事情的真相，而误认为自己实施的行为是具有社会危害性的行为。在这种情形下，如果属于行为人故意为之，理论上成立不能犯未遂。但结合其行为不可能带来有害结果，宜作无罪处断。

（四）对手段、工具认识错误

即方法错误，是指行为人对所采用的手段或者方法能否造成危害结果的不正确认识。该种情形一般都具备犯罪的主客观要件，只是由于手段错误而导致犯罪未能完成。具体包括如下三种情况：

（1）所采取的手段不足以造成危害结果，行为人误认为能够造成危害结果。这种情况下，对行为人应当按照犯罪未遂（手段不能犯）处断。例如，行为人误把白糖当作砒霜下毒，结果行为对象安然无恙的情形。

（2）所采取的手段足以造成危害结果，行为人误认为不能造成危害结果。为此，必须具体分析：如果行为人应当并且能够预见危害结果的发生，那么构成过失犯罪；如果不可能预见，则属于意外事件。

（3）因为愚昧、迷信，所采取的手段根本不可能造成危害结果，但是行为人误认为能够造成危害结果的发生。在这里，虽然行为人有主观罪过与实施行为，但是其愚昧、迷信行为对刑法所保护的社会关系不可能构成现实威胁，因而宜认定为无罪。

（五）对因果关系认识错误

因果关系认识错误，是指行为人对其行为与所造成的结果之间的因果关系的实际发展产生的不正确认识。具体有如下三种情况：

（1）行为人预期的结果已经发生，行为人误认为危害结果是自己的行为直接造成，但实际上是其他原因直接造成。在这里，如果"其他原因"与行为人行为存在必然联系，那么因果关系错误不影响故意犯罪既遂的成立；否则，应按照犯罪未遂处断。例如，行为人本意是想将受害人推下悬崖摔死，但实际情况是受害人只是被摔断双腿而动弹不得最后饥饿而死。在这里，因果关系的错误不影响行为人的故意杀人罪既遂的成立。但是如果受害人只是被摔成轻伤，在穿越山林回家时不慎被毒蛇咬死，则应按犯罪未遂处断。

（2）行为人预见的结果已经发生，行为人以为是其第一个行为造成，但实际上是行为人在第一个行为的基础上实施的第二个行为造成。这种错误属于对因果关系进程的认识错误，不属于犯罪故意的内容，因而不影响行为人故意犯罪既遂的成立。例如，行为人将受害人勒昏后以为其已经死亡，于是匆匆忙忙就地埋掉，结果受害人最后在土中窒息而死。显然，在这种情况下，行为人发生了认识错误，但是不管错误如何，均不影响行为人故意杀人罪既遂的成立。

（3）行为人误认为自己的行为已达到预期危害结果，但事实上并未发生这种结果。该情况应按犯罪未遂处断。例如，行为人朝受害人左胸猛捅一刀，以为其必死无疑，然后抽刀离去，但事实上是受害人的心脏意外生在右边，随后又被他人救起的情况。在这里，行为人只能以故意杀人罪（未遂）定罪量刑。

【案例分析】

1. 检察机关对行为人 A 起诉的罪名不正确。根据当时的实际情况分析，没有证据表明行为人 A 明知 B 的提包里有手枪，因此 A 在主观方面缺乏盗窃枪支罪的犯罪故意。根据我国刑法关于主客观相结合的犯罪构成规定，行为人 A 的行为不构成盗窃枪支罪。

2. 行为人 A 应当承担盗窃罪的刑事责任，且应被从重处罚。成年人 A 在主观方面具有盗窃受害人 B 的财物的故意，客观上实施了盗窃 B 的财物的行为，提包被盗走的事实表明 A 的行为侵犯了 B 的财产所有权，因此 A 的行为符合盗窃罪的全部构成要件。发生在广东省某市的本案被盗窃财物价值在 1 000 元以上，符合广东省盗窃罪的立案标准；同时 A 是在被判有期徒刑的前罪刑满释放后 5 年以内再次犯罪，宜判有期徒刑以上的罪，符合一般累犯构成条件。根据《刑法》第 65 条、第 264 条的规定，对行为人 A 应当按盗窃罪累犯从重处罚。

【法律链接】

《中华人民共和国刑法》（1997 年）

第十四条　明知自己的行为会发生危害社会的结果，并且希望或者放任这种结果发生，因而构成犯罪的，是故意犯罪。

第十五条　应当预见自己的行为可能发生危害社会的结果，因为疏忽大意而没有预见，或者已经预见而轻信能够避免，以致发生这种结果的，是过失犯罪。

第十六条　行为在客观上虽然造成了损害结果，但是不是出于故意或者过失，而是由于不能抗拒或者不能预见的原因所引起的，不是犯罪。

第六十五条第一款　被判处有期徒刑以上刑罚的犯罪分子，在刑罚执行完毕或者赦免后，在五年以内再犯应当判处有期徒刑以上刑罚之罪的，是累犯，应当从重处罚，但是过失犯罪与不满十八周岁的人犯罪的除外。

第二百六十四条第一款　盗窃公私财物，数额较大或者多次盗窃的，处三年以下有期徒刑、拘役或者管制，并处或者单处罚金；数额巨大或者有其他严重情节的，处三年以上十年以下有期徒刑。

【工作任务】

C 男与 D 女是大学同学，因为打猎的共同爱好，自由恋爱结婚。数年后因为 C 男在外面有新欢，导致夫妻感情出了问题。C 男决定与 D 女离婚，遭到对方反对。在新欢的压力下，C男决定利用打猎的借口杀掉D女。2003年5月5日，C男假意向D女示好，希望5月6日两人去野外打猎，得到D女的同意。5日傍晚，D女在厨房炒菜，C男则把许久没用的猎枪取下检查，同时与D女聊天，不慎走火，击中厨房的D女。D女立即被C男送到医院。当晚，D女在医院抢救无效死亡。C男被D女的父母告上法庭。

在法庭上，被告的辩护律师认为，5月5日晚C男并无杀人故意，走火纯属意外，应作意外事件处理。原告律师认为，C男想杀掉D女预谋已久，5月5日C男的检查枪支行为本来就是6日杀人的准备行为，5日杀人与6日杀人都是杀人，性质一样，应定故意杀人罪。

【问题】

法官应如何判决？为什么？

【拓展阅读】

1. 苏雄华. 犯罪过失理论研究. 北京：群众出版社，2012.
2. 贾宇. 直接故意和间接故意的新探讨. 法律科学，1996（2）.

项目六　排除犯罪性的行为

【知识目标】

了解排除犯罪性的行为的概念与特征，掌握排除犯罪性的行为的成立条件，掌握排除犯罪性的行为的种类及其刑事责任。

【能力目标】

掌握正当防卫的概念与成立条件，掌握特殊防卫权行使的条件，掌握紧急避险的概念、成立条件及与正当防卫的区别。

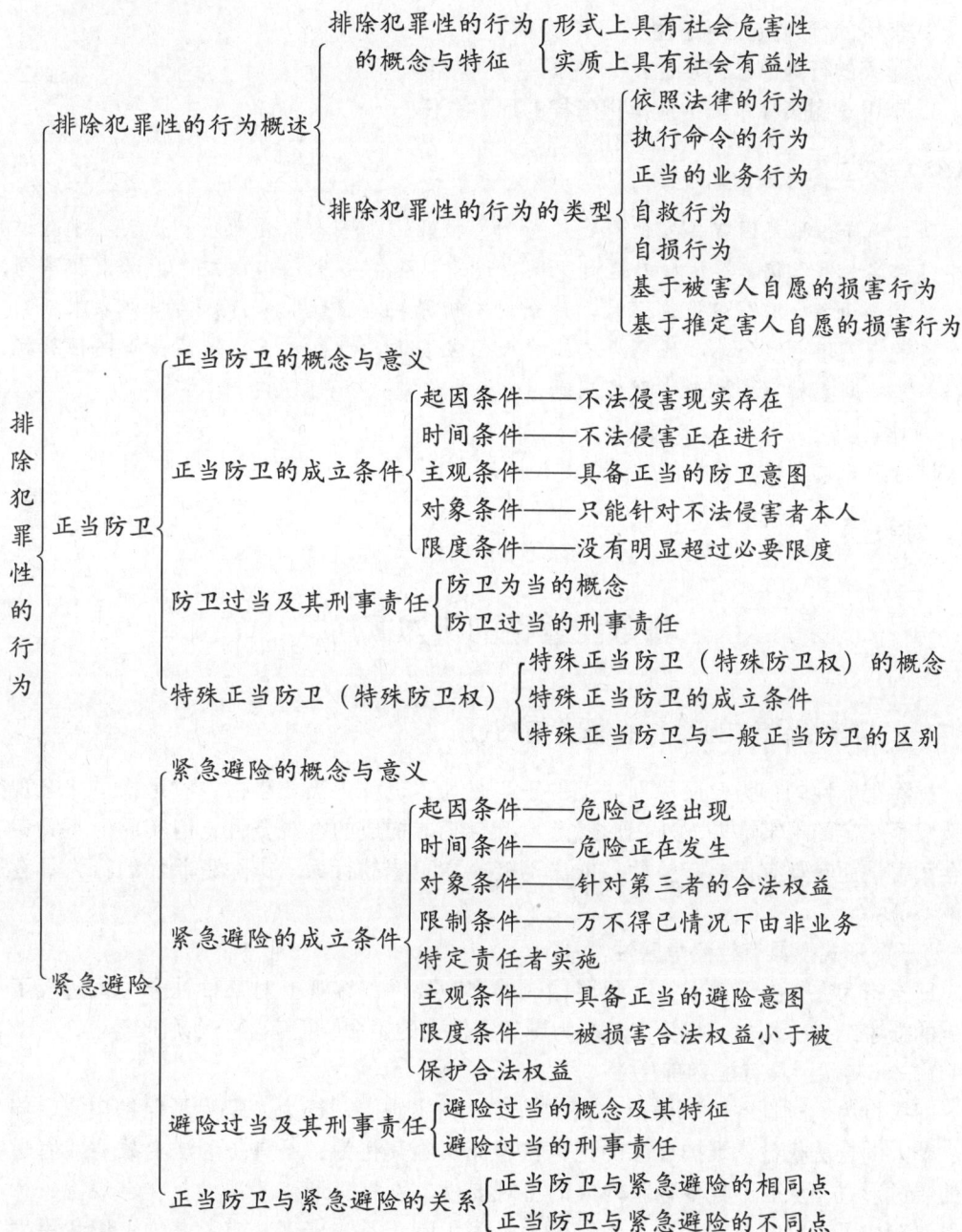

【内容结构图】

排除犯罪性的行为

- 排除犯罪性的行为概述
  - 排除犯罪性的行为的概念与特征
    - 形式上具有社会危害性
    - 实质上具有社会有益性
  - 排除犯罪性的行为的类型
    - 依照法律的行为
    - 执行命令的行为
    - 正当的业务行为
    - 自救行为
    - 自损行为
    - 基于被害人自愿的损害行为
    - 基于推定害人自愿的损害行为
- 正当防卫
  - 正当防卫的概念与意义
  - 正当防卫的成立条件
    - 起因条件——不法侵害现实存在
    - 时间条件——不法侵害正在进行
    - 主观条件——具备正当的防卫意图
    - 对象条件——只能针对不法侵害者本人
    - 限度条件——没有明显超过必要限度
  - 防卫过当及其刑事责任
    - 防卫为当的概念
    - 防卫过当的刑事责任
  - 特殊正当防卫（特殊防卫权）
    - 特殊正当防卫（特殊防卫权）的概念
    - 特殊正当防卫的成立条件
    - 特殊正当防卫与一般正当防卫的区别
- 紧急避险
  - 紧急避险的概念与意义
  - 紧急避险的成立条件
    - 起因条件——危险已经出现
    - 时间条件——危险正在发生
    - 对象条件——针对第三者的合法权益
    - 限制条件——万不得已情况下由非业务特定责任者实施
    - 主观条件——具备正当的避险意图
    - 限度条件——被损害合法权益小于被保护合法权益
  - 避险过当及其刑事责任
    - 避险过当的概念及其特征
    - 避险过当的刑事责任
  - 正当防卫与紧急避险的关系
    - 正当防卫与紧急避险的相同点
    - 正当防卫与紧急避险的不同点

【案例导入一】

　　李某脾气暴躁，经常殴打妻子谢某，与其子李甲（19岁）关系也很僵。一天，由于谢某外出有事忘了做饭，李某便拿起锅铲追打谢某。李甲见状过来拉李某，不小心将李某拉倒在地。李某越发生气，转而用菜刀追砍李甲并将李甲的手砍伤，李甲路过门口时，情急之下随手拿起一根木棒朝李某还击，结果击中李某头部将其打倒在地。谢某怕李某醒来会更加凶猛地报复，便拿起李某手里的刀朝李某头部狂砍了十几刀。经查，李某在被李甲击倒在地时，由于后脑磕到水泥地导致脑出血，就已经死亡了。

【问题】

1. 李甲的行为应如何定性？

2. 谢某的行为应如何定性？

3. 李甲、谢某在本案中应承担怎样的刑事责任？

【案例导入二】

某日下午，张某因曾揭发他人违法行为，被两名加害人报复砍伤。张某在逃跑过程中，两名加害人仍不罢休持刀追赶张某。途中，张某多次拦车欲乘，均遭出租车司机拒载。当两名加害人即将追上时，妇女刘某骑摩托车缓速驶来，张某当即哀求刘某将自己带走，但也遭拒绝。眼见两名加害人已经逼近，情急之下，张某一手抓住摩托车，一手将刘某推下摩托车（刘某倒地，但未受伤害），骑车逃走。

【问题】

试分析张某上述各行为的性质，并说明理由。

【基本原理】

排除犯罪性的行为概述

一、排除犯罪性的行为的概念与特征

排除犯罪性的行为，又称刑法上的正当行为，也称正当化事由，它是指虽然客观上造成了一定的损害结果，外在形式上也符合犯罪构成的客观要件，但实质上不具备社会危害性而是具有社会有益性，依法不能成立犯罪的行为。排除犯罪性的行为具有以下特征：

（一）形式上具有社会危害性

即指行为在外在形式上符合犯罪构成的客观要件，客观上对某种社会关系造成了一定的损害结果。例如，行为人的行为剥夺了他人的生命，损害了公私财产等。

（二）实质上具有社会有益性

即指行为同时具备以下两个方面的特点：在主观上，行为人是为了保护国家、集体、个人的合法权益，维护社会的正常秩序而实施其行为，不具备刑法上故意或者过失的罪过形式，从而不具备犯罪构成的主观要件，不具有刑事违法性；在客观上，行为虽然造成了一定的损害结果，但实际上是为了制止不法侵害，或者是为了避免更大的损失，或者是基于履行法定的职责等。总之，行为对社会是有益的。

研究排除犯罪性的行为，有助于我们在司法实践中正确区分正当行为与相关犯罪行为，也有利于最大限度地保障公民合法行使权利与履行义务。

二、排除犯罪性的行为的类型

排除犯罪性的行为主要有两种基本类型。一是法定类型。即刑法明文规定的类型。在我国刑法中是指正当防卫和紧急避险。二是其他类型。亦即从刑法的基本立法精神和其他相关规定确定的类型。这种类型主要包括如下七种行为：

（一）依照法律的行为

即依照现行法律、法规而行使权利或者履行义务的行为。这种行为的目的是为了维护国家、集体、个人的合法权益或者社会公益，因而是有益于社会的正当行为。但是，行为正当性的成立必须同时符合以下几个条件：其一，行为的依据是现行有效的法律；其二，行为的内容是法律赋予的权利或义务；其三，行为人主观上有依法行为的意图；其四，行为的程度在法定的限度之内。

（二）执行命令的行为

是指依照上级国家工作人员的命令而实施的行为。这类行为是为了国家机器和社会结构正常运转、实现管理国家职能和保卫社会的需要，有时难免会给某些单位、个人的合法权益造成一定的损失或伤害，但实际上是有益于国家和人民的正当行为。同样的，该类行为正当性的成立也需要同时具备以下四个条件：其一，行为人执行的是直属上级（即同部门、系统的上级或再上级）国家工作人员的命令；其二，上级国家工作人员的命令必须是依其职权发布的；其三，上级国家工作人员的命令必须是依照法律规定的程序和形式颁布的；其四，执行的命令不能有违法犯罪的内容，或者行为人在执行命令时不知道上级的命令有违法犯罪的内容。

（三）正当的业务行为

即指行为人依据其所从事的正当业务的需要而实施的行为。一般而言，正当业务行为包括医疗行为和竞技行为两类。这种行为有时候在外在形式上具备社会危害性的特点，但整体上是有益于社会的正当行为。业务行为的正当性之成立需要同时具备以下四个条件：其一，业务是正当的（本人具备相关的资格和能力，已经得到相关部门的批准）；其二，行为在业务范围之内；其三，行为人的具体行为符合相关操作程序及规章制度；其四，行为具有正当的业务目的。

（四）自救行为

是指行为人在其合法权益受到侵害后，由于不能得到司法机关的及时救济，因而依靠自身的力量予以保全的行为。自救行为往往会给对方的权益造成一定的损害，因此作为正当的自救行为，必须同时具备以下四个条件：其一，行为的对象只能是行为人自身的、被侵害的合法权益；其二，行为的时间只能是在合法权益被侵害之后；其三，行为人当时无法得到司法机关的及时救济；其四，行为的方法及其强度必须适当。

自救行为和正当防卫有相似之处，但也有明显区别：一是行为采取的时间不同。自救行为只能在自身合法权益被侵害之后才能实施，正当防卫只能发生在合法权益正被侵害之时。二是司法救济的情况不同。自救行为是在得不到及时司法救济的情况下别无选择的行为；而正当防卫不管是否得到及时的司法救济，行为人都可以实施。

（五）自损行为

指行为人自己损害自己的合法权益的行为，如自杀、自伤、自毁财物等。值得注意的是，自损行为并不是理所当然的正当行为。自损行为的正当性也需要同时具备以下三个条件：其一，主观上必须具备自损的单纯故意，亦即不具备侵犯他人的故意；其二，客观上没有造成国家利益、公共利益、他人权益的损害结果；其三，手段和方法不具备公共危险性，也没有违反法律、违背公德和公序良俗。

（六）基于被害人自愿的损害行为

指行为人经过被害人的自愿同意后实施的、损害被害人合法权益的行为。例如，某人通过财产所有权人的同意（承诺）将其财产予以毁灭、抛弃的行为，就是属于该种类型的正当行为。同样，该种行为要成为刑法上的正当行为，也必须同时具备以下四个条件：其一，被害人必须对行为人损害的权益具有处分权。例如，任何人都无权同意他人损害国家、社会的公共利益；迄今为止，在我国，任何人不应也不能允许他人剥夺自己的性命（如安乐死）；非经法律允许，任何人都无权剥夺他人的生命。其二，"自愿同意"必须是受害人真实意图的反映。所谓真实，一则行为人没有采取欺诈、蒙骗、要挟、强制等手段，二则被害人头脑清醒，三则被害人具有责任能力。其三，损害行为不能违背法律和社会伦理道德。其四，受害人的"自愿同意"必须明确（明示或者默示），并且在损害行为之前做出。

（七）基于推定被害人自愿的损害行为

亦即推定承诺的损害行为，它是指未经被害人的现实自愿同意或承诺，但认为如果被害人知道实际情形时会同意或承诺，从而推定被害人很可能是在自愿或承诺的情况下，为了保护被害人较大利益而实施的损害被害人较小利益的行为。该种行为要成为刑法上的正当行为，也必须同时具备以下五个条件：其一，行为的目的纯粹是为了保护被害人的合法权益。其二，对行为对象的处理具有明显的紧迫性和现实性。如果不必立即处理，就必须先征得被害人同意。其三，必须具有被害人事后承诺同意的较大可能性。较大可能性的判断依据主要是该行为以损害被害人较小的利益换来对被害人较大利益的保护。其四，行为损害对象属于被害人有处分权的个人合法权益。如果损害的是他人权益或者是被害人的非法权益，均不构成正当行为。其五，行为的方法与强度必须在社会公序良俗认可的范围内，并且不违反法律的明确规定。

正当防卫

一、正当防卫的概念与意义

我国《刑法》第20条第1款规定："为了使国家、公共利益、本人或者他人的人身、财产和其他权利免受正在进行的不法侵害，而采取的制止不法侵害的行为，对不法侵害人造成损害的，属于正当防卫，不负刑事责任。"第2款规定："正当防卫明显超过必要限度造成重大损害的，应当负刑事责任，但是应当减轻或者免除处罚。"

根据上述规定，我们可以得出我国刑法中正当防卫的概念。所谓正当防卫，是指为了使国家利益，公共利益，本人或者他人的人身、财产和其他权利免受正在进行的不法侵害，对不法侵害人所实施的不明显超过必要限度的损害行为。

刑法明确规定公民的正当防卫权，具有十分重要的意义：①它是一项法律赋予公民的积极权利。这种积极权利的赋予，将极大地保护公民同犯罪作斗争的积极性与自觉性，有利于在全社会营造一种正义的氛围，从而有利于维护社会秩序的稳定。②它也是一项公民应该履行的道德义务。社会主义公共道德规范要求我们每一位公民在国家利益、公共利益以及他人合法权益受到不法侵害时，不仅可以而且应当进行正当防卫。因此，法律对正当防卫的明确规定，也有利于促成和维护"人人为我，我为人人"的社会主义道德新风尚。③它也是一种震慑犯罪分子的有效手段。人民的力量是无穷的。广大公民对正当防卫权的正确使用，能及时有效地、最大范围地打击和预防各种犯罪。

二、正当防卫的成立条件

根据我国《刑法》第20条第1款、第2款的规定，正当防卫的成立必须同时具备如下五大条件：

（一）起因条件——不法侵害现实存在

这是正当防卫成立的起因和前提。具体包括如下内容：

1. 必须有不法侵害行为存在

所谓不法侵害行为，是指非法的侵犯合法权益的行为。它既包括犯罪行为，也包括违法行为（即指违反非刑事法律的行为，下同）。把违法行为也纳入不法侵害行为的范围，主要是因为诸多不法侵害在其开始阶段往往难以判断是否达到犯罪的程度，如果规定只能对犯罪行为实施正当防卫，往往会出现为时已晚的情况。这样既是对犯罪的纵容，也不利于对合法权益的保护。

2. 必须有防卫紧迫性特点的不法侵害行为存在

不论犯罪行为还是违法行为，其行为都具有暴力性、进攻性、破坏性等构成防卫紧迫性的特点，否则不能进行正当防卫。比如，行贿受贿行为、重婚行为、侵占行为等都是违法或者犯罪行为，但是由于其行为不具备防卫紧迫性特点，因而对它们只能通过司法程序解决而不能施以正当防卫。

3. 不法侵害行为必须现实存在

亦即不法侵害行为必须是客观真实存在的，而不是行为人的假想推测。如果不法侵害并不存在，但行为人误认为存在，从而实施了所谓的正当防卫并且造成了无辜的危害，则构成"假想防卫"。假想防卫不是正当防卫。对于假想防卫，如果行为人存在过失，则按过失犯罪处理；如果行为人不存在过失，则属于意外事件。

4. 不法侵害只限于人的不法侵害

公民对来自于动物的自发侵袭所进行的抵御抗击，既不违法也不属于正当防卫。但是，如果有人利用动物作为侵害他人的工具，那么他人的抵御抗击行为属于正当防卫。

（二）时间条件——不法侵害正在进行

正当防卫只能针对正在进行的不法侵害，这一时间条件是正当防卫的另一客观条件。在这里关键是对"正在进行"的正确理解与把握。不法侵害的"正在进行"，是指不法侵害处于已经开始但尚未结束这一特殊过程之中。具体要正确把握以下四个方面的内容：

1. 对"已经开始"的理解

"已经开始"，是指以下两种情况：①一般情况下，是指行为人已经开始不法侵害的实行行为。实行行为是指侵害合法权益的直接客观实施行为，而不包括计划、踩点、训练、工具准备等预备行为。例如，强奸犯扒妇女的衣服、杀人犯持刀向受害人砍去等，均认为是不法侵害行为已经开始；但是强奸犯对某妇女下班时间、线路的踩点，杀人犯去商店购买匕首等，均为犯罪的预备行为而不能视为不法侵害的"已经开始"。②某些特殊情况下，也包括实行行为之前的构成紧迫性危险的行为。例如，意图抢劫他人的犯罪分子从口袋掏枪的行为、入室抢劫者破门而入的行为等，均可以认为不法侵害行为已经开始。

2. 对"尚未结束"的理解

"尚未结束",是指不法侵害对合法权益造成的侵害状态尚未消失,或者威胁、危险状态尚未解除。具体包括以下三种情况:①不法侵害人没有自动停止不法侵害行为。这是最常见的情形。例如,故意伤害犯对某人的殴打还在继续,绑架犯把某人依然关在某个密室里等。②虽然侵害动作已经停止或暂时停止,但被害人的危险状态依然存在。这种情形是指不法侵害人虽然停止或暂时停止了侵害动作,但是其不法侵害的主观意图和客观侵害能力依然存在,因此被害人的危险状态依然没有解除。例如,犯罪人对被害人殴打后,依然还在现场控制着被害人的情况,可以认为不法侵害尚未结束。③侵害行为已经结束,但是被害人的损失还完全有挽回的可能。这种情形实际上是对正当防卫时空的适当延伸。例如,在抢劫犯抢得被害人的财物逃离现场之前,缓过神来的被害人立即上前将抢劫犯打伤并且夺回财物。这种情形下,依然可以认为侵害行为尚未结束,被害人的行为依然构成正当防卫。

3. 对"防卫不适时"的理解

"防卫不适时"不成立正当防卫。所谓防卫不适时,是指对发生在不法侵害开始之前或者已经结束之后实施防卫行为。具体包括两种情况:①事前防卫。即对处于单纯的侵害意图或者单纯的违法犯罪预备行为、尚未构成对合法权益现实威胁的人,采取先行防卫的行为。②事后防卫。即对已经自动停止或被迫停止或已经实施终止的不法侵害行为人,依然继续实行或开始实行的防卫行为。无论是事前防卫还是事后防卫,均不成立正当防卫,并构成犯罪,应当追究刑事责任。

4. 对过失犯罪是否可以使用正当防卫的问题

对过失犯罪也可以实施正当防卫。一般情况下,正当防卫针对的是故意性质的不法侵害。但是对于这一点,我国刑法并没有明确规定。也就是说,刑法并未明确正当防卫中的不法侵害不包括过失犯罪。事实上,对于过失犯罪,尤其是后果十分严重的过失犯罪,如过失致人死亡罪、过失致人重伤罪,如果不容许公民正当防卫,就会造成合法权益被严重侵害的情况,这显然有违正当防卫制度设立的初衷。

(三)主观条件——具备正当的防卫意图

亦即防卫者必须是出于保护合法权益免受正在进行的不法侵害的目的。这是正当防卫成立的必备主观条件。对于这个主观条件,我们必须重点把握好如下四个知识点。

1. 正确认识正当防卫意图的内涵

主要把握以下两种情况:①一般情况。一般情况下,正当防卫意图应包括两大内容。其一,防卫认识。即防卫人对正在进行的不法侵害的诸多事实因素和对自己的防卫行为均有清楚的认识。其二,防卫目的。即防卫人具有希望通过防卫行为达到制止不法侵害,保护国家利益、公共利益、本人或者他人合法权益免受不法侵害的心理愿望。防卫目的的正当性是正当防卫人不负刑事责任的重要依据之一。防卫认识和防卫目的,二者相互区别、相互依赖。②特殊情况。在特殊情况下,有防卫认识但没有明确的防卫目的并不影响正当防卫意图的成立。例如,某人在认识到不法侵害的情况下,因激愤等因素并没有马上想到自我行为的防卫目的,依然可以成立正当防卫。

2. 区分"防卫挑拨"

"防卫挑拨"是指故意挑起对方的不法侵害,然后借口实施正当防卫来侵害他人的行为。防卫挑拨也符合正当防卫的外在形式，但防卫挑拨的最大特点在于对方的不法侵害是由防卫者本人蓄谋直接挑起的，是借正当防卫之名来行侵害他人合法权利之实的行为。因此，防卫挑拨不具备正当防卫的主观条件，从而不成立正当防卫。

3. 区分"相互斗殴"

"相互斗殴"是指双方在都具备侵害对方意图的情况下而发生的相互侵害行为。这里存在两种情况：①一般情况下，由于双方都有侵害对方的故意，因而都不具备正当防卫意图的主观条件，无侵害者和防卫者之分，从而不能成立正当防卫。构成犯罪的，应依法追究其刑事责任。②特殊情况下，即一方如果已经明确放弃伤害对方的故意而完全退出斗殴，另一方仍然继续加害对方，那么退出方为了保护自己的人身权利免受侵害而实施的直接反击行为，可以成立正当防卫。

4. 区分"偶然防卫"

"偶然防卫"是指不知不法侵害存在而实施侵害行为，但最后产生与正当防卫相同的情形。也就是说，行为人基于侵害故意而实施不法侵害行为，但事后却出现了符合正当防卫的客观情况。偶然防卫不成立正当防卫，因为正当防卫不只是体现结果，更重要的在于首先认识到不法侵害的存在，然后针对不法侵害予以反击，这也是防卫以及正当性的根本所在。例如，在甲准备杀害乙的时候，第三者丙却意外发现了仇人甲，结果丙抢在甲动手之前打伤了甲，于是乙的生命权意外得到了保护。在这里，丙的行为即属于偶然防卫，不能成立正当防卫，并应以犯罪论处。

（四）对象条件——只能针对不法侵害者本人

正当防卫只能针对不法侵害者本人，而不能针对没有实施不法侵害的任何第三人，这是正当防卫必须具备的对象条件。关于对象条件的问题，要着重把握好对"本人"的理解。简单地说，"本人"是指所有具有刑事责任能力的并且实施不法侵害行为的人。具体表现在如下四个方面：

（1）只能针对具体的、特定的不法侵害的实施者本人。即不能采取"转嫁"手段，将反击行为指向未实施不法侵害行为的任何第三人，包括不法侵害者的亲人、朋友等。

（2）并不局限于一人。如果不法侵害行为是多人共同实施，那么"多人"中的任何一人都可以成为正当防卫的对象。如果加害者利用第三人作为不法侵害的工具而实施侵害行为的，那么第三人自然也可以成为正当防卫的对象。

（3）并不局限于不法侵害者本人的人身。亦即在某些情况下，不法侵害者的财产也可以成为正当防卫的对象。一般而言，正当防卫作为一种保护合法权益的手段，主要是打击不法侵害者的人身侵害能力。但是从根本上说，是为了有效制止不法侵害行为。这种制止包括让不法侵害者"不能侵犯"和"不敢、不愿侵犯"两种情况。因此，如果能达到让不法侵害者"不敢侵害、不愿侵害"的目的，针对不法侵害者财产的损害行为，也可视作正当防卫。

（4）刑事责任能力不是绝对必要条件。①一般情况下，正当防卫只能针对具有刑事责任能力并且正在实施不法侵害的人。换言之，如果行为者明知不法侵害者是无责任能力的人（如精神病发作者，未满 14 周岁者等），同时行为者又有逃跑等选择余地，那么行为者就不能实施正当防卫。②特殊情况下，对无责任能力的不法侵害人也可以实施正当防卫。这种特殊情况是指：行为人事前并不知道不法侵害者属于无责任能力人，或者虽然知道但是危机之下没有别的避免方式选择（对于后者，也有学者认为应成立紧急避险）。

（五）限度条件——没有明显超过必要限度

正当防卫不能"明显超过必要限度且对不法侵害人造成重大损害"，这是一般情况下正当防卫必须具备的限度条件，是区别防卫的合法与非法、正当与过当的一个标志。对于限度条件的正确理解，主要体现在以下两个方面：

（1）"必要限度"是一个综合性概念，具有多种表现形式。①从一般原则上看，"必要限度"是指以"有效制止不法侵害和保护合法权益"为限。如果侵害方已经无能或者不敢、不愿再继续侵害，而防卫方还要继续打击对方则被认为超出了"必要限度"。②在手段、工具、击打强度方面，"必要限度"是指防卫方没有明显超过侵害方而造成过分悬殊。例如，在侵害方的体力、技巧明显弱于防卫方的条件下，侵害方赤手空拳，防卫方却用铁棍、匕首，那么被认为超过了"必要限度"。③在损害后果方面，"必要限度"是指防卫方没给侵害方造成对比悬殊的重大损害，如人身的死亡、重伤或者财产的重大损坏等。

（2）在司法实践中，是否超出必要限度并不是界定是否成立正当防卫以及是否过当的唯一标准。在这里，我国刑法及其实践明显偏重正当防卫一方。我国《刑法》第20条第2款规定："正当防卫明显超过必要限度造成重大损害的，应当负刑事责任，但是应当减轻或者免除处罚。"从这里可以看出，不成立正当防卫或者成立正当防卫过当，一般需要同时具备"明显超出必要限度"和"造成侵害方重大损害"两个因素。

三、防卫过当及其刑事责任

（一）防卫过当的概念

防卫过当，是指在一般正当防卫过程中，行为人违反正当防卫的限度条件，明显超过必要限度从而给不法侵害人造成重大损害，因而依法应当承担刑事责任的行为。

防卫过当是一种特殊的犯罪形式。防卫过当和正当防卫是两个既相互联系更相互区别的概念。其联系在于两种行为都具有防卫性，行为时都存在正在进行的不法侵害，都是为了制止不法侵害保护合法权益；但是二者更有本质区别：防卫过当客观上存在社会危害性，主观上存在罪过（过失或者间接故意），因而是一种非法侵害行为，而正当防卫是正当合法行为。

防卫过当不能成立一个独立的罪名。我国刑法没有单独规定"防卫过当罪"。因此，对于防卫过当的定罪，应当依据具体的犯罪构成要件，援引刑法分则有关条文，结合防卫过当的有关规定等各种因素。鉴于防卫过当在主观方面一般是过失或者间接故意，因而其罪名可以分别定为诸如（间接）故意杀人罪、（间接）故意伤害罪、过失致人死亡罪、过失致人重伤罪等。

（二）防卫过当的刑事责任

我国《刑法》第20条第2款规定："对于防卫过当构成犯罪的，应当减轻或者免除处罚。"在司法实践中，究竟在什么情况下减轻以及减轻多少，在什么情况下免除，一般应当综合考虑防卫的具体目的、罪过形式、过当的程度以及防卫行为所保护权益的性质等各方面的因素，根据具体情况作具体分析。

四、特殊正当防卫（特殊防卫权）

（一）特殊正当防卫（特殊防卫权）的概念

我国《刑法》第20条第3款规定："对正在进行的行凶、杀人、抢劫、强奸、绑架以及其他严重危及人身安全的暴力犯罪，采取防卫行为，造成不法侵害人伤亡的，不属于防卫过当，不负刑事责任。"

根据上述规定，我们可以得出特殊防卫权与特殊正当防卫的概念。特殊防卫权，又称无限防卫权，它是法律赋予公民的、当公民面临严重危及人身安全的暴力犯罪而采取防卫行为，即使造成不法侵害人伤亡也不属于防卫过当，也不用承担刑事责任的特殊自卫权利。在这种情况下，公民实施的防卫行为称为特殊正当防卫。

（二）特殊正当防卫的成立条件

1. 客观上存在严重危及人身安全的暴力犯罪

这是特殊正当防卫成立所必需的最重要的条件。"严重危及人身安全的暴力犯罪"，主要包括如下三个方面：

（1）"正在进行的行凶行为。"所谓行凶，是指不同于杀人、抢劫、强奸、绑架行为的，无法判断为某种具体暴力犯罪（罪名）的严重暴力侵害行为。迄今为止，对于刑法意义上的行凶，我国没有明确的立法、司法解释。但是一般认为，行凶行为具有以下特点：第一，从客观上看，行为人对行凶对象实施了致命性暴力行为，该行为严重危及行凶对象的生命权、健康权。第二，从主观上看，行为人对行凶对象具有杀害或者严重伤害的不确定犯意。正是这种不确定犯意导致行凶行为有别于杀人行为与伤害行为。

（2）"正在进行的杀人、抢劫、强奸、绑架行为。"

（3）"正在进行的其他严重危及人身安全的暴力犯罪行为。""其他"，是指有别于上述两种情况的暴力性犯罪行为。这是立法在特殊防卫权上的一个"兜底"性条款。

2. 严重的暴力犯罪正在进行

这是时间条件，和一般正当防卫相同。

3. 特别防卫行为只能针对不法侵害人本人实施

作为对象条件，也和一般正当防卫相同。

以上三个条件必须同时具备。亦即在同时具备上述三个条件的情况下，防卫人因防卫行为导致不法侵害人伤亡，即使明显超过了必要的限度，也不存在防卫过当的问题，依法不承担任何刑事责任。

（三）特殊正当防卫与一般正当防卫的区别

（1）特殊正当防卫只能针对犯罪行为，而一般正当防卫针对的对象包括犯罪侵害行为和违法侵害行为。

（2）特殊正当防卫只能针对危及人身安全的暴力犯罪行为，而不能针对危及国家利益、公共利益或者财产权利以及公民的非人身安全权益的犯罪行为；而一般正当防卫的对象没有前述限制。

（3）特殊正当防卫只能针对特定的严重危及人身安全的暴力犯罪行为，而不能针对较轻的暴力犯罪行为；对一般正当防卫而言，轻重暴力犯罪行为均可成为其对象范围。

（4）特殊正当防卫的实施不受"必要限度"的限制，而一般正当防卫要受到比较严格的法定"必要限度"的限制。

紧急避险

一、紧急避险的概念与意义

我国《刑法》第21条第1款规定："为了使国家、公共利益、本人或者他人的人身、财产和其他权利免受正在发生的危险，不得已采取的紧急避险行为，造成损害的，不负刑事责任。"该条第2款规定："紧急避险超过必要限度造成不应有的损害的，应负刑事责任，但是应当减轻或者免除处罚。"

根据前述规定，紧急避险是指为了使国家，公共利益、本人或者他人的人身、财产和其他权利免受正在发生的危险，不得已采取的损害另一个较小的合法权益的行为。紧急避险的实质在于，在紧急的危险情况下，两个合法权益发生冲突，而根据当时的条件，只能保全其中之一，为了保全较大的权益，不得已牺牲较小的权益。因此，该行为虽然客观上实施了损害合法权益的行为，但是主观上是为了保护较大的合法权益免受损害，并无犯罪的罪过，不具备犯罪构成要件。从其实质来看，这是有益于社会的行为。

我国刑法明确规定"紧急避险"具有十分重要的意义。首先，它有利于鼓励公民在必要的情况下积极实施紧急避险，尽可能减少自然灾害、不法侵害等危害因素对国家、社会、公民的损害；其次，也有利于促进公民树立整体利益、大局利益、公共利益观念，弘扬集体主义精神，鼓励公民同各种危险、危害现象作斗争。

二、紧急避险的成立条件

虽然紧急避险是正当行为，但是该行为是以损害某种合法权益为前提来保护另一种合法权益的。因此，与正当防卫相比，紧急避险应当具备更加严格的条件。根据我国刑法的规定，成立紧急避险必须同时具备以下条件。

（一）起因条件——危险已经出现

危险已经出现，有以下两方面的含义：

（1）必须有需要避免的危险存在。所谓危险，是指某种足以立即对合法权益造成损害的紧急事实状态。从司法实践来看，危险的主要来源有如下四种：①各种自然灾害。如海啸、地震、泥石流、火灾、水灾、沙尘暴等。②动物的侵袭。如毒蛇的侵袭、野兽的追袭、恶犬的扑咬等。③人的生理、病理因素。例如，人在极度饥饿时私取他人的食物，为了抢救急病、重病患者强行截用他人交通工具等。④他人的危害行为。这里包括违法犯罪行为或者无责任能力人的危害社会行为。如故意实施的纵火行为、对交通设施的破坏行为、过失造成的各类重大责任事故、精神病患者的损害行为等。

（2）危险必须客观存在，而不是避险人的臆想或者推测。这里必须注意三种不同的情况。①如果危险不是现实存在着，而是避险人的假想或者猜测，并实施了所谓避险行为的，属于"假想避险"。对于假想避险。应当按照事实认识错误的相关原则处理。②如果危险不是现实存在，但是对这种危险的客观不存在，避险人应当预见因疏忽大意没有预见，从而实施了所谓的紧急避险，应当按照过失犯罪处理。③如果危险不是现实存在，但是根据当时的实际情况，避险人根本无法认识到这种危险的客观不存在，从而实施了所谓的避险行为的，应当按照意外事件处理。

（二）时间条件——危险正在发生

危险正在发生，是指即将造成损害或者正在造成损害的危险已经出现而且尚未结束。"已经出现尚未结束"是紧急避险成立所必需的时间条件。

危险已经出现，是指这样一种状态：由于某种客观现象的发生，合法权益已经直接面临迫在眉睫的危害。反过来说，如果这种危险还处于潜在状态，它是否出现还具有或然性，那么法律则不容许实施紧急避险，而只能采取不损害其他合法权益的防范措施。

危险尚未结束，是指这样一种特定的状态：已经出现的危险即将或者正在损害合法权益，此时若不进行紧急避险，合法权益必将遭受损害或者遭受更大的损害。这种特定的危急时刻决定了紧急避险的必要性和正当性。反过来说，如果危险已经结束，要么损害不会出现，要么损害已经造成，再实行紧急避险已经不能使已遭受的损害复原，而只会造成更大的损失。这种情况则不再成立紧急避险。

行为人在危险尚未出现或者已经结束的情况下实施所谓紧急避险，在刑法上称为"避险不适时"，亦即不成立紧急避险。行为人因此对合法权益造成损害的，应该承担相关责任；如果达到犯罪程度的，应当承担相应刑事责任。

（三）对象条件——针对第三者的合法权益

紧急避险的行为对象只能是第三者的合法权益。紧急避险的本质特征就在于为了保全较大的合法权益，而将其面临的危险转嫁到另一较小的合法权益。在这一点上，紧急避险与正当防卫有着明显区别。

第三者的合法权益，是指行为人（一般情况下是指行为人与危险源）之外权利主体的合法权益，它的范围包括自然人、法人、单位的合法权益以及公共利益和国家利益，但不包括行为人自己的合法权益。比如，行为人为了避免国家利益因正在发生的危险而遭受损害，最后损失了自己的财产，那是高尚行为，但不是紧急避险；如果是通过搏斗保护了国家利益免受侵害，但给侵害者造成了伤亡，那是正当防卫（或者防卫过当），也不是紧急避险；如果行为人为了保护自己的财产利益，不得以牺牲了自己的健康利益，由于保护、牺牲的对象都没有超出行为人之外，因此同样不成立紧急避险。

迄今为止，我国刑法对紧急避险行为究竟可以损害第三者的哪些合法权益并没有作出明确而详细的规定。但从司法实践来看，第三者的合法权益还是有限制的。一般来说，紧急避险能够损害的第三者的合法权益以财产权利、人身的某些权利以及某些较小的公共利益、国家利益等为限。由于生命无轻重贵贱之分，都是至高无上的，因此为保护自己的生命权利免受危险的损害而去侵害他人生命权利的行为，不能成立紧急避险。

（四）限制条件——万不得已情况下由非业务特定责任者实施

由于紧急避险是在牺牲第三者合法权益的条件下实施的，因此我国刑法对紧急避险的成立还规定了严格的限制条件。按照《刑法》第21条第1款、第3款的规定，成立紧急避险必须同时符合方法和行为主体两个限制条件。

方法上的限制条件，亦即方法上的"别无选择"、"万不得已"。具体说来，它是指在危险已经严重危及或者已经开始损害某种合法权益的情况下，除了实施损害另一较小的合法权益的避险行为外，别无其他办法来保全遭受危险或已开始受损的合法权益的紧急状况。其中的所谓限制，是指紧急避险的实施只能以这种紧急情况为限。如果客观上存在可以不损害第三者的合法权益的方法来排除危险，但行为人仍然采取避险行为，那就是非法的避险行为。

主体上的限制条件，是指在避免本人危险时，在职务上、业务上负有特定责任的人不能成为紧急避险的主体。"职务上、业务上负有特定责任"，是指担任某种职务、从事某种业务的人，按照法律法规的规定，或因为某种其他的特定关系，在执行职务或者从事业务的过程中，负有与承担职务、业务相关的特定义务。显然，这种特定业务，可以是法律的明确规定，也可以是职务、业务的固有要求。除非处于特殊的法律关系中，否则在一般情况下，这些特定职业者在从事其职务、业务过程中，遇到与自己的职务、业务相关的危险时，不能为使自己的人身或者财产免受危险损害而实施紧急避险行为。例如，消防人员面对大火烧伤的危险时，民航客机飞行中机组人员面临突发的故障时，医生、护士在治疗紧急传染病面对被传染的危险时，均不能采取紧急避险行为而擅自离开工作岗位，如果因此而造成严重危害后果的，应当追究刑事责任。

（五）主观条件——具备正当的避险意图

具备正当的避险意图，是紧急避险成立所必备的主观条件。所谓正当的避险意图，又称正当的避险意识，是指避险人在实施避险行为时，对正在发生的危险有明确认识并且希望以避险手段保护合法权益的心理态度。具体包括避险认识与避险目的两个方面的内容。

1. 避险认识

即指避险人对正在发生的危险及相关系列事实因素的认识。一般应包括以下基本内容：①认识到危险已经发生且真实存在；②认识到正在遭受危险的重大法益所在及其合法性质；③认识到为了保护重大法益免受损害除了紧急避险已经别无他法；④大致认识到避险所指对象的合法性质以及较保护对象更小的价值状况（当然，价值的计算只能依据避险行为前的大致判断，而不能依据事后的实际损害结果）。

2. 避险目的

即指避险人在避险认识的基础上，实施避险行为所希望达到某种有益结果的内心愿望。这种有益结果，就是避免更大的合法权益遭受正在发生危险的损害。正是这个目的的正当性，使得紧急避险对另一个较小合法权益的损害行为也成为合法行为。紧急避险目的包含以下两个基本内容：①避险人所要保护的是更大的合法权益（至少依据当时的基本判断是这样）。如果所保护的明知是非法权益或者是更小的合法利益，还要实施避险行为，则不能成立紧急避险。②避险人必须是出于正当的避险意图。如果避险人是基于侵犯他人合法权益的目的，故意（而不是无意间）引发危险，然后再借口采取避险行为的，属于避险挑拨，不成立紧急避险。其损害达到犯罪程度的，应依法承担刑事责任。

（六）限度条件——被损害合法权益小于被保护合法权益

采取紧急避险时所损害的合法权益必须小于被保护的合法权益，这是成立紧急避险必须具备的限度条件。

"小于"，在这里是指避险行为对第三者合法权益的损害既不能等于更不能大于被保护的合法权益。否则，就属于超过紧急避险的必要限度。这是刑法学界的通说。但是，我国刑法以及司法解释并没有对限制条件作出相关明确规定。为此，我们可做这样的理解：强调限度条件，其意图在于让避险者尽最大努力将对第三者合法权益的损害降低到最低限度，而不是做机械的、绝对的数据比较。在实践中，如果避险者根据当时情况已经做到了最大努力，也就不能因实际损害的法益已经相当于被保护的法益而一概不能成立紧急避险；相反，如果避险者依据当时的实际情况完全能够以极其微小的代价甚至不造成损失的状况实现对合法权益的保护，但因为避险者的不尽力而造成第三者法益的较大损失，我们也不能因为其"较大损失"没有达到被保护法益价值的分量而让避险者的行为成立紧急避险。

另外，这里还要注意权益的衡量标准问题。①大小标准问题。理论上一般主张从客观的权益性质上来衡量权益的大小轻重。具体说来，主张国家利益、重大公共利益大于个人利益，全局性利益大于局部性利益，人身权大于财产权；在人身相关权中，生命权重于健康权，健康权重于人身自由权，人身自由权高于名誉权。②时间标准问题。在实践中，一般是以事后的损害结果与保护结果作比较标准，但是也必须考虑事前的估量因素。也就是说，如果依据事前的各种情况判断只能得出被损害对象是较小的合法权益，但是由于事中意想不到的情况，最后导致被损害权益等于或者大于被保护权益，即使不能成立紧急避险，也不能以避险过当或者其他犯罪行为论，而应以意外事件处理。

三、避险过当及其刑事责任

（一）避险过当的概念及其特征

避险过当，是指避险人超过必要限度造成不应有的损害从而应当承担刑事责任的避险行为。一般认为，避险行为转化为避险过当行为，必须同时具备如下条件或者特征：

首先，必须符合避险行为的主观条件，这是成立避险过当的前提。如果行为人不具备避险的意图而有意对他人的合法权益予以侵害，造成严重危害后果的，只能是纯粹的犯罪行为。

其次，在客观上必须是超过了紧急避险的必要限度而造成不应有的损害，这是避险过当的客观特征。如果避险行为没有造成不必要的损害，或者造成的损害不构成刑法上的因果关系，自然不构成避险过当。

最后，在主观上避险人对造成的不必要的损害有罪过，这是避险过当的主观特征。避险过当在主观心理上最主要的心理表现是过失，也可以是间接故意。

（二）避险过当的刑事责任

避险过当不是一个独立罪名，因此必须根据有关具体情况来确定避险过当的罪名。关于避险过当的刑事责任，根据我国《刑法》第21条第2款的规定，应当减轻或者免除处罚。在实践中，到底是免除还是减轻，减轻到何种程度，则必须结合当时的各种实际情况，如避险目的、被保护权益状况、罪过形式、过当程度等来决定。在这里，要特别注意区分如下三种情况：

1. 避险过当造成无辜第三人死亡的情况

在这种情况下，要注意行为人对死亡结果所持的心理态度。如果行为人对死亡结果已经预见且持放任态度，则应定"故意杀人罪"；如果行为人只是预见到重伤的结果并且放任这一结果发生，则应定"故意伤害致死罪"；如果行为人对重伤的结果有认识且在必要限度之内，但是因为疏忽大意未能预见到死亡结果的出现，或者已经预见可能死亡但轻信能够避免，最后导致死亡结果出现，则应定为"过失致人死亡罪"。

2. 避险过当造成无辜第三人重伤的情况

应当依据行为人对结果所持心理态度（间接故意或者过失）的不同，分别定"故意伤害罪"、"过失致人重伤罪"。

3. 避险过当造成财产损失的情况

如果是行为人处于放任的心理态度而直接导致公私财产的损害，该行为可以定"故意毁坏公私财物罪"；如果仅仅是出于过失（疏忽过失、过于自信过失）而导致财产不应有的损失，而且这种损失又不符合有关公共安全罪的构成要件，由于我国刑法没有规定"过失损害财物罪"的罪名，因此避险过当不成立。在这种情况下，可以定为民事违法行为，追究其民事赔偿责任。

四、正当防卫与紧急避险的关系

正当防卫与紧急避险作为我国刑法明确规定的正当行为，都是为了保护国家利益、公共利益、本人或者他人的人身财产和其他利益，而给另外的合法权益造成一定损害的行为。这些行为既有相同点也有不同点。

（一）正当防卫与紧急避险的相同点

1. 行为的正当性相同

二者都是刑法明文规定的正当化事由，从社会整体看，都具有社会有益性，行为人都不承担刑事责任。

2. 行为的紧迫性相似

二者都属于刑法明确规定的排除犯罪性的紧急行为类型。虽然二者的紧急性具体特点有所不同，但是二者都属于在合法权益遭受紧急性危险而又不能及时借助国家强制力量保护的情况下，允许个人力量通过损害一定的利益来保护合法权益的紧急性行为。

3. 行为目的的正当性相同

正当防卫是为了排除合法权益正在遭受的不法侵害，紧急避险是为了避免合法权益正在遭受的危险，二者都出于保护某种合法权益免受损害的正当性目的。没有这种目的，正当防卫和紧急避险均不能成立。

4. 行为的损害性结果相似

二者都对另一种权益造成一定程度的损害；二者的损害如果超过一定的限度，都可以成立过当（正当防卫过当、紧急避险过当）。对于过当行为，刑法都规定了必须承担相关刑事责任。

（二）正当防卫与紧急避险的不同点

1. 危险来源的范围不同

正当防卫行为的危险只能来源于人的不法侵害行为；而紧急避险的危险可以来自

于人的不法侵害，也可来自于他人人为制造的危险，以及自然灾害、动植物的袭击等。总之，所有对被保护的合法权益产生紧迫性危险的力量或者因素均可成为实施紧急避险的理由。

2. 损害对象范围不同

正当防卫所损害的只能是不法侵害者的利益。这种利益可以是不法侵害者的生命、健康、自由以及为其所有的用作不法侵害手段的财物等；而紧急避险的损害对象在一般的情况下只能是与危险形成无关的第三者的合法权益，只有在非常特殊情况下才可以是危险源本身，例如面对精神病发作者的猛烈攻击，在别无选择的情况下所作的直接反击。

3. 主体范围不同

正当防卫的主体无任何限制，只要不法侵害正在进行而且有必要采取正当防卫行为，任何人都可以实施；但是紧急避险的行为主体有明确限制。我国《刑法》第21条第3款明确规定："在职务、业务上负有特定责任者在从事相关活动时，不能为避免本人危险而实施紧急避险行为。"

4. 民事责任范围不同

根据我国《民法通则》第128条的规定，所有正当防卫都属于民事合法行为，不承担任何民事责任；对于紧急避险，根据《民法通则》第129条的规定，视情况不同可能承担民事赔偿责任。如果危险是由于自然原因引起的，紧急避险人则不承担民事责任或者只承担部分民事责任；如果危险是人为引起的，则由引起危险的人承担全部民事责任。

5. 限制条件不同

在正当防卫情况下，行为人一般具有是否采取正当防卫来阻止不法侵害的选择余地，也就是说，正当防卫人为了有效阻止正在进行的不法侵害，可以采取诸如逃离、求救等方式，也可以采取正当防卫的手段；但是在紧急避险的场合，避险行为是有效避免合法权益遭受损失的唯一方式，别无他选。

6. 限度标准不同

在正当防卫情况下，对不法侵害者造成的损害以足以制止不法侵害为限度标准。因此对其造成的损害只要不明显过限，只要不是重大伤害，都是可以的。也就是说，对不法侵害者权益的损害与被保护的合法权益相比可以大体相当，也可以有所超过。在行使无限防卫权的情况下，即使造成不法侵害者的死伤都不必承担刑事责任。但是在紧急避险的情况下，避险行为造成的对第三者合法权益的损害必须小于被保护的合法权益，不存在等于或者大于的问题，否则就失去了紧急避险的意义。

7. 行为对象的义务不同

正当防卫对象是不法侵害者，其行为本身就是违法犯罪行为，因而具有忍受义务，不能对正当防卫者的行为再实施正当防卫或者紧急避险；而紧急避险的对象通常是与危险形成无关的第三者，其合法权益理应受到法律保护，因而第三者没有忍受义务，在遭受对方的紧急避险行为时也可以还击或者对他人再实施紧急避险。

【案例分析一】

案例中，李甲对李某正在实施的不法侵害采取的手段是合适的，即在情势紧迫的情况下用木棍回击，没有超出必要限度，故致李某死亡应为正当防卫。谢某在李某的不法侵害已经结束的情况下进行防卫，属于事后防卫。由于李某已经死亡，所以构成对象不能犯的故意杀人罪（未遂）。李甲无须承担刑事责任，谢某应承担故意杀人罪（未遂）相应的责任。

【案例分析二】

张某夺取摩托车的行为构成紧急避险。紧急避险是指为了使国家、公共利益，本人或者他人的人身、财产和其他权利免受正在发生的危险，不得已给另一较小合法权益造成损害的行为。案例中张某因揭发他人违法行为，被两名加害人报复砍伤，在逃跑的过程中迫不得已为了保护自己的人身权利，夺用刘某的摩托车逃走，虽损害了他人合法权益，但保全了较大的合法利益，符合紧急避险的构成要件。

【法律链接】

《中华人民共和国刑法》（2011 年修正）

第二十条 为了使国家、公共利益、本人或者他人的人身、财产和其他权利免受正在进行的不法侵害，而采取的制止不法侵害的行为，对不法侵害人造成损害的，属于正当防卫，不负刑事责任。

正当防卫明显超过必要限度造成重大损害的，应当负刑事责任，但是应当减轻或者免除处罚。

对正在进行行凶、杀人、抢劫、强奸、绑架以及其他严重危及人身安全的暴力犯罪，采取防卫行为，造成不法侵害人伤亡的，不属于防卫过当，不负刑事责任。

第二十一条 为了使国家、公共利益，本人或者他人的人身、财产和其他权利免受正在发生的危险，不得已采取的紧急避险行为，造成损害的，不负刑事责任。

紧急避险超过必要限度造成不应有的损害的，应当负刑事责任，但是应当减轻或者免除处罚。

第一款中关于避免本人危险的规定，不适用于职务上、业务上负有特定责任的人。

【工作任务】

某市幼儿园保育员李某（女，28 岁）于某日下午带领 9 名幼儿外出游玩。途中幼儿王某（女，3 岁）失足坠入路旁粪池，李某见状只向农民高声呼救，不愿跳入粪池救人。约 20 分钟后，路过此地的农民张某听到呼救后赶来。见此景，张某非常气愤："她身为保育员，却不救人！"张某随手给了李某重重一棍，然后跳入粪池救人，但为时已晚，幼儿王某已被溺死，同时李某被打成重伤。

【问题】

1. 农民张某棒打李某的行为属正当防卫吗？为什么？

2. 关于正当防卫与紧急避险，下列说法正确的是（   ）。

A. 正当防卫明显超过必要限度造成重大损害的，应当以防卫过当罪定罪，但是应当酌情减轻或者免除处罚

B. 紧急避险用于解决紧迫情况下合法利益之间的冲突

C. 防卫过当的场合，其罪过形式通常是直接故意

D. 对于"事后防卫"的，通常按照防卫过当处理

【拓展阅读】

1. 彭卫东. 正当防卫论. 武汉：武汉大学出版社，2001.
2. 陈兴良. 正当防卫论（第二版）. 北京：中国人民大学出版社，2006.

项目七 故意犯罪形态

【知识目标】

掌握故意犯罪过程中的完成形态和各种未完成形态，掌握各种犯罪形态的处罚原则。

【能力目标】

能够在各种故意犯罪案件中对犯罪形态作出准确的判别，能够在具体案件中把握各种犯罪形态适用法律的基本标准。

【内容结构图】

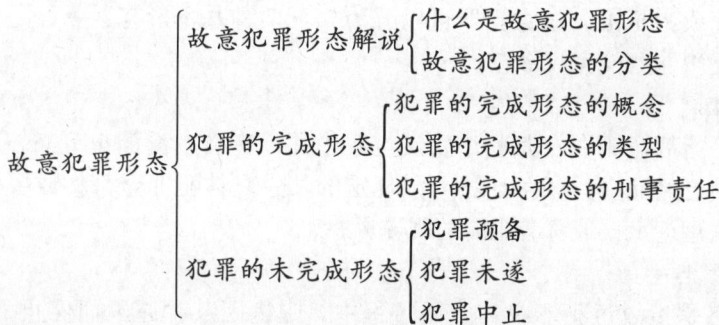

【案例导入一】

李某与陈某是好朋友，朱某是李某的前妻。朱某于 2007 年 8 月与李某离婚后，于同年 11 月，与陈某登记结婚。李某认为自己与妻子离婚皆因陈某挑唆所致，于是对陈某产生怨恨，遂起杀害陈某的念头。于是，李某从市场上买来西瓜刀，又以摩托车没油而向他人要了一矿泉水瓶的汽油。当晚，李某藏匿于陈某家附近，在藏匿过程中碰见陈某之妻朱某（李某前妻）回来，双方发生争吵。当朱某将其院门打开时，李某持刀冲进院子与朱某发生扭打。在纠缠过程中，李某一直嚷着"要杀死陈某"。陈某见状一直躲在屋内不敢出来，周围居民听到李某叫喊声立即赶来将李某拉走。

【问题】

李某的行为构成什么犯罪形态？

【案例导入二】

王某欲杀死其情敌周某，遂用猎枪瞄准正在骑马的周某，要将周某打死。由于枪法不准，结果将周某骑的马打死了，周某只受了点轻伤。

【问题】

王某的行为构成什么犯罪形态？

【案例导入三】

林某在旅馆内偷得同室李某的存物牌，欲冒领李某所存物品。后遇李某寻找存物牌，林某恐事情败露，遂说自己刚拾到一个存物牌，随即从口袋中取出交给李某。

【问题】

林某的行为构成什么犯罪形态？

【基本原理】

一、故意犯罪形态解说

（一）什么是故意犯罪形态

故意犯罪形态是指故意犯罪在其产生、发展、完成犯罪的过程中，因为主客观原因而停止下来时所呈现的各种状态。在刑法理论上，故意犯罪形态被简称为犯罪形态。

（二）故意犯罪形态的分类

以犯罪是否已经完成为标准，故意犯罪可以分为如下两种基本形态：一种是犯罪的完成形态，另一种是犯罪的未完成形态。

1. 犯罪的完成形态

犯罪的完成形态是指故意犯罪在其整个发展过程中并没有在中途停止下来，而是从开始进行到了终点，已经完全具备了刑法分则规定的某一具体犯罪全部构成要件的形态。这种形态在刑法理论上被通称为犯罪的既遂形态。

2. 犯罪的未完成形态

犯罪的未完成形态是指故意犯罪在其发展过程中，中途因某种原因而停止下来，未进行到终点，行为人没有完成犯罪的全部过程，不具备全部构成要件的犯罪形态。根据故意犯罪停止下来的具体原因不同以及与犯罪既遂形态的距离远近不同，犯罪的未完成形态又可进一步分为犯罪的预备形态、未遂形态、中止形态三种类型。

二、犯罪的完成形态

（一）犯罪的完成形态的概念

所谓犯罪的完成形态，即犯罪既遂形态，是指行为人在自我犯罪意志支配下实行的犯罪行为已经具备了某种犯罪构成的全部要件的状态。确认犯罪既遂，应以行为人所实施的行为是否具备了刑法分则所规定的某一具体犯罪的全部构成要件为标准。犯罪既遂是故意犯罪的唯一完成形态。

（二）犯罪的完成形态的类型

我国刑法对不同的直接故意犯罪的犯罪构成要件有不同的具体要求和规定，从而决定了犯罪既遂形态具有相应不同的类型。具体说来，犯罪既遂具有如下四种类型：

1. 结果犯

结果犯，是指行为人在客观上不仅实施了刑法分则的犯罪构成要件的行为，而且还必须发生构成要件所包含的危害结果，这样才能成立犯罪既遂的犯罪类型。所谓构成要件所包含的危害结果，亦即法定的犯罪结果，它是专指犯罪行为通过对犯罪对象的作用而给犯罪客体造成的物质性的、可以具体测量确定的、有形的危害结果。结果犯在我国大多表现在常见罪、多发罪当中，例如故意杀人罪、抢劫罪、贪污罪、盗窃罪等等。在故意杀人罪中，如果出现被害人死亡的结果，即犯罪既遂；如果因为行为人意志之外的因素而未发生死亡结果，则为犯罪未遂。

2. 行为犯

行为犯，是指以法定的犯罪行为的完成（而不要求造成物质性的、有形的犯罪结果）作为既遂标志的犯罪类型。需要说明的是，这些行为并不是一着手就可宣告完成的。依据法律的要求，这些行为需要一个实行程序和过程，要达到一定的程度，才能被视为行为的完成。如果在已经着手实行的情况下，还没有达到法律所规定的要求就停止下来，其原因是出于本人意志之外的因素，则为犯罪未遂；如果是出于本人意愿，则为犯罪中止。例如强奸罪、脱逃罪、偷越国境（边境）罪等相当一部分罪名均属于行为犯。

3. 危险犯

危险犯，是指以行为人实施的危害行为造成法律规定的可能发生某种危害结果的危险状态作为既遂标志的犯罪类型。也就是说，危险犯的既遂不是以发生某种实际的危害结果而是以很可能导致这种危害结果的危险性的客观出现为标志的。由于危险状态没有实际损害结果作基础，因此立法规定危险犯以谨慎为要。本教材认为，只有在刑法分则作了特别危险规定者，才能以危险犯论。例如放火罪、决水罪、爆炸罪等严重危及公共安全的犯罪均以客观性危险状态的出现为既遂标志。

4. 举动犯

举动犯，也称即时犯，是指按照法律规定，行为人一着手犯罪的实行行为就认为是符合犯罪构成的全部要件，即达到犯罪既遂的犯罪类型。从犯罪构成的性质看，举动犯又包括如下两种基本类型：

（1）预备性质的犯罪。这些犯罪行为严格说来只是预备性质的行为，而不是实行行为，但由于这些预备性质的行为所涉及的犯罪性质十分严重，一旦进一步实行就会造成很大的社会危害性。因此，基于有力防范和打击这类犯罪的需要，刑法就把这些预备性质的行为上升到实行行为，规定为举动犯，已开始着手即为犯罪既遂。例如，参加黑社会性质组织罪就属于这种情形。

（2）教唆煽动性质的犯罪。这些犯罪的实行行为都是煽动性、教唆性的行为，意在激起他人甚至多人产生犯罪意图或者坚定他人甚至多人的犯罪意图，而且教唆者本人一般不直接出面实施所教唆的罪行，因而危害范围广、社会危害性大且隐蔽性强。基于此，法律为了有效防范和打击这类犯罪，将其规定为举动犯，即一旦行为人着手实行教唆煽动行为，则构成犯罪既遂。例如煽动民族仇恨、民族歧视罪，传授犯罪方法罪则属于此种情形。

举动犯没有犯罪未遂的形态，但是在某些情况下具有犯罪预备形态和犯罪中止形态。

（三）犯罪的完成形态的刑事责任

对于符合犯罪既遂特征的既遂犯，应当直接按照刑法分则具体条文规定的法定刑的刑种和刑度进行处罚，刑法分则具体犯罪的法定刑标准都是针对犯罪既遂作出的规定。

三、犯罪的未完成形态

犯罪的未完成形态是指故意犯罪在其发展过程中，中途因某种原因而停止下来，未进行到终点，行为人没有完成犯罪的全部过程，不具备全部构成要件的犯罪形态。犯罪的未完成形态包括犯罪预备、犯罪未遂、犯罪中止三种形态。详细分析如下：

（一）犯罪预备

1. 犯罪预备的概念

我国《刑法》第 22 条第 1 款规定："为了犯罪，准备工具、制造条件的，是犯罪预备。"

根据我国刑法有关犯罪预备行为的规定和犯罪形态的概念特征，可以得出犯罪预备的概念。犯罪预备形态，是指行为人为实施犯罪而开始准备工具、创造条件，由于行为人意志之外的原因而未能着手实行犯罪的停止状态。它是故意犯罪形态中未完成形态的一种具体表现形式。

2. 犯罪预备的特征

（1）行为人已经开始实施犯罪的预备行为。该行为包括两种基本类型：一是准备犯罪工具的行为，即事先为犯罪准备好各种必备物品的行为，具体包括制造、寻求、加工犯罪工具等诸种行为。如在故意杀人罪中购买枪支弹药行为、仿制枪支的行为等。二是其他预备行为，即其他为实施犯罪创造便利条件的行为。具体包括训练、跟踪、设置圈套、计划密谋、排除犯罪障碍、准备犯罪资金以及其他相同性质的行为。如在故意杀人罪中进行射击训练、确定犯罪目标的行为等。在这里，必须把犯罪预备和犯意表示区分开来。所谓"犯意表示"，是指以口头、文字或其他方式对犯罪意图的单纯表露。它属于犯罪思想范畴。因此，如果仅仅有犯意表示而未实施任何危害行为，不具有刑法意义上的社会危害性，不能定罪量刑。

（2）行为人未能着手犯罪的实行行为。所谓犯罪的实行行为，是指符合刑法分则中具体犯罪构成客观方面要件的行为。未能着手，是指犯罪活动在具体实行行为开始之前就停止下来。如盗窃罪中已经找准了目标，但是尚未着手实施非法秘密取得他人财物的行为就被人发现的情形。这一特征是犯罪预备形态与犯罪未遂形态的主要区分标志。

（3）行为人后面的实行行为未能实施，在主观上是违背行为人的意志的，亦即由行为人意志之外的因素造成。这些因素主要包括：行为对象的警觉或者消失，行为人自身准备不足或者缺陷，以及自身实施实行行为之前被捕等。基于本人的意志之外而非自愿，这是区分犯罪预备形态与犯罪中止形态的关键所在。

3. 预备犯的刑事责任

我国《刑法》第 22 条第 2 款规定："对于预备犯，可以比照既遂犯从轻、减轻或者免除处罚。"在司法实践中，正确理解和把握预备犯的刑事责任还应当注意如下几个方面：

（1）对预备犯的定罪量刑，应同时引用《刑法》总则第 22 条及其分则的相关条文。根据一般做法，应在具体罪名后加括号表明犯罪预备形态，如"故意杀人罪（预备）"。

（2）对于预备犯的处罚，可以"比照既遂犯从轻、减轻或者免除处罚"。一般情况下的犯罪预备，应处以较既遂犯更轻的刑罚或者定罪免罚；但如果行为人预备的是社会危害十分严重的或者犯罪手段十分残暴的犯罪，也可以不"从轻、减轻或者免除处罚"。

（3）对于预备犯的处罚，"比照既遂犯从轻、减轻或者免除处罚"。这里的"既遂犯"，是指预备实施的犯罪的既遂形态，即预备犯如没有遇到意志以外的原因继续向前发展必然形成既遂所成立的犯罪。

（4）对于预备犯的处罚，应当综合考虑预备犯的"各种因素"，最后决定从轻还是减轻或者免除处罚。这些因素包括：预备犯罪、预备行为的性质及其严重程度，行为人的主观恶意程度，未能着手实行犯罪的原因等。

（二）犯罪未遂

1. 犯罪未遂形态的概念

我国《刑法》第23条第1款规定："已经着手实行犯罪，由于犯罪分子意志以外的原因而未得逞的，是犯罪未遂。"根据上述犯罪未遂行为的规定以及我国刑法理论，犯罪未遂形态，是指行为人已经着手实施具体犯罪构成的实行行为，由于本人意志之外的原因而未能完成犯罪的一种犯罪停止状态。

2. 犯罪未遂形态的特征

根据《刑法》第23条第1款的规定，在我国，成立犯罪未遂需要同时具备如下三个条件，或者说犯罪未遂形态具有如下三个主客观特征：

（1）行为人已经着手实行犯罪。所谓已着手实行犯罪，是指行为人已经开始实施刑法分则中具体犯罪构成要件的客观实行行为。这种行为又具有两个基本特征：一是在主观上，行为人实行具体犯罪的意志已经通过支配实行行为而充分表现出来；二是该行为已经直接指向犯罪对象，已经使刑法所保护的具体权益面临现实威胁或者已经开始受到侵害。如果没有本人意志之外的因素，这种行为会继续下去直至达到既遂。例如，在故意杀人罪中，行为人针对犯罪对象已经开始拔刀的行为，盗窃罪中行为人已经实施拿出盗窃工具的行为等。行为人已经着手实施犯罪的实行行为，是犯罪未遂成立的前提条件，也是区分犯罪预备形态与犯罪未遂形态的主要标志。

（2）犯罪未得逞。亦即在实施了犯罪实行行为后，未达到既遂状态就停止了下来。在这里，必须注意在不同情况下成立"未得逞"的不同条件，其关键在于要正确判断刑法分则中所要求的客观要件是否具备。在结果犯中，未发生构成犯罪要件的结果就是犯罪未遂，如在故意杀人罪中剥夺了他人生命的情况没有出现。在行为犯中，只要行为人没有完成犯罪构成要件的行为，就是犯罪未遂，而不必等到危害结果出现。例如在脱逃罪中，行为人在脱离监狱的警戒线以前就被抓获的情形。在危险犯中，则以法定的危险状态没有出现作为犯罪未遂的标志。例如在放火罪中，行为人在仓库点燃了引燃物，但在仓库中物品未着火之前就被值班人员阻止的情形。犯罪未得逞，是犯罪未遂状态的又一重要特征，同时也是犯罪未遂形态区分犯罪既遂形态的主要标志。

（3）犯罪未得逞是行为人意志之外的原因所致。从量上看，这种原因应是"足以制止犯罪意志的原因"。不能有效制止犯罪的各种影响因素均不能构成"未得逞"的原因。例如在暴力犯罪中，犯罪人因突然发现被害人是自己朋友的亲戚而主动放弃完成犯罪的，就不能归于"意志之外"的因素。从质上看，该原因是行为人本人"意志之外"的原因。所谓本人意志之外，是指本人意志所能支配的范围之外。具体包括三种情况：一是犯罪人本人以外的原因，诸如来自被害人、第三者、自然力以及其他物质性障碍因素等。比如犯罪人在实施故意杀人罪时没想到遇到来自被害人的正当防卫，自身落败。二是行为人自身方面存在的不利于完成犯罪的客观性因素，诸如力量不足、身体突发疾病、犯罪技巧缺乏等。比如犯罪人在实施盗窃实行行为时，突然阑尾炎发作的情况。三是行为人主观认识发生错误，诸如对犯罪对象、犯罪工具性能、犯罪结果是否必然出现等发生认识错误。比如在故意杀人罪中，行为人误把白糖当作砒霜下毒的情况。

3. 犯罪未遂形态的类型

（1）实行终了的未遂与未实行终了的未遂。

以犯罪实行行为是否已经实行终了为标准，刑法理论界将犯罪未遂形态分为实行终了未遂与未实行终了未遂两种类型。

实行终了的未遂是指行为人自以为实现犯罪意图所必要的全部行为都已实施完毕，但事实上成立该犯罪所必需的全部要件并未具备。实行终了未遂有如下两种情形：一是行为人误认为其实现犯罪意图所必需的犯罪行为都已经完成，从而自动停止了犯罪行为，但是由于本人意志之外（即本人意料之外）的因素而未能使犯罪达到既遂形态。如在故意杀人罪中，行为人致人重伤却误认为被害人已经死亡而放弃继续加害，最后被害人被他人救活的情况。二是行为人对完成犯罪所必需的行为已经实行终了没有认识错误，但是行为实行终了和犯罪既遂还有一段距离，在这中间发生了行为人料想不到的情况，从而使犯罪未能达到既遂状态。例如在以投毒方式的故意杀人罪中，行为人已顺利完成投毒，因被害人偶然发现而未进食有毒食物的情况。

未实行终了未遂是指在法定犯罪构成所包含的实行行为的范围内，犯罪行为未实行完毕而在中途因行为人本人意志之外的因素停止下来，从而未达到犯罪既遂的状态。例如盗窃犯正在室内盗窃时被当场抓获的情况。

按照主客观相统一的标准，在大多数情况下，实行终了未遂的社会危害性要大于未实行终了未遂。依据罪责刑相适应的基本原则，一般也要对前者处以较后者更重的刑罚。

（2）能犯未遂与不能犯未遂。

以行为的实行在客观上能否构成犯罪既遂为标准，可以将犯罪未遂分为能犯未遂和不能犯未遂两种类型。

所谓能犯未遂，是指犯罪行为有实际可能达到既遂，只是由于行为人意志之外的原因未能达到既遂而停止下来的情况。如行为人已经致伤受害人，但被警察当场夺下凶器并被制伏的情形。显然，如果没有警察的介入，行为人完全可以杀死被害人，进而达到犯罪既遂。

所谓不能犯未遂，是指因行为人对有关犯罪事实认识错误而使犯罪行为不可能达到既遂的情况。不能犯未遂又可分为工具不能犯未遂与对象不能犯未遂两种情形。其中，工具不能犯未遂，是指行为人由于认识错误而使用了按其客观性质不能实现犯罪意图、不能构成既遂的犯罪工具，从而导致犯罪未遂。比如使用臭弹杀人的情况。所谓对象不能犯未遂，是指犯罪行为所指向的犯罪对象不具备某种属性或功能，从而不可能让犯罪人实现其目的而导致的未遂状态。例如，误把尸体当作活人射杀、误把他人的空钱包当作装有美元的钱包而行窃，误把男人当作女人强奸等情况，都属于不能犯未遂。

依照主客观相统一的标准，一般认为，能犯未遂比不能犯未遂具有更大的社会危害性。因此，对能犯未遂应处以较不能犯未遂更重的刑事处罚。

4. 未遂犯的刑事责任

我国《刑法》第23条第2款规定："对于未遂犯，可以比照既遂犯从轻或者减轻处罚。"正确运用这一原则，必须注意如下三点：

（1）在对未遂犯定罪量刑时，应同时引用《刑法》总则第23条及其分则的条文。根据一般做法，应在具体罪名后加括号表明犯罪未遂形态，如"故意杀人罪（未遂）"。

（2）对未遂犯处罚，"可以比照既遂犯从轻或者减轻处罚"。在这里，"可以比照"，即与既遂犯相比，对未遂犯一般要从轻或者减轻处罚；但对于犯罪性质严重，主观恶性程度较深，又造成一定危害结果的犯罪未遂犯，也可以不从轻或者减轻处罚，即与既遂犯一样处罚。

（3）在决定对未遂犯从宽处罚的基础上，还必须正确把握从宽的幅度问题。为此，必须合理判定未遂与既遂危害程度的差别。这种合理的判定，主要基于如下因素的考虑：一是未遂距离完成犯罪的远近程度；二是犯罪未遂所属类型（是能犯未遂、实行终了未遂，还是不能未遂、未实行终了未遂）；三是未遂所表现出来的行为人的主观恶性大小及其人身危险程度。

（三）犯罪中止

1. 犯罪中止的概念与特征

我国《刑法》第24条第1款规定："在犯罪过程中，自动放弃犯罪，或者自动有效地防止犯罪结果发生的，是犯罪中止。"根据上述规定以及我国刑法理论，可以得出如下关于犯罪中止形态的概念：犯罪中止形态，是指在犯罪过程中，行为人自动放弃犯罪或者自动有效地防止犯罪结果发生，从而未完成犯罪的一种犯罪停止形态。根据我国《刑法》第24条第1款的规定，犯罪中止有两种基本类型：自动放弃犯罪的犯罪中止和自动有效地防止犯罪结果发生的犯罪中止。这两种类型的犯罪中止的特征有一定区别。

（1）自动放弃犯罪的犯罪中止的特征。

自动放弃犯罪的犯罪中止的成立需要同时具备以下三个条件：

①时空性，即必须在犯罪过程中，也就是在未形成任何停止状态之前放弃犯罪。如果犯罪已经达到既遂，或者犯罪虽未达到既遂，但在犯罪发展过程中已经由于行为人意志之外的原因停止下来，诸如犯罪预备、犯罪未遂等，行为人不可能再成立犯罪中止。比如某盗窃犯已经成功盗窃了某人的财产，后来发现是朋友家的，于是又悄悄地将盗窃物品放回原处。这种已经达到既遂的情况便不能成立犯罪中止，只能在量刑时作为从宽情节加以考虑。

②自动性，必须是行为人自动停止犯罪，这是犯罪中止的本质性特征，也是犯罪中止与犯罪预备和犯罪未遂的根本区别。犯罪中止的自动性，主要表现在两个方面：一是行为人自认为当时可以继续实施和完成犯罪。这种"自认为"应该有可以证明的主客观条件，而不能是毫无根据的臆想。但是需要说明的是，虽然当时的客观情况已不可能完成犯罪，但如果是行为人发生认识错误，在其自以为还能完成犯罪的情况下

停止犯罪，不影响犯罪中止的成立。相反，如果当时的实际情况客观上还可以完成犯罪，但行为人误认为已不可能完成犯罪，这种情况不能成立犯罪中止，而只能是犯罪未遂。二是行为人出于本人意志而停止犯罪。也就是说，行为人停止继续犯罪，是本人在头脑清醒的意识支配之下完成的。至于行为人停止的动机、原因如何，诸如悔悟、他人规劝、父母斥责、对被害人同情、惧于法律威严等，均不影响"本人意志"的成立。原因不同，表明了主观恶性程度等因素有别，这些因素也应当在量刑时作为影响刑罚轻重的因素进行考虑。

③彻底性，必须是行为人已经彻底放弃了原来的犯罪。所谓彻底，在主观上表现为彻底打消了犯罪的意图，在客观上表现为彻底放弃了自认为本可以完成的犯罪行为，在时域上表现为对该项犯罪不再进行，而不是暂时的中断。但需要说明的是，这里所谓的彻底放弃，是相对于该项具体犯罪而言，并不是指行为人以后不再犯同类罪行或者其他罪行。

（2）自动有效地防止犯罪结果发生的犯罪中止的特征。

自动有效地防止犯罪结果发生的犯罪中止，是指在行为人已经着手实施的犯罪行为可能造成但还没有现实造成犯罪既遂所要求的犯罪结果的特殊情况下所成立的犯罪中止。这是犯罪中止的一种特殊类型。这类特殊的犯罪中止，除了需要成立上述犯罪中止所需的时空性、自动性、彻底性三个条件之外，还需要具备第四个条件，即有效性。所谓有效性，是指行为人除了放弃继续犯罪的意图和行为外，还必须采取积极有效的挽救措施，完全阻止犯罪结果的出现，从而使犯罪在达到既遂状态之前停止下来，这时犯罪中止才告成立。比如在放火罪中，行为人想放火烧毁电脑仓库，在引燃物烧起来以后，行为人如果想中止犯罪，不但不能再引燃别的火种，而且还必须把已经点燃的引燃物的明火、暗火都彻底灭掉，否则，一旦暗火复燃，其行为还是不成立犯罪中止。

（3）司法实践中对自动放弃重复侵害行为的定性。

自动放弃重复侵害行为，是指行为人实施了足以造成既遂危害结果的第一次侵害行为之后，由于行为人意志之外的原因而未发生既遂的危害结果，在行为人自认为当时还存在继续侵害直至达到犯罪既遂的实际可能时，行为人主动放弃重复侵害行为，从而使既遂的危害结果没有出现的情况。对于这种情况，应当认定为犯罪中止。

主要理由如下：①这种停止发生在既遂结果出现之前，符合犯罪中止的时空条件；②行为人对可以继续重复的侵害之放弃是自动的而不是被迫的，符合犯罪中止的自动性条件；③行为人对可以进行的重复侵害行为的放弃是彻底的，从而使法定的既遂结果没有出现，符合犯罪中止的彻底性条件；④这样认定也符合我国刑事立法的基本精神和相关刑事政策。

2. 犯罪中止形态的类型

根据不同的标准，从不同的角度，可以将犯罪中止分为多种不同类型。

（1）根据犯罪中止发生的时空范围不同，对犯罪中止可分为预备中止、实行未终了中止与实行终了中止。

预备中止，就是在犯罪预备阶段成立的犯罪中止。具体是指在犯罪预备活动的阶段，行为人在自以为可以继续实施犯罪的情况下，自动将已经进行的犯罪预备行为停止下来。其时空范围表现为起于预备活动的开始实施，终于犯罪实行行为着手之前。

例如行为人预备匕首准备杀人，但最后自动中止杀人的行为。

实行未终了中止，就是在犯罪实行行为尚未实施完毕之前成立的犯罪中止。具体是指行为人在已经开始实施犯罪实行行为过程中，自动放弃了犯罪的继续实施（在特殊情况下还采取有效措施阻止犯罪结果发生），从而使犯罪在达到既遂之前停止下来的状态。例如强奸犯在对被害人施暴的过程中，在达到既遂之前基于被害人的劝说和哀求而中途停止下来的情况就属于实行未终了中止。

实行终了中止，就是发生在犯罪实行行为实施终了后的犯罪中止。具体是指行为人在犯罪实行行为实施终了以后，出于行为人本人的意愿及时以积极的挽救行动有效阻止了既遂所要求的犯罪结果的出现的状况。例如投毒杀人者在将毒药放入被害人的茶杯以后，及时阻止了被害人喝茶，或者在被害人中毒以后及时将其送往医院抢救让被害人脱离了生命危险的情况均属于实行终了的中止。

比较以上三种情形，其社会危害性和主观恶性以预备中止为最小，实行未终了中止次之，实行终了中止为最大。

（2）根据成立犯罪中止所需的行为要求不同，对犯罪中止可分为消极中止和积极中止。

消极中止，即要求行为人仅仅自动停止继续实施犯罪行为便可成立的犯罪中止。其中止犯罪的方式为纯粹不作为方式。也就是说，只要行为人自动停止继续侵害，其法定的既遂结果均不会发生。在犯罪预备阶段和犯罪实行行为尚未终了的情况下，多数犯罪中止属于该种类型。消极中止状态大体相当于上述的预备中止和实行未终了中止。

积极中止，不但要求行为人自动中止犯罪的继续实施，而且还必须以积极的行为方式去有效地避免犯罪结果的发生，避免使犯罪达到既遂才能成立的中止。积极中止多数发生在实行行为终了的情况下，如上述实行终了的中止，停止犯罪后还必须及时以积极有效的行为阻止犯罪达到既遂才能成立犯罪中止。

3. 中止犯的刑事责任

我国《刑法》第24条第2款规定："对于中止犯，没有造成损害的，应当免除处罚；造成损害的，应当减轻处罚。"要正确理解和使用这一处罚原则，就必须注意把握好如下三个方面：

（1）对中止犯的处罚，应同时引用《刑法总则》第24条以及《刑法分则》条款，在罪名上有所体现，例如"故意杀人犯（中止）"。

（2）对中止犯的处罚，"应当"减轻或者免除处罚。"应当"就是"必须"。也就是说，对于中止犯，由于行为人的主观恶性在所有犯罪形态中最小，因此，从整体上看，对中止犯的处罚也必须最轻，即必须轻于既遂犯、未遂犯、预备犯。只能"减轻"或者"免除"，而不能"从轻"。

（3）对于中止犯的处罚，应当根据危害结果的不同而区别对待。由于中止犯都符合犯罪构成，因此应当负刑事责任。只是实现刑事责任的方式可以不一样：对于造成损害结果的中止犯，应当减轻处罚；对于没有造成损害结果的，应当予以定罪，但免除处罚。

【案例分析一】

在案例一中，尽管李某已经实施了企图杀害陈某的一系列准备行为，如购置凶器、守候被害人，对陈某的生命权构成了一定威胁，但李某始终未能见到陈某，只是与其妻子发生了身体接触，而陈某一直躲在屋内这一李某尚未能触及的场所，其生命权所受到的危险性远未达到紧迫的程度。李某的行为尚未具有侵害陈某生命权的紧迫危险性，就不应被认定为已经着手。而李某为泄夺妻之恨，持凶器至陈某家附近守候，欲杀之而后快，由于朱某纠缠、居民干预等一系列李某意志以外的原因，其准备杀害陈某的行为未能进入实行阶段。因此，李某的行为完全符合犯罪预备的成立条件，应当被定性为故意杀人（预备）。

【案例分析二】

在案例二中，王某虽完成了犯罪，但未完全具备故意杀人罪的全部构成要件，即开枪朝周某射击并未造成周某死亡的结果发生，且没有打死周某是自己枪法不准这一意志以外的原因造成的，故属于犯罪未遂。

【案例分析三】

在案例三中，林某偷存物牌欲冒领他人所存物，准备实行诈骗行为，但由于发现财物所有人李某正寻找存物牌，恐事情败露，于是自动放弃犯罪诈骗行为，中止在着手诈骗之前，故属于犯罪预备阶段的中止。

【法律链接】

《中华人民共和国刑法》（1997 年）

第二十二条　为了犯罪，准备工具、制造条件的，是犯罪预备。

对于预备犯，可以比照既遂犯从轻、减轻或者免除处罚。

第二十三条　已经着手实行犯罪，由于犯罪分子意志以外的原因而未得逞的，是犯罪未遂。

对于未遂犯，可以比照既遂犯从轻或者减轻处罚。

第二十四条　在犯罪过程中，自动放弃犯罪或者自动有效地防止犯罪结果发生的，是犯罪中止。

对于中止犯，没有造成损害的，应当免除处罚；造成损害的，应当减轻处罚。

第一百零三条第二款　煽动分裂国家、破坏国家统一的，处五年以下有期徒刑、拘役、管制或者剥夺政治权利；首要分子或者罪行重大的，处五年以上有期徒刑。

第一百一十六条　破坏火车、汽车、电车、船只、航空器，足以使火车、汽车、电车、船只、航空器发生倾覆、毁坏危险，尚未造成严重后果的，处三年以上十年以下有期徒刑。

第二百三十二条　故意杀人的，处死刑、无期徒刑或者十年以上有期徒刑；情节较轻的，处三年以上十年以下有期徒刑。

第二百三十六条　以暴力、胁迫或者其他手段强奸妇女的，处三年以上十年以下有期徒刑。

【工作任务】

运用所学故意犯罪形态的知识和技能，分析下列案例。

1. 被告人林某因被害人孙某曾经向有关部门举报其非法行医一事，产生不满心理。

一天晚上，被告人林某酒后携带火柴和汽油来到被害人孙某居住地，欲对被害人孙某居住的房屋实施放火行为。当被告人林某站在该房屋东侧的简易仓房上，准备向房屋的顶部攀爬时，因踩破仓房的瓦片从简易仓房的顶部跌落下来，被告人林某遂离开现场。

案例1中被告人林某的行为属于犯罪预备还是犯罪未遂？

2. 犯罪嫌疑人张某在多次要求杨某与其私奔无果后，在某处购买两壶汽油，租车至杨某家所在的村边，让司机在此等候。张某跑至杨家，将汽油泼至杨家堂屋茶几、桌椅、地上、门上及杨某身上，又将杨某强行推拉到其所租的车上，并用随身携带的打火机威胁欲和杨某同归于尽，胁迫杨某与其私奔，还把汽油往围观群众身上洒。犯罪嫌疑人张某手拿打火机，扬言要点燃但始终没点燃打火机。围观群众报案后，公安人员赶到现场，将张某带离。

案例2中张某的行为属于什么犯罪形态？

3. 潘某因欠债无力偿还而萌生杀人劫财的念头，遂于某日以做生意为名约徐某，并让其准备1.5万元去外地进货，还声称不得将此事告诉任何人。当晚，潘某开车将徐某骗至一无人地段，乘徐某熟睡之机，打电话给徐某的妻子，在确认其不知徐某的去向后，即取出事先准备好的放在车上的铁锤欲将熟睡的徐某杀死，然后将其随身携带的1.5万元劫走。潘某终因害怕事发后被发觉而放弃了杀人劫财的念头，调转车头回家。后又对徐某谎称有人要绑架他才将车子开回家的。事隔数日，潘某又因敲诈徐某20万元未遂而被公安机关抓获，遂主动交代了欲劫财杀人的事实。

案例3中司法机关对潘某交代的上述犯罪事实应认定为哪一种犯罪形态？

4. 闫甲、闫乙、闫丙三人共谋偷盗小孩到广东贩卖。经踩点后于某日凌晨1时许，三人到村民赵某家，由闫乙放哨，闫甲、闫丙撬门入室将赵某出生8个月的儿子抱出后到闫乙家，后又将孩子转移到邻村陈某家。后因赵家报案，闫甲将孩子送至赵家附近，三人外逃。

案例4中闫甲、闫乙、闫丙三人的行为属于哪一种犯罪形态？

【拓展阅读】

1. 叶高峰. 故意犯罪过程中的犯罪形态论. 开封：河南大学出版社，1989.

2. 赵秉志. 犯罪未遂形态研究（第二版）. 北京：中国人民大学出版社，2007.

3. 刘士心. 竞合犯研究. 北京：中国检察出版社，2005.

4. 李立众，陈国庆，孙茂利. 犯罪未完成形态适用，北京：中国人民公安大学出版社，2012.

5. 郑军男. 不能未遂犯研究. 北京：中国检察出版社，2010.

项目八 共同犯罪

【知识目标】

了解共同犯罪的形式与单位共同犯罪的成立条件，理解共同犯罪的概念，掌握共同犯罪的成立条件，掌握共同犯罪人的分类及其刑事责任。

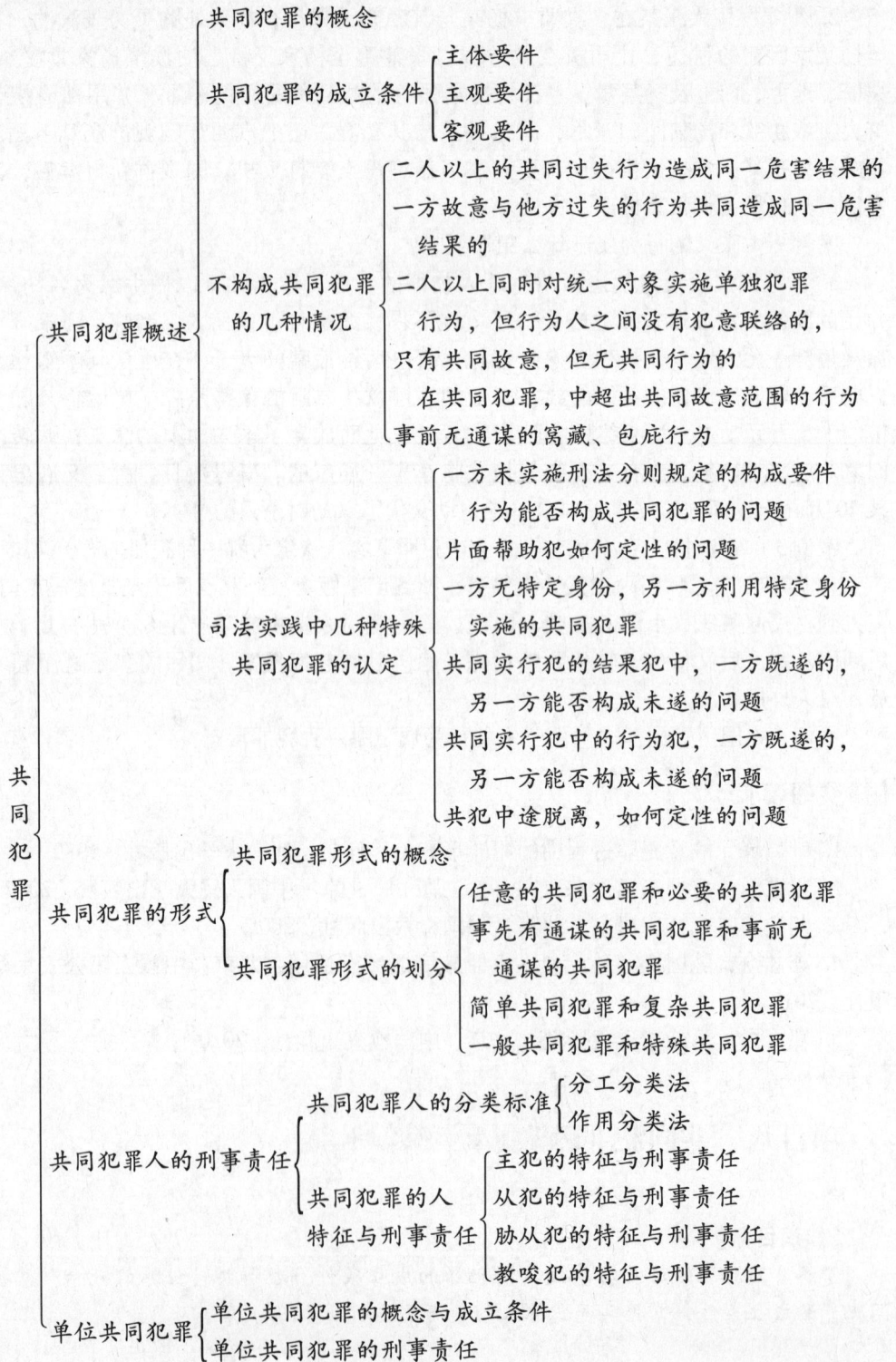

【能力目标】

掌握共同犯罪成立条件和共同犯罪人的分类及刑事责任的认定，并运用原理分析实际问题。

【内容结构图】

共同犯罪
- 共同犯罪概述
  - 共同犯罪的概念
  - 共同犯罪的成立条件
    - 主体要件
    - 主观要件
    - 客观要件
  - 不构成共同犯罪的几种情况
    - 二人以上的共同过失行为造成同一危害结果的
    - 一方故意与他方过失的行为共同造成同一危害结果的
    - 二人以上同时对统一对象实施单独犯罪行为，但行为人之间没有犯意联络的，
    - 只有共同故意，但无共同行为的
    - 在共同犯罪，中超出共同故意范围的行为
    - 事前无通谋的窝藏、包庇行为
  - 司法实践中几种特殊共同犯罪的认定
    - 一方未实施刑法分则规定的构成要件行为能否构成共同犯罪的问题
    - 片面帮助犯如何定性的问题
    - 一方无特定身份，另一方利用特定身份实施的共同犯罪
    - 共同实行犯的结果犯中，一方既遂的，另一方能否构成未遂的问题
    - 共同实行犯中的行为犯，一方既遂的，另一方能否构成未遂的问题
    - 共犯中途脱离，如何定性的问题
- 共同犯罪的形式
  - 共同犯罪形式的概念
  - 共同犯罪形式的划分
    - 任意的共同犯罪和必要的共同犯罪
    - 事先有通谋的共同犯罪和事前无通谋的共同犯罪
    - 简单共同犯罪和复杂共同犯罪
    - 一般共同犯罪和特殊共同犯罪
- 共同犯罪人的刑事责任
  - 共同犯罪人的分类标准
    - 分工分类法
    - 作用分类法
  - 共同犯罪的人特征与刑事责任
    - 主犯的特征与刑事责任
    - 从犯的特征与刑事责任
    - 胁从犯的特征与刑事责任
    - 教唆犯的特征与刑事责任
- 单位共同犯罪
  - 单位共同犯罪的概念与成立条件
  - 单位共同犯罪的刑事责任

【案例导入】

某日甲提议到某办公大楼盗窃，乙随声应和并让丙放哨。为迅速逃离现场，乙打电话叫丁开车过来，因知道甲、乙平时有偷盗恶习，丁推脱自己生病无法前往。乙便威胁说："限你两小时赶过来，否则就见不到你宝贝儿子了。"丁心生害怕只好前往指定地点。甲、乙进入大楼。甲盗得笔记本电脑两台，乙在前面开道走得比较快。乙来到大楼门口，遇见正在巡查的保安。保安见其形迹可疑，正欲上前查问。乙见状冲上前将保安打倒在地，并将旁边地上一块很脏的抹布塞进保安嘴里。这时，甲迅速从旁边走过。见甲已走远，乙随后离去，四人一起逃离现场。

【问题】

1. 本案中甲、乙、丙、丁四人的行为是否构成共同犯罪？请分析说明。
2. 他们四人在本案中应承担怎样的刑事责任。

【基本原理】

共同犯罪概述

一、共同犯罪的概念

共同犯罪，是与个人单独犯罪相对应的一种特殊犯罪形式。作为一种特殊形式，共同犯罪不等同于若干个人犯罪的简单相加。就犯罪参与者而言，共同犯罪由于参与的人数较多，而且各共同犯罪人在犯罪中所起的作用和承担的刑事责任不同，因而它是比个人单独犯罪更为复杂的犯罪形式。就犯罪影响而言，由于其组织性特点，共同犯罪往往容易发展成为犯罪集团，甚至成为黑社会组织或恐怖组织，因而具有较个人单独犯罪更大的社会危害性。

正是基于共同犯罪的上述特殊性，我国立法机构把共同犯罪作为一个十分重要的概念直接在刑法典中作出了明确界定。我国《刑法》第25条第1款规定："共同犯罪是指二人以上共同故意犯罪。"同时第2款规定："二人以上共同过失犯罪，不以共同犯罪论处；应当负刑事责任的，按照他们所犯的罪分别处罚。"由此可以看出，共同犯罪是指二人以上基于共同的犯罪故意而共同实施的犯罪。刑法典的这一概念规定突出了共同故意在构成共同犯罪中的作用与特点，鲜明体现了主客观相统一的基本原则。它对理论上研究共同犯罪和实践中正确认定与有效打击共同犯罪都具有十分重要的意义。

二、共同犯罪的成立条件

共同犯罪的成立必须符合以下条件：

（一）主体要件

根据《刑法》第25条的规定，共同犯罪的主体是"二人以上"，即必须是两个以上的人。首先，"二人以上"对主体作了量的要求，即最少不能少于两人。只有一人是不能构成共同犯罪的，至于最多能达到多少人，法律没有作限制性规定。其次，"二人以上"对主体也作了质的要求。这里的"人"既可以是自然人也可以是单位，若是自然人主体，必须是达到刑事责任年龄、具有刑事责任能力的人；如果是单位主体，其实施的必须是刑法明确规定可以由单位实施的犯罪，否则不能成为单位犯罪主体。因此，共同犯罪的主体有以下几种组合：两个或两个以上具有刑事责任能力的自然人共同实施，两个或两个以上的单位共同实施，自然人和单位共同实施。共同犯罪主体都是自然人的情况较为复杂。

（1）行为人都具有完全刑事责任能力，则可以实施任何共同犯罪行为。

（2）行为人中只一人达到刑事责任年龄，其余的未达到刑事责任年龄，则只构成单独犯罪，不构成共同犯罪。

（3）行为人中有一人或数人为限制行为能力人，其余为完全刑事责任能力人，则限制行为能力人只能在《刑法》第 17 条第 2 款规定的犯罪，即故意杀人、故意伤害致人重伤或死亡、强奸、抢劫、贩卖毒品、放火、爆炸、投放危险物质这 8 种重大恶性犯罪中，才能与其他人构成共同犯罪。

（4）一个具有刑事责任能力的人教唆或帮助一个没有相应刑事责任能力的幼年人或精神病人实施危害行为的，不构成共同犯罪。教唆者或帮助者是间接正犯，即间接实行犯，对于教唆者或帮助者而言，该幼年人或精神病人只是其手中的作案工具。因此，在这种情况下，教唆者或帮助者构成单独犯罪，而幼年人或精神病人则不构成犯罪。

（二）主观要件

根据我国刑法的规定，共同犯罪是共同故意犯罪。因而，共同的犯罪故意是共同犯罪必须具备的主观要件。所谓共同的犯罪故意，是指共同犯罪人通过意思联络，确知自己和他人共同实施某种犯罪，并且明知自己和他人的这种共同行为会发生危害社会的结果，并且希望或放任这种结果发生的主观心理态度。这种态度具体包括三层含义：①各共同犯罪人认识到自己不是一个人实施犯罪，而是和他人共同实施犯罪。②各共同犯罪人认识到这种共同犯罪行为会发生危害社会的结果。③各共同犯罪人都希望或放任这种结果的发生。

共同故意又包括共同直接故意和共同间接故意两种情况。实践中较为常见的是共同直接故意，即各共同犯罪人都希望危害结果发生的心理态度。但也存在共同间接故意的情况，即各共同犯罪人对危害结果均持放任的心理态度。此外，也有可能是直接故意与间接故意相结合的共同犯罪故意。

（三）客观要件

共同犯罪在客观方面表现为共同的犯罪行为。亦即各共同犯罪人实施的是相互联系、相互配合的犯罪行为，且该行为已经或将要导致同一危害结果的发生，各共同犯罪人的行为均可归属于同一犯罪构成的客观要件，是一个统一的犯罪活动整体。共同的犯罪行为涉及以下三方面的内容：①各共同犯罪人实施的行为都必须是犯罪行为，即违反刑律的、应当受到刑罚处罚的、严重危害社会的行为。如果行为人实施的是一般的违法行为，如共同扒窃到 450 元现金，则不构成共同犯罪。②各共同犯罪人实施的行为是相互配合的一个犯罪活动整体。各共同犯罪行为人的行为不一定都是实行行为，其行为表现形式及具体分工可能不同，但各行为往往相互配合，都是共同犯罪不可或缺的组成部分。如共同盗窃，一个望风，一个实施盗窃，尽管分工不同，但望风与盗窃的实施行为都是共同盗窃的不可分割的组成部分。③各共同犯罪人的行为共同导致了危害结果的发生，即共同的犯罪行为与危害结果之间有因果关系。在共同犯罪中，危害结果发生的原因是共同犯罪行为这样一个整体，各共同犯罪人的行为不能进行分割，否则，某些共同犯罪人的行为就不能成为原因。如甲与乙共谋杀丙，但在谋杀的实行行为中，甲因故未及时赶到现场，乙一人将丙杀害，此时，甲的行为就不能被孤立地看待，而应当将甲和乙的行为看作一个整体，即甲、乙的共同犯罪导致了丙的死亡。

共同犯罪行为有三种表现形式：一是共同的作为，这是共同犯罪的主要表现形式；二是共同的不作为；三是作为与不作为的相结合。

在共同犯罪中，也存在犯罪的不同形态，即共同犯罪的既遂、共同犯罪的未遂、共同犯罪的中止和共同犯罪的预备。一般情况下，共同犯罪与单独犯罪的犯罪形态的认定是相同的，但也有特殊情况。如上例所说，乙将丙杀害，显然是犯罪的既遂，但甲只实施了共谋行为，未完成杀丙的实行行为，但甲也不能认定为犯罪未遂。很显然，共同犯罪与单独犯罪之不同，在于共同犯罪行为是一个整体，在这样一个行为整体中，不可能既出现既遂又出现未遂的情形。由于法定的危害结果已发生，故在该案例中甲和乙的行为都成立犯罪的既遂，这是与单独犯罪的犯罪形态的不同之处。

三、不构成共同犯罪的几种情况

在司法实践中，有一些行为表面上看似乎为共同犯罪，但由于其不具备共同犯罪的成立条件，因而不是共同犯罪。通常有以下六种情况：

（一）二人以上的共同过失行为造成同一危害结果的

共同的过失行为是指二人以上各自的过失行为共同导致同一危害结果发生的情况。共同的过失行为只是一种巧合，各行为人在主观上并没有意思联络，当然也没有共同的犯罪故意，也不可能成为一个统一的犯罪活动整体。我国《刑法》第25条第2款规定："二人以上共同过失犯罪，不以共同犯罪论处；应当负刑事责任的，按照他们所犯的罪分别处罚。"例如甲和乙一起去某仓库盗窃，由于仓库黑暗，甲掏出打火机打火时，乙由于慌张将甲手中的打火机碰到地上，点燃了仓库里的易燃物品，酿成火灾。这里，甲与乙的行为并非故意为之，但火灾的发生却是二人的共同过失行为造成的，应当按照他们分别的过失行为承担刑事责任。

（二）一方故意与他方过失的行为共同造成同一危害结果的

由于某种原因，一方的故意行为与他方的过失行为共同导致了危害结果的发生。通常有两种情形：一是故意地教唆或帮助他人实施过失行为，二是过失地帮助他人实施故意犯罪行为。不管是哪一种情形，由于双方没有共同的犯罪故意，主观上缺乏意思联络，因而不构成共同犯罪，但需要追究刑事责任的，应按照他们实施的行为分别处理。

（三）二人以上同时对同一对象实施单独犯罪行为，但行为人之间没有犯意联络的

二人以上同时对同一对象实施了两个以上性质相同的单独犯罪行为，但行为人之间没有犯意联络的，这种情况在刑法理论上称为"同时犯"。由于行为人在主观上并没有进行意思联络，往往是各干各的，只是碰巧同时针对同一犯罪对象实施了性质相同的犯罪。例如，甲趁丙不在家之时，溜进丙家行窃，发现乙也在丙家偷东西，两人各

自偷了几千元的东西就分别走了。这里，甲和乙没有共谋盗窃，实施行为过程中也只是各自单独为之，因而只是两个单独犯罪在时间、地点上的巧合，应当根据他们实施的行为分别定罪量刑。此外，还可能是二人以上同时对同一对象实施故意犯罪，但故意的内容不同，即实施了两个性质不同的单独犯罪行为。如甲和乙均与丙有过节，同时向丙寻仇，但甲出于杀人的故意殴打丙，而乙则出于伤害的故意殴打丙，虽然是同时发生的，但甲、乙在主观上缺乏意思联络，因而不是共同犯罪，只能根据各自的罪过和行为进行定罪处罚。

（四）只有共同故意，但无共同行为的

在某些情况下，行为人之间产生了共同犯罪的故意，但具体行为的实施只有一人参与，只能认定为单独犯罪，但须以行为人之间的共谋不构成犯罪的预备行为为条件。如甲和乙约定共谋盗窃，但甲因故未去参加谋划与实施，乙一人实施了盗窃行为，则由乙一人单独构成盗窃罪。

（五）在共同犯罪中，超出共同故意范围的行为

在实施共同犯罪的过程中，行为人没有按事先约定的共同故意实施犯罪行为，而是在共同故意的内容之外，又产生了一个新的犯罪故意，并基于该故意实施了共同犯罪之外的其他犯罪行为，该行为是单独犯罪，只需要追究实施者的刑事责任。例如，甲和乙共同盗窃，甲发现屋里只有一个小保姆，遂将其强奸，则甲的强奸行为只由甲一人承担刑事责任。

（六）事前无通谋的窝藏、包庇行为

事前无通谋，而事后实施窝藏、包庇等行为帮助犯罪分子逃避侦查的，在犯罪分子实施犯罪行为前没有形成共同故意，因而不是共同犯罪，分别构成窝藏、包庇罪以及其他犯罪；如果事前通谋，由某一行为人在事后实施窝藏、包庇行为，则行为人之间已形成共同的犯罪故意，只不过是犯罪的分工不同而已。

四、司法实践中几种特殊共同犯罪的认定

（一）一方未实施刑法分则规定的构成要件行为能否构成共同犯罪的问题

甲、乙两人是好朋友。某日，甲找到乙借钱说急用，乙不愿借，称自己最近刚装修完房子无钱可借。想起甲以前有偷盗行为，乙便说："你以前那样搞钱不是挺容易吗？再去搞点就是了。"甲说担心被抓，乙又说丙这几年在广东干这个都发了，到现在也平安无事。甲听后又重操旧业，直至案发先时其后入室盗窃若干次，盗窃金额达4万余元。乙听闻过此事。审讯中甲供述，他是在听了乙的话后才再次实施盗窃行为的。乙则说，他明知自己的话可能会诱发甲的犯罪，但为了能拒绝借钱之事，他也管不了那么多了，至于甲是否真的会去盗窃，他并不关心。在该案中甲的行为构成盗窃罪毫无疑问，乙无具体实施盗窃的行为，能否构成盗窃罪共犯呢？

正如共同犯罪的犯罪故意不是单独犯罪故意的简单相加一样，共同犯罪的犯罪行为也不是单独犯罪行为的简单相加，而是不同犯罪人犯罪行为的有机结合。本案中，首先乙诱发甲犯罪行为的实施，主观上是故意而非过失。乙明知自己的行为可能会诱发甲的犯罪，但对甲是否真的会去盗窃并不关心，而只是对此持放任态度，因此，在主观上是一种间接故意。其次，乙的行为是指教唆行为。教唆行为是指唆使他人犯罪的行为，以制造犯意为特征。本案中，乙的一番话直接诱发了甲的犯罪，对甲实施盗

窃行为具有意图上的激发和精神上的鼓励作用，并且甲也正是因此而去实施了盗窃行为，因而乙的劝诱行为是一种教唆犯罪行为。因此根据刑法的规定，乙是甲盗窃罪的教唆犯，与甲共同构成盗窃罪。

（二）片面帮助犯如何定性的问题

甲是某大型家具城的营销人员，一日，乙以某广告公司业务员的名义来到甲所在的公司订购一批价值35万元的办公用品。甲的公司经理丙为慎重起见派甲到工商部门核查该广告公司资信情况，结果无这家公司。在此之前，甲由于在工作中不认真负责，被公司多次批评，便怀恨在心，想找机会报复然后离开公司。于是，甲隐瞒实情向公司报告该广告公司情况属实，丙听后便与乙签订了购销合同，在接受5万元预付款后，将35万元的办公用品发往乙指定地点。乙收货后，即以低价转手卖得15万元，随即逃匿。在该案中乙以非法占有为目的，以虚构的单位与他人签订合同，骗取他人财物，数额巨大，构成合同诈骗罪。但对甲的行为如何定性？能否构成合同诈骗罪的共犯呢？

根据共同故意的形式，共同犯罪分为全面共同犯罪与片面共同犯罪。所谓全面共犯是指共同犯罪人在客观上具有共同犯罪行为，在主观上具有全面的共同故意。片面共犯是共同犯罪的一种特殊形式，是指各犯罪人客观上虽然存在共同犯罪行为，但主观上只有片面的共同故意。所谓片面共同故意是指仅有单方或部分犯罪人对自己和其他犯罪行为人的犯罪行为和结果及其两者之间的因果关系有认识，其他犯罪行为人则仅对自己的行为、结果及其关系有认识，对客观上共同实施犯罪行为的其他人的行为、结果和其因果关系及与自己行为、结果之间的联系并不知晓。本案中，乙的行为构成合同诈骗罪。而对甲的行为的分析，首先，他是帮助犯。他明知乙以虚构单位的名义与其所在的家具城签订购销合同，骗取财物，但复仇心切，他在查询到该广告公司不存在时，本应如实告知经理，却故意隐瞒实情，帮助乙完成诈骗行为，所以是乙诈骗犯罪的帮助犯。其次，甲是片面共犯，虽然甲有共同的犯罪故意，暗中帮助乙实施诈骗犯罪。但乙对此并不知情，因此，甲是具有片面共同故意的片面共犯，所以甲应作为乙合同诈骗犯罪的共犯来定罪处罚。

（三）一方无特定身份，另一方利用特定身份实施的共同犯罪

甲为某学院主管基建财务处的副院长，2009年该学院兴建教学大楼，某建筑公司经理乙通过关系找到甲，表明想承建该工程，甲表示可以考虑，乙遂将2万元送给甲，遭甲拒绝。在随后的闲谈中，乙了解到甲的儿子出国留学，借了乙好朋友丙的1.5万元钱。乙当即表示愿意帮甲偿还这1.5万元，甲未置可否。数月后，乙找到丙，说明原委，拿出1.5万元交给了丙。丙收下了该钱，当晚打电话给甲，称院长太客气了，这么着急还钱，甲听后说，借钱应该还的。此后，甲在院办公会议上提议采用议标的方式决定由谁来承建教学大楼，并在会议上力主由乙的公司来承建，使乙最终获得该工程的承包权。

本案中，甲默许乙替其还钱的事实，反映了他主观上对发生这种结果的希望，因此甲具有接受乙贿赂的主观故意；在客观方面，甲虽未直接收受1.5万元，但乙替他履行了债务，使他获得1.5万元的收益。所以甲身为国家工作人员，利用职务便利，为他人谋取利益，从中收受贿赂，数额较大，其行为构成受贿罪。而丙是受贿罪的共犯：①在主观上，丙明知乙是为了承包工程有求于甲而替甲还款，知道自己接受乙1.5万元会导致甲接受贿赂行为发生，而希望这种结果发生，丙主观上具有帮助甲接受贿

赂的主观故意。②在客观方面，从形式上看，丙接受了乙替甲履行债务的行为；但在实质上，丙明知乙的还款是乙送给甲的贿赂款，甲对此款并不享有合法所有权。因此，丙与甲共同构成受贿罪。

（四）共同实行犯的结果犯中，一方既遂的，另一方能否构成未遂的问题

甲与乙共谋杀害丙，二人持猎枪埋伏在丙必经的一条偏僻的山路上。当丙出现时，二人准备共同开枪射击，但甲因紧张，未开枪即将枪滑落山沟，乙则开枪击中丙的胸部，丙因伤重不治而死。

犯罪既有完成形态，也有未完成形态。共同犯罪中，如果共同的行为因意志以外原因都未得逞，则可以构成整个共同犯罪的未遂。但如果仅是其中某一犯罪分子的行为未发生其意图的结果或者犯罪行为未能实行终了，则须区别不同情况分别对待。本案中，甲、乙合谋杀害丙，二人一起持猎枪进行伏击，是共同的实行犯。乙作为有刑事责任能力的自然人，主观方面有与甲共同杀害丙的故意；客观方面，与甲共同伏击丙，并开枪击中丙的胸部，致其重伤不治而亡。乙侵犯丙的生命权，构成故意杀人罪既遂。而甲主体上同样是具有刑事责任能力的自然人，主观方面有与乙共同杀害丙的故意，但他并未实施开枪行为，如何认定其犯罪形态？甲虽然未能开枪，但也应负刑责，这是由结果犯的特点决定的。对结果犯而言，犯罪人追求的是犯罪结果，而不是犯罪行为本身，只要犯罪结果发生，则其主观犯意就得以实现。本案中，甲、乙共同策划，一起伏击丙，二人的行为相互配合，有机联系。虽然是由乙开枪致死丙，甲未能开枪，但由于发生了丙死亡的结果，因此对甲也应认定为犯罪既遂。

（五）共同实行犯中的行为犯，一方既遂的，另一方能否构成未遂的问题

甲与乙合谋抢劫，发现某高档住宅内只有一名女子丙居住，二人便欲抢劫、强奸丙女。甲先强奸丙女，乙去搜寻财物。等乙再欲强奸丙女时，小区保安巡视发现了房内的异常响动，甲、乙遂逃走。

本案中甲、乙是强奸犯罪的实行犯，而且乙是实行犯中的行为犯。行为犯以实施一定的犯罪行为为其犯罪构成充足要件。对乙来说，主观上有自己实施强奸行为的故意，只有乙亲自实施了强奸行为，其主观故意才能实现，才能构成犯罪既遂，因此属于行为犯。对于行为犯要注意区分两种情况，一种是行为可分割的行为犯，如抢劫犯罪中，各行为人分工不同，相互配合，只要参与实施并完成了实行行为，则构成实行的既遂。另一种是行为不可分割的行为犯，如强奸、脱逃，行为本身不能分割成不同部分由不同人实施，而是具有人身特定性，与特定行为人不可分离，只能由行为人本身实施，行为具有不可替代性。犯罪人如果不实施该行为本身，而只是望风、帮助逃离等，则不能构成实行犯。本案中虽然甲、乙合谋强奸女子，且甲强奸既遂，但强奸罪是行为犯，且具有人身特定性，由于乙未能实施强奸行为，所以对乙来说，犯罪并没有得逞。综上，甲、乙共同犯有抢劫罪，同时两人合谋强奸女子，共同构成强奸罪，甲既遂，乙未遂。

（六）共犯中途脱离，如何定性的问题

甲与乙合谋绑架一富豪的10岁儿子丙，欲向其家人勒索赎金30万元。二人将丙骗出并强行带往事先已租好的民房。在路上，丙哭闹不止，甲心生怜悯，又担心案发受惩，提出放丙回家，但乙不同意，二人发生争执。甲遂离去。乙将丙带往邻县，在接受赎金时被抓获，丙获救。

犯罪中止是犯罪的一种未完成形态。犯罪中止是犯罪人在犯罪过程中自动放弃犯罪或自动有效地防止犯罪结果发生的一种犯罪形态。对共同犯罪而言，由于它是不同犯罪人共谋实施的犯罪，各行为人的行为之间具有有机联系。因此，对每一个犯罪人而言，犯罪并非仅指自己一人的犯罪行为，而是共同实施的整个犯罪。犯罪后果也是整个共同犯罪所造成的后果，要形成犯罪中止，犯罪人就不仅仅是放弃自己的犯罪，而且还要使整个共同犯罪都放弃，或者有效防止犯罪结果的发生。本案中甲、乙合谋绑架，并共同实施绑架行为，虽然甲中止了自己的行为，但并未中止乙的行为，绑架行为并未停止，仍得以完成。从主观上来看，甲虽离乙而去，但既未继续阻止乙的行为，也未向司法机关告发。因此，主观上仍然有让乙继续实施犯罪的故意。所以本案中，甲、乙二人共同构成绑架罪的既遂。

共同犯罪的形式

一、共同犯罪形式的概念

共同犯罪形式是共同犯罪的形成形式、结构形式以及共同犯罪人之间的结合方式的总称。共同犯罪的形成形式解决的是共同犯罪是如何形成的，以及法律对共同犯罪是否作了规定的问题；共同犯罪的结构形式解决的是共同犯罪内部是否有分工的问题；共同犯罪人的结合方式解决的是共同犯罪是否有一定的组织形式的问题。研究共同犯罪的形式，有助于我们更好地了解共同犯罪的特点及其社会危害性，同时也有利于区分各共同犯罪人在共同犯罪中的地位和作用，从而更好地确认各共同犯罪人的刑事责任。

二、共同犯罪形式的划分

从不同的角度，用不同的标准，可以将共同犯罪的形式进行不同的分类：

（一）任意的共同犯罪和必要的共同犯罪

这是从犯罪行为本身能否由一人单独完成的角度对共同犯罪形式所作的划分。

（1）任意共同犯罪是指依照刑法分则的规定可以由一人单独实施完成的犯罪却由二人以上共同实施所构成的共同犯罪。刑法分则所规定的犯罪，大部分都是既可以由一人实施，也可以由数人实施的犯罪，当数人共同实施犯罪时即为任意共同犯罪，如二人以上共同实施故意杀人罪、抢劫罪、盗窃罪等，均为任意共同犯罪。对于任意共同犯罪人的定罪处刑，须同时适用刑法总则关于共同犯罪的规定和刑法分则关于具体犯罪的规定。

（2）必要共同犯罪是指依照刑法分则的规定必须由二人以上共同故意实施才能构成的犯罪。也就是说，必要共同犯罪行为本身不能由一人实施，必须以二人以上作为成立犯罪的必要条件。根据我国刑法分则的规定，必要共同犯罪有以下两种形式：一是聚众性的共同犯罪。这种犯罪必须存在不特定的多数人的聚合行为，如聚众扰乱社会秩序罪、聚众斗殴罪、聚众持械劫狱罪等。这里需要注意的是，大多数聚众性的共同犯罪不对所有参与人都进行处罚，我国刑法规定只对其首要分子和积极参加或多次参加的予以处罚。二是有组织的共同犯罪。这是指三人以上共同实施的具有一定组织形式的犯罪。我国刑法总则规定了犯罪集团，分则规定了两类有组织的犯罪，即组织、领导、参加恐怖组织罪和组织、领导、参加黑社会性质组织罪。

（二）事前有通谋的共同犯罪和事前无通谋的共同犯罪

这是根据共同犯罪的共同故意形成的时间不同所作的划分。

（1）事前有通谋的共同犯罪是指共同犯罪人在着手实行犯罪行为之前已形成了共同犯罪故意的共同犯罪。这里的通谋是指共同犯罪人之间就犯罪的具体事项所进行的沟通、策划，达成一致的意见以便更好地实施犯罪行为。通谋可以以口头、文字或者行为的方式来进行，不管是哪一种形式，只要行为人是在着手实行犯罪行为之前进行的犯意沟通，即视为有通谋。事前有通谋的共同犯罪由于策划周密，较容易得逞，因而具有更大的危害性。我国刑法分则明确规定了一种事前有通谋的共同犯罪，即第310条第2款规定"犯前款罪，事前通谋的，以共同犯罪论处"。如果没有通谋，则该行为构成第310条规定的窝藏、包庇罪。

（2）事前无通谋的共同犯罪是指共同犯罪人在着手实行犯罪行为之前尚未形成共同犯罪的故意，而是在着手实行犯罪之际或实行犯罪过程中形成共同故意的共同犯罪。

（三）简单共同犯罪和复杂共同犯罪

这是根据共同犯罪人之间有无分工所作的划分。

简单共同犯罪是指共同犯罪人之间没有分工，都是直接实施某一具体犯罪构成要件的实行行为的共同犯罪。在刑法理论上又称为共同实行犯，即各共同犯罪人均为实行犯的共同犯罪。通常有三种情形：一是各共同犯罪人对同一对象实行相同的行为；二是各共同犯罪人对不同对象分别实行相同的行为；三是各共同犯罪人实行的是不同的行为，但都是某一具体犯罪构成要件的客观方面的实行行为。如甲、乙共同抢劫，甲持刀胁迫，乙劫走财物，此为第三种情形的简单共同犯罪。

复杂共同犯罪是指共同犯罪人之间存在组织、教唆、实行、帮助等分工的共同犯罪。在复杂共同犯罪中虽然存在分工的不同，但这种分工为的是更好地完成共同犯罪，使得犯罪行为更隐蔽。如组织犯负责整个犯罪的策划、指挥，作用非常重要，但案发后，往往难以察觉；教唆犯是通过唆使他人的行为来达到自己的犯罪目的；实行犯虽然直接实施犯罪的实行行为，但在组织犯的指挥下，在帮助犯的帮助下，也更容易逃避侦查；帮助犯通过其帮助行为使得犯罪能更顺利地完成。对于复杂共同犯罪人的刑事责任应按照他们各自在共同犯罪中所起的作用区别对待。

（四）一般共同犯罪和特殊共同犯罪

这是根据共同犯罪有无组织形式以及共同犯罪人之间结合程度的不同所作的划分。

一般共同犯罪是指共同犯罪人之间结合较为松散，没有特定组织形式的共同犯罪。一般共同犯罪通常是为了特定的犯罪目的，临时纠集在一起，一旦犯罪目的达到，这种犯罪的共同体便解散而不存在了。

特殊共同犯罪是指共同犯罪人之间结合紧密，有特定的组织形式的共同犯罪。特殊共同犯罪即我国刑法所规定的犯罪集团。犯罪集团是指三人以上为共同实施犯罪而组成的较为固定的犯罪组织。构成犯罪集团，必须具备以下条件：①主体须为三人以上。三人是犯罪集团的下限，但实践中犯罪集团的成员通常都不止三人，且有朝大型化发展的趋势。②具有明确的犯罪目的。犯罪集团往往是由于某个或某几个很明确的目的才形成的，如为了贩毒而组成的犯罪集团。③具有组织性。犯罪集团的成员通常较为固定，成员之间有分工，首要分子、骨干分子和一般成员在其中的地位和作用都不同，共同成立了一个有组织、有秩序的集体。④具有一定的稳定性。犯罪集团不是一种临时纠合在一起的共同犯罪，往往是在较长的时间内反复多次实施同一类或某几类犯罪行为的犯罪团体，因而犯罪集团的稳固性更强，其犯罪的组织形式也不会因为某一次犯罪的结束而解体，犯罪人之间的联系也更为紧密。同时具备以上条件的即构成犯罪集团。我国刑法分则明确规定了两类犯罪集团：恐怖组织和黑社会性质组织。

值得注意的是，司法实践中经常使用的"犯罪团伙"一词与犯罪集团不能完全等同。通常的处理方法是，符合犯罪集团的，按犯罪集团处理；不符合犯罪集团的条件的，按一般共同犯罪处理。

共同犯罪人的刑事责任

一、共同犯罪人的分类标准

共同犯罪人的分类，是指按照一定的标准，将共同犯罪人划分为不同的类别。由于各共同犯罪人在共同犯罪中所处的地位和所起的作用不尽相同，因此各共同犯罪人所承担的刑事责任也应有所区别。在实践中为了更好地解决共同犯罪人的刑事责任的归属问题，在刑事立法及理论上都有必要对其进行分类。共同犯罪人的分类有不同的标准，较常见的分类标准有两种：

（一）分工分类法

分工分类法是指以各共同犯罪人在共同犯罪中分工的不同，对共同犯罪人进行的分类。有二分法、三分法和四分法。二分法是把共同犯罪人分为正犯和从犯两类，正犯即实行犯，从犯包括教唆从犯与帮助从犯。三分法是把共同犯罪人分为正犯、教唆犯和从犯，或者分为实行犯、教唆犯和帮助犯。四分法是把共同犯罪人分为实行犯、组织犯、教唆犯和帮助犯。世界上绝大多数国家采取的都是分工分类法。

（二）作用分类法

作用分类法是指以各共同犯罪人在共同犯罪中所起的作用的不同，对共同犯罪人进行的分类。通常分为两类：主犯和从犯。但有观点认为胁从犯也应当是一类独立的共同犯罪人，即认为共同犯罪人按作用分类法可以分为主犯、从犯和胁从犯。

我国《刑法》第26条至第29条将共同犯罪人划分为主犯、从犯、胁从犯和教唆犯。这种分类法综合了以上两种分类标准，即以共同犯罪人在共同犯罪中所起的作用为主要依据，兼顾共同犯罪人的分工情况而进行的划分。

二、共同犯罪人的特征与刑事责任

（一）主犯的特征与刑事责任

1. 主犯的分类及其特征

根据《刑法》第26条第1款的规定，主犯是指组织、领导犯罪集团进行犯罪活动的或者在共同犯罪中起主要作用的犯罪分子。由此可知，主犯在我国分为两种情况：

（1）组织、领导犯罪集团进行犯罪活动的犯罪分子，即犯罪集团的首要分子。这一类主犯仅存在于犯罪集团之中，是在犯罪集团中起组织、策划、指挥作用的犯罪分子。从分工的角度而言，即为组织犯，他们在犯罪集团中处于核心地位，其活动包括组建犯罪集团、制订犯罪活动计划、安排集团成员的犯罪活动、指挥犯罪现场、为逃避侦查进行事后安排等。因而组织犯在集团犯罪中所起的作用极为重要，具有更严重的人身危险性，是我国刑法历来打击的重点。

（2）在共同犯罪中起主要作用的犯罪分子。这是指除犯罪集团的首要分子以外的、在共同犯罪中起主要作用的犯罪分子，具体包括三种类型。其一，在犯罪集团中起主要作用的犯罪分子，即犯罪集团的骨干分子。这类犯罪分子在犯罪集团中并不起组织、策划、指挥作用，而是在实施集团犯罪的过程中积极参与犯罪活动或直接实施犯罪的实行行为，使得犯罪活动由于其行为能够顺利完成。其二，某些聚众犯罪中起主要作用的犯罪分子。在这里必须区分如下三种不同的情况：一是所有参加者均构成犯罪的聚众犯罪。如我国《刑法》第317条规定的组织越狱罪、暴动越狱罪以及聚众持械劫狱罪等，这一类聚众犯罪的首要分子当然构成主犯；此外，虽然不起组织、策划、指挥作用但是在聚众犯罪中起了重要作用的积极参加者（如危害后果的直接造成者）也构成主犯。二是只有首要分子和积极参加者才构成犯罪的聚众犯罪。如《刑法》第290条规定的聚众扰乱社会秩序罪，这一类聚众犯罪的首要分子构成主犯，其他积极参加者构成从犯。三是只有首要分子才能构成犯罪的聚众犯罪。如《刑法》第291条规定的聚众扰乱公共场所秩序、交通秩序罪，这一类聚众犯罪中首要分子是犯罪成立的基本构成要件，因而只能说首要分子是犯罪人，但不是主犯。其三，在一般的共同犯罪中起主要作用的犯罪分子。通常是指在共同犯罪中起关键作用或直接实施犯罪的实行行为或犯罪情节特别严重的犯罪分子。

2. 主犯的刑事责任

根据我国刑法的规定，主犯的刑事责任应区分两种情况：犯罪集团的首要分子的刑事责任和其他主犯的刑事责任。两者在责任的承担上有所不同。

《刑法》第26条第3款规定："对组织、领导犯罪集团的首要分子，按照集团所犯的全部罪行处罚。"即犯罪集团的首要分子，须对集团所犯的全部罪行承担刑事责任。也就是说，首要分子必须对其所组织、领导的犯罪集团按照预谋犯罪的计划实施的所有罪行承担责任，而不限于其本人所实施的罪行。当然，对于集团成员超出犯罪集团预谋犯罪的计划所实施的罪行，不属于集团犯罪的范畴，因而对这一部分罪行，首要分子无须承担刑事责任。

《刑法》第26条第4款规定："对于第三款规定以外的主犯，应当按照其所参与的或者组织、指挥的全部犯罪处罚。"这里包括两种情况：第一，对聚众犯罪的首要分子，按照其所组织、指挥的全部犯罪处罚；第二，对犯罪集团中的骨干分子以及一般共同犯罪中的主犯，按照其所参与的全部犯罪处罚。

（二）从犯的特征与刑事责任

1. 从犯的分类及其特征

根据《刑法》第27条的规定，从犯是指在共同犯罪中起次要作用或者辅助作用的犯罪分子。由此可知，从犯包括两种情况：

（1）在共同犯罪中起次要作用的犯罪分子。这一类犯罪分子虽然直接实施了某种具体犯罪构成要件的实行行为，但是在共同犯罪过程中所起的作用不大，没有造成严重的危害后果或者情节较轻。

（2）在共同犯罪中起辅助作用的犯罪分子。从分工的角度来说，就是帮助犯。这一类犯罪分子并不直接实施具体犯罪构成要件的实行行为，而是为共同犯罪的实施提供便利条件，使犯罪活动得以顺利完成。如为犯罪提供工具、指示犯罪目标、事前通谋、帮助窝藏赃物等。

2. 从犯的刑事责任

关于从犯的刑事责任，《刑法》第27条第2款规定："对于从犯，应当从轻、减轻处罚或者免除处罚。"由于从犯在共同犯罪中起次要作用或辅助作用，因而其人身危险性相对较小，其行为的社会危害性也较轻，所以刑法对从犯采取了必减原则。同时由于实践中从犯所起作用的差别较大，因而对从犯也规定了弹性较大的处刑原则。至于对从犯到底应如何适用刑罚，则须综合考虑其在犯罪中所起作用的大小，所参与实施的共同犯罪的性质、犯罪情节等情况来确定。

（三）胁从犯的特征与刑事责任

1. 胁从犯的特征

根据《刑法》第28条的规定，胁从犯是指在共同犯罪中被胁迫参加犯罪的人。这里的"被胁迫"指的是行为人在暴力威胁或精神强制下被迫参与犯罪。被胁迫的人在这种情况下实施犯罪行为虽然主观上不完全愿意，但其意志自由并没有完全受限，其行为仍受自己的意志支配，因而其行为构成犯罪。胁从犯具有以下两个特征：①胁从犯是被胁迫而参加犯罪的，因而从主观上来说，行为人是不愿意或者不完全愿意实施犯罪行为的，只是由于他人的暴力威胁或精神强制而不得已为之，其主观恶性较小。②从客观上而言，胁从犯起的是次要或辅助作用，其社会危害性也较小。

在认定胁从犯时，应注意区分胁从犯和身体完全被强制的人之间的区别。身体完全被强制，则失去了意志自由，因而即使其行为造成了危害结果，但由于其主观上不具有罪过，该行为也不构成犯罪。如果被胁迫的行为符合紧急避险的条件，也不成立胁从犯。但对于起初是被胁迫参加犯罪，而后转变为积极主动犯罪的，则不能认定为胁从犯，应根据其在共同犯罪中所起的作用来认定为主犯或从犯。

2. 胁从犯的刑事责任

关于胁从犯的刑事责任，根据《刑法》第27条的规定，应当按照其犯罪情节减轻处罚或免除处罚。至于具体案件中胁从犯如何处刑，需要考虑其受胁迫的程度、所参加犯罪的性质、在共同犯罪中所起作用的大小等情况来确定。

（四）教唆犯的特征与刑事责任

1. 教唆犯的特征

根据《刑法》第29条的规定，教唆犯是指故意唆使他人实施犯罪的人。教唆犯具有以下两个特征：

（1）主观上必须有教唆他人犯罪的故意。教唆犯在主观上只能是故意，包括直接故意和间接故意，而不能是过失。这里的故意是指明知自己的教唆行为会引起他人的犯罪意图，进而实施犯罪，并且希望或放任他人实施犯罪这种危害结果的发生。教唆犯的故意由两方面因素构成：一是认识因素，即教唆人认识到自己的行为会引起被教唆人产生犯罪意图，并在该意图支配下实施犯罪行为，教唆人对自己这种教唆行为的危害性有足够的认识；二是意志因素，即教唆人希望或放任自己的教唆行为引起被教唆人的犯罪意图并实施犯罪。教唆犯在主观上通常为直接故意，但也存在间接故意的情形，如果是间接故意，则教唆犯成立的条件是被教唆人必须实施了所教唆的犯罪行为。

（2）客观上必须有教唆他人犯罪的行为。这里的"教唆"是指唆使他人产生犯罪意图。在实践中认定教唆行为可以从以下三个方面去理解：第一，教唆的内容只能是犯罪，并且必须是特定的犯罪行为，而不是笼统地叫他人去犯罪。如果教唆他人实施一般违法行为或不道德行为也不成立教唆犯。第二，教唆的方法可以多种多样，法律没有对此作出限制。一般而言，劝说、请求、授意、命令、利诱、鼓励、收买、刺激等都可以是教唆的具体方法。从表现形式上说，可以是口头的，也可以是书面的，甚至一个手势、一个眼神等举动都可以是教唆的具体表现。第三，教唆的对象是特定的。被教唆人只能是达到刑事责任年龄并具有刑事责任能力的人，也就是说，教唆不满14周岁的人犯罪或者教唆已满14周岁不满16周岁的人实施《刑法》第17条第2款规定的8种犯罪之外的其他犯罪的，或者教唆其他不具有刑事责任能力的人犯罪的，不构成教唆犯，在这种情况下，不存在共同犯罪，教唆者的行为是间接正犯，由其单独承担刑事责任。

2. 认定教唆犯应注意的问题

（1）对已决定实施犯罪的人进行言辞鼓励，坚定其犯罪信念的，不构成教唆犯，应视为对其犯罪的一种帮助。但对于已有犯罪意图、仍处于犹豫不决状态的人，通过言词激励，促使其下定犯罪决心，并进而实施犯罪的，应认定为教唆犯。

（2）被教唆人实施了超出教唆内容以外的犯罪行为，教唆人对超出部分不承担刑事责任。也就是说，被教唆人在实施所教唆之罪时，可能产生新的犯意，并进而实施另一个犯罪行为，对超出部分，教唆人不承担刑事责任。

（3）刑法明确规定某些教唆行为为独立犯罪时，不适用教唆犯的有关规定。如煽动颠覆国家政权罪中，煽动行为就不是教唆行为，而是一个独立的罪名。

（4）教唆犯应按照其所教唆之罪定罪处罚。教唆犯本身并不是一个独立的罪名，其性质的认定有赖于其所教唆之罪性质的认定。

3. 教唆犯的刑事责任

关于教唆犯的刑事责任，根据《刑法》第29条的规定，可以分为三种情况：

（1）教唆他人犯罪的，应当按照教唆犯在共同犯罪中所起的作用处罚。教唆犯在共同犯罪中起了主要作用的，按主犯处理；起了次要作用的，按从犯处理。但实践中，教唆犯起主要作用的居多，起次要作用的较少。

（2）教唆不满18周岁的人犯罪的，应当从重处罚。不满18周岁的未成年人由于其心理发育尚未成熟，容易受他人的暗示，而自身辨认是非的能力又较差，因而教唆未成年人犯罪的社会危害性也更大，对这一类教唆犯从重处罚是理所当然的。

（3）如果被教唆的人没有犯被教唆的罪，对于教唆犯，可以从轻或者减轻处罚。被教唆的人没有实施被教唆的罪，即教唆未遂，通常有以下情况：被教唆人拒绝了教唆人的教唆；被教唆人虽然接受了教唆，但事后又由于种种原因没有实施被教唆之罪；被教唆人虽然接受了教唆，但实际实施的并非被教唆之罪。在教唆未遂的情况下，教唆人的教唆行为已实行完毕，但由于教唆行为没有造成实际的危害结果，因而可以根据案件的具体情况对教唆犯从轻或减轻处罚。

单位共同犯罪

一、单位共同犯罪的概念与成立条件

单位共同犯罪，是指共同犯罪人中有单位参与实施犯罪行为的共同犯罪。单位共同犯罪的成立，须具备以下三个条件：①至少有一个共同犯罪人是单位。这是单位共同犯罪的主体要件。在单位共同犯罪中，可能所有的共同犯罪人都是单位，也可能一方为单位而他方为自然人，但不论哪一种情形，共同犯罪人中必须至少有一个是单位。②必须有共同的犯罪故意。不论是单位之间或者是单位与自然人之间的共同犯罪，共同犯罪人都必须有犯罪的共同故意，而单位的主观意志是由单位集体研究决定或者由负责人决定的。③必须有共同的犯罪行为。单位共同犯罪中单位参与犯罪有其特殊性，只能是在单位集体研究决定或由负责人决定的情况下由直接责任人与其他共同犯罪人一起实施共同犯罪行为。

二、单位共同犯罪的刑事责任

《刑法》第31条对共同犯罪人的刑事责任作了明确规定，这些规定也适用于单位共同犯罪，即单位共同犯罪也适用双罚制。在追究单位共同犯罪的刑事责任时，同样也适用刑法典关于共同犯罪的有关规定，必须分清实施犯罪的单位在共同犯罪中所起的作用，区分主犯、从犯，再根据具体犯罪确定其应承担的刑事责任。

【案例分析】

1. 甲、乙、丙、丁四人的行为构成犯罪。甲、乙、丙、丁事前同谋盗窃并共同实施盗窃犯罪，成立盗窃罪的共同犯罪。在共同实施盗窃过程中，乙因窝藏赃物、抗拒抓捕，当场对保安人员使用暴力，根据《刑法》第269条的规定，其盗窃行为转化为抢劫罪。共同犯罪指两人以上的共同故意犯罪，所以成立共同犯罪需要行为人具有共同犯罪的故意，而本案中甲、乙、丙、丁只有共同盗窃的故意，没有共同抢劫的故意，所以乙使用暴力超出甲、乙、丙、丁四人的共同故意，只对乙以抢劫罪定罪处罚，对甲、丙、丁三人以盗窃罪定罪处罚。

2. 根据刑法对共同犯罪人的分类及责任确定，在本案中，甲是共同盗窃的提议者，乙是积极参加者并实施了超出共同故意的抢劫行为。两人在共同犯罪中起了主要作用，是主犯，应从重处罚。丙在共同盗窃中为甲、乙放哨站岗，起了次要作用，应认定为从犯，应比照主犯从轻、减轻或免除处罚的原则。丁虽知甲、乙有盗窃恶习，但迫于乙的恐吓威胁参加了共同盗窃行为，实施了接送甲、乙、丙的行为，其行为符合刑法对胁从犯的规定，应减轻或免除其处罚。

【法律链接】

1. 《中华人民共和国刑法》（1997年）

第二十五条　共同犯罪是指二人以上共同故意犯罪。二人以上共同过失犯罪，不以共同犯罪论处；应当负刑事责任的，按照他们所犯的罪分别处罚。

第二十六条　组织、领导犯罪集团进行犯罪活动的或者在共同犯罪中起主要作用的，是主犯。

三人以上为共同实施犯罪而组成的较为固定的犯罪组织，是犯罪集团。

对组织、领导犯罪集团的首要分子，按照集团所犯的全部罪行处罚。

对于第三款规定以外的主犯，应当按照其所参与的或者组织、指挥的全部犯罪处罚。

第二十七条　在共同犯罪中起次要或者辅助作用的，是从犯。

对于从犯，应当从轻、减轻处罚或者免除处罚。

第二十八条　对于被胁迫参加犯罪的，应当按照他的犯罪情节减轻处罚或者免除处罚。

第二十九条　教唆他人犯罪的，应当按照他在共同犯罪中所起的作用处罚。教唆不满十八周岁的人犯罪的，应当从重处罚。

如果被教唆的人没有犯被教唆的罪，对于教唆犯，可以从轻或者减轻处罚。

第三十一条　单位犯罪的，对单位判处罚金，并对其直接负责的主管人员和其他直接责任人员判处刑罚。本法分则和其他法律另有规定的，依照规定。

2.《最高人民法院关于审理贪污、职务侵占案件如何认定共同犯罪几个问题的解释》（2000 年）

为依法审理贪污或者职务侵占犯罪案件，现就这类案件如何认定共同犯罪问题解释如下：

第一条　行为人与国家工作人员勾结，利用国家工作人员的职务便利，共同侵吞、窃取、骗取或者以其他手段非法占有公共财物的，以贪污罪共犯论处。

第二条　行为人与公司、企业或者其他单位的人员勾结，利用公司、企业或者其他单位人员的职务便利，共同将该单位财物非法占为己有，数额较大的，以职务侵占罪共犯论处。

第三条　公司、企业或者其他单位中，不具有国家工作人员身份的人与国家工作人员勾结，分别利用各自的职务便利，共同将本单位财物非法占为己有的，按照主犯的犯罪性质定罪。

【工作任务】

男子甲 50 岁，在街上行走时，看到一名相貌姣好但精神异常、衣不蔽体的女子在一墙角晒太阳。甲遂起歹念，回去喊来邻居乙的儿子丙（15 岁），告诉他："你想娶媳妇就把那女子领回来与其发生关系，之后那女子就是你的媳妇了"，并授意丙应该如何做，之后甲就回家了。后来丙按照甲的授意把女子领回家中与其发生了性关系。不久该女子被家人找到，家人遂向公安机关报案。

【问题】

1. 甲与丙是否构成共同犯罪？为什么？

2. 如果构成共同犯罪，甲、丙应承担怎样的刑事责任？

【拓展阅读】

1. 陈兴良．共同犯罪论（第二版）．北京：中国人民大学出版社，2006.

2. 陈志军. 共同犯罪的理论与实践. 北京：中国人民公安大学出版社，2012.

项目九　一罪数罪形态

【知识目标】

掌握罪数的概念与其数罪的类型。

【能力目标】

了解司法实践中一罪数罪的判断标准，并运用一罪数罪的原理分析实际问题。

【内容结构图】

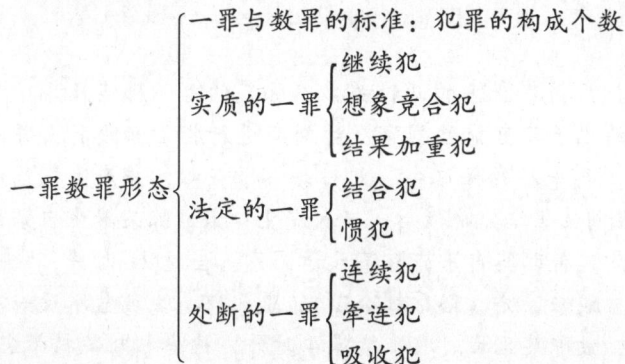

【案例导入一】

行为人甲持刀伤害同事乙之后仓皇逃跑，在逃亡途中甲由于缺钱缺粮，饥饿难耐，为了吃饭和筹措继续逃亡的路费，又盗窃了商店业主丙价值数万元的财物。

【问题】

甲的行为是一罪还是数罪？

【案例导入二】

刘某在家乡开办砖厂，生意往来中长期拖欠魏某的材料款达 2 万元。魏某多次催还未果，万般无奈之下将刘某拘禁于自己家中。数日后由于害怕被他人发现，魏某又将其先后转移至自己的工厂和亲戚王某处拘禁。

【问题】

刘某的行为是一罪还是数罪？

【案例导入三】

被告人何某、戴某两人携带撬棍、扳手、断线钳等作案工具，趁着夜色无人之机，潜到某变电站，先将此处高压线连接着的一台型号为 S9 - 30/10 的抽水灌溉用变压器上方的保险装置断开，隔断电源后剪去变压器上的电线，卸下固定螺丝，再将该变压器推倒在地。接着，两被告人撬开变压器，将变压器内的铜芯线圈盗走，其余部分弃于郊野。经鉴定，该被毁坏的变压器价值人民币 5 172 元，被盗走的变压器内铜线价值人民币 3 719.52 元，因电力设备遭到毁坏造成的直接和间接损失无法估量。

单元　犯罪

【问题】

对上述二被告应如何定罪？

【案例导入四】

王某虐待其体弱多病的父亲，经常打骂、冻饿、有病不给医，最终导致其父上吊自杀的严重后果。根据《刑法》第 260 条的规定，王某的行为构成虐待罪，本应处 2 年以下有期徒刑、拘役或管制。但由于其虐待行为导致其父死亡的后果，法院仍然以虐待罪判处王某有期徒刑 7 年。

【问题】

法院的判决是否正确？

【案例导入五】

陈某与被告人刘某二人长期保持不正当的两性关系。陈某的妻子孙某及儿子发觉后，极力阻止二人交往。陈某的儿子某日前往刘家，对刘某进行指责和殴打，并强令刘某、陈某各书写了一份二人不再来往的保证书。刘对此怀恨在心，并产生报复的想法。2003 年 1 月 30 日，陈某在刘某家吃完晚饭后，二人发生口角，陈某产生自杀的念头，刘某即提出以药物注射的方式帮助其自杀，陈某表示同意。当晚 21 时许，被告人刘某到医院拿回盐酸氯丙嗪、盐酸哌替啶（俗称杜冷丁）、氯化钾、生理盐水及一次性注射器，给陈某实施静脉注射，致陈某死亡。次日凌晨 4 时许，被告人刘某携带尖刀、擀面杖、硫酸等作案工具来到陈某家，用钥匙打开大门，进入孙某的卧室，持擀面杖猛击正在熟睡的孙某的头部。孙某惊醒后进行反抗，刘某又持刀砍击孙某的头、面部等部位，最后用双手卡住孙某的脖子，致孙某死亡。刘某作案后继续潜伏在陈家。当日上午 11 时许，陈某的儿子回家，刘某即将硫酸泼向陈某之子，陈某之子奋起反击，将刘某打昏于地，并打电话报警，刘某被公安人员当场抓获。

【问题】

对本案中的刘某应如何处罚？

【案例导入六】

被告人宁某为某银行职工，他发现某储户活期存款达 28 万元人民币后，即将该储户的姓名、账号和密码记录在一张纸条上，然后利用领取空白活期存折的机会，窃取了一张空白活期存折，并偷盖了本单位的储蓄专章，填写了与该储户存折相同的存款额 28 万元，接着又乘交接班之机，在伪造的存折上偷盖了本单位储蓄出纳李某、郭某的私章。尔后，凭伪造的存折与储户姓名、账号和密码提取人民币 279 999 元。

【问题】

对宁某的行为如何进行处罚？

【案例导入七】

万某以交朋友为名在一茶楼纠缠服务员方某，方某未予理睬。次日，万某又到该茶楼，见只有方某一人，就上前抱住方某，提出要与方某发生性关系。方某当场拒绝并呼救，万某采用捂嘴、卡脖子、语言威胁等手段，将方某抱到包房的沙发上，强行对方某进行搂抱、抠摸，强迫其口淫，并强行脱掉方某的裤子与方某发生性关系。

【问题】

对万某应如何定罪？

【基本原理】

一、一罪与数罪的标准

一罪即一个犯罪，数罪即数个犯罪。具体说来，所谓一罪，是指行为人基于一个或者多个罪过，实施一种危害行为，触犯了一个或者数个罪名的情况；所谓数罪，具体是指行为人基于数个罪过，实施了数种不同性质的危害行为，触犯了数种不同性质罪名的情况。由于法律规定的高度概括，而犯罪现象却是错综复杂的，定罪时经常会遇到犯罪人所犯罪行的罪数区分问题。正确区分一罪与数罪，不仅是刑法理论研究的重要内容，而且对立法、司法实践中的定罪量刑都有重要意义。

关于罪数的标准，历来是刑法理论界争议颇多的一个问题。客观主义标准说认为，犯罪的本质在于行为，所以，应当以行为人危害行为的个数来确定犯罪的个数；主观主义标准说认为，犯罪的主观故意或过失在先，犯罪行为的产生和对法益的侵害在后，行为都是在主观意志支配下的产物、因此，以故意或过失的多少作为确定罪数的标准才是恰当的；还有人认为犯罪行为归根结底是对法益（刑法保护的客体）的侵害，因此，行为人所侵害法益的个数就是区分一罪与数罪的标准。

本教材认为，犯罪是一系列主客观因素的统一体，认定犯罪和区分罪数也必须坚持主客观相统一的基本原则。上述客观主义的观点，倾向于从犯罪的客观方面来区分一罪与数罪；主观主义的观点则倾向于从犯罪的主观方面来区分一罪与数罪；法益侵害说看到了犯罪的本质在于对客体的侵害，以侵犯的法益个数作为判断一罪与数罪的标准，但客体在犯罪构成要件中也只是客观依据之一，同样也是一个不全面的标准。因此，在判断一罪与罪数标准的问题上，应坚持犯罪构成标准，即以犯罪构成的个数来区分一罪与数罪。如果行为人的行为符合一个犯罪构成，是一罪；如果行为人的危害行为符合两个以上的犯罪构成，则成立数罪。

二、实质的一罪

实质的一罪，是指行为人仅仅实施了一个犯罪行为，但形式上又具有数罪特征的犯罪类型。它包括继续犯、想象竞合犯和结果加重犯。

（一）继续犯

继续犯，也称持续犯，具体是指基于一个罪过，实施一个犯罪行为，并且该行为与其产生的不法状态在一定时间内同时处于持续状态的犯罪。我国《刑法》总则第89条规定："追诉期限从犯罪之日起计算；犯罪行为有连续或者继续状态的，从犯罪行为终了之日起计算。"这是继续犯的法律依据。刑法分则规定的重婚罪、非法拘禁罪、遗弃罪、脱逃罪、窝赃罪等都是典型的继续犯。

1. 继续犯的构成要件

（1）基于一个犯意，实施一个犯罪行为。继续犯在主观上的犯意，自始至终只有一个，并且只有一个行为，并不因该行为持续时间的长短或行为地点的变化而改变。

（2）犯罪对象同一。如果侵害的不是同一犯罪对象，则可能成立同种数罪。以项目九"案例导入二"为证，如果除魏某与刘某的债权债务关系、将刘某非法拘禁外，魏某与张某也有类似的债权债务关系并将其非法拘禁，由于危害行为所指向的对象并不同一，则魏某成立同种数罪，而不是一个非法拘禁罪。

（3）犯罪行为持续一定时间。继续犯一个很重要的特征就是对犯罪行为的持续时间有所规定，如果一个犯罪行为一经实行就告终止，不成立继续犯。比如，扣动扳机射杀被害人，这一行为是瞬时动作，不能认定为继续犯。至于时间持续应达到什么样的标准，法律没有明确规定，应当结合案情，根据犯罪的性质、情节及社会危害程度等情况进行具体分析。

（4）犯罪行为与不法状态同时继续。所谓不法状态，是指犯罪行为所引起的不法后果持续存在的状态。一般而言，任何一种既遂的犯罪行为都会引发不法状态的产生，而继续犯的特点是，这种不法状态是和犯罪行为同时发生、同时继续的，而不是在犯罪行为终止之后。例如，行为人盗窃后占有他人财产，是不法状态的持续，但并不是继续犯，因为不法状态持续之时，盗窃行为已经结束。与之相反，在非法拘禁罪当中，行为人拘禁他人的行为和被害人被非法拘禁的不法后果则是同时继续的。

2. 继续犯的处罚原则

对于继续犯，应当按照刑法分则的具体规定处罚，以一罪论处。犯罪行为持续时间的长短虽然是影响量刑的重要因素，但并不影响一罪的认定。

（二）想象竞合犯

想象竞合犯，也称想象的数罪，是指行为人实施了一个犯罪行为，同时触犯了两个以上异种罪名的犯罪。想象竞合犯在大陆法系国家是被普遍承认的，日本、德国、瑞士等国家的刑法典对其都有所规定。我国刑法虽然没有明文规定，但是在理论上和实践上也都是承认并重视想象竞合犯的。

1. 想象竞合犯的构成要件

（1）行为人实施了一个犯罪行为。这是想象竞合犯的客观要件。"一个行为"，是社会观念上的"一个行为"，换句话说，评价是否属于"一个行为"，应当基于社会中大多数人的一般见解。一个动作，一般认为是一个行为；一系列的动作，可能也是一个行为。例如，甲为了杀人而不法持有枪支并将乙杀害，属于一个杀人行为，没有必要将其分解为非法持有枪支及杀人两个行为。

（2）基于数个不同的具体罪过。这里的"罪过"，可以都是基于故意，也可以都是基于过失，还可以是故意和过失的结合。例如，甲枪击乙，意图将乙置于死地，但是枪支走火，乙毫发未伤，30米开外的丙却被击中导致重伤。甲的这一个行为，对乙的罪过显然是故意，对丙的罪过则是过失。

（3）一个行为触犯了两个以上的异种罪名，是指一个行为在形式上同时符合刑法分则所规定的两个以上具体的犯罪构成。例如，丁与戊一向不合，一日丁潜入戊家放火，使戊及其周围邻居的人身和财产安全受到了重大损害，丁的这一行为同时触犯了故意杀人罪和放火罪两个异种罪名。

2. 想象竞合犯的处罚原则

对于想象竞合犯，我国刑法理论界的通说主张"从一重处断原则"，即按照行为所触犯的数个罪名中较重的犯罪定罪量刑，不实行数罪并罚。这里的"重"，包括罪名之重和法定刑之重。

（三）结果加重犯

结果加重犯是指行为人实施了一个符合刑法分则所规定的基本犯罪构成的行为，但又发生了超出基本犯罪构成结果以外的更为严重的结果，刑法对此更为严重的结果又规定了加重法定刑的犯罪。

1. 结果加重犯的构成要件

（1）行为人实施了一个基本犯罪行为。这是成立结果加重犯的前提条件。所谓基本犯罪行为，是指行为人的犯罪行为已经符合刑法分则所规定的某种具体犯罪的全部构成要件。换句话说，如果没有其后出现的法定的加重结果，仅仅是这里的基本犯罪行为已经可以单独构成一罪。

（2）行为人实施的基本犯罪行为发生了法定的加重结果。这是结果加重犯区别于单纯一罪的重要特征。所谓法定的加重结果，是指法律上对超出该罪基本犯罪构成之外的危害结果进行加重处罚的规定。例如，抢劫致人重伤、死亡的，就是刑法中明文规定的法定加重结果。

（3）行为人因此受到刑法的加重处罚。对于结果加重犯，为体现罪责刑相适应的原则，我国刑法对其单独规定了较重的刑罚。比如，我国《刑法分则》第260条第2款指出："犯前款罪，致使被害人重伤、死亡的，处2年以上7年以下有期徒刑。"这一条文，就是关于虐待罪结果加重犯的处刑规定。

2. 结果加重犯的处罚原则

对于结果加重犯，应当按照刑法分则规定的具体犯罪的加重法定刑处罚，而不实行数罪并罚。

三、法定的一罪

法定的一罪是指刑法将本来是独立的数罪结合在一起，规定为一个新罪或规定按一罪处理的情形。它包括结合犯和惯犯。

（一）结合犯

结合犯是指数个相互独立的犯罪行为，基于刑法的明文规定，结合成另一独立的新罪。独立的犯罪行为危害了数个不同的社会关系，触犯数个罪名，是实际的数罪，但由于在实际生活中相互独立的犯罪行为经常同时发生或依次先后发生，相互之间又有时间或空间上的联系，立法上为了有利于打击犯罪，体现"罪刑相适应原则"的基本精神，遂将经常发生的相互联系的两个以上的犯罪结合为一个罪名。即形成"甲罪＋乙罪＝丙罪"这种结合犯的立法模式。当甲罪和乙罪在时间或空间上相互联系而发生时，既不按甲罪定罪量刑，也不按乙罪定罪量刑，而是按照刑法规定的丙罪定罪，并依照丙罪的法定刑量刑。由于我国刑法中并没有结合犯的规定，我国理论界经常拿日本刑法中"强盗强奸罪"的立法例来作为结合犯的示例，强盗罪和强奸罪分别是日本刑法中两种独立的犯罪，但由于实际生活中经常发生犯罪人在抢劫女性财物（强盗罪）的同时，又对被害人进行性侵害的情形，故法律上便把犯罪人在抢劫女性财物的同时，又对被害人进行性侵害的行为规定为强盗强奸罪，并对该罪规定了既不同于强盗罪，也不同于强奸罪的独立的法定刑。

1. 结合犯的构成要件

（1）存在数个独立的犯罪行为。数个独立的犯罪行为触犯了不同的罪名，属于性质不同的数个犯罪。

（2）数个独立的犯罪行为结合为一个新罪。数个独立的犯罪行为结合为新罪后，原本独立的犯罪失去意义，各自丧失了独立性，成为了新罪的一部分。

（3）其"结合"必须以刑法的明文规定为基础。如果没有刑法的明文规定，则不可能成立结合犯。

2. 结合犯的处罚原则

对于结合犯，按照新结合而成的独立新罪论处，而不实行数罪并罚。

（二）惯犯

惯犯，也称集合犯，是指行为人实施了多次的同种犯罪行为，但刑法上将其作为一罪论处的犯罪。在我国刑法理论中，惯犯主要包括常业惯犯与常习惯犯。常业惯犯是指行为人将一定的犯罪作为职业，将犯罪所得作为其生活来源的犯罪形态；常习惯犯是指行为人犯罪已成习性，反复实施某种犯罪而不能自拔的犯罪形态。我国 1979 年刑法规定了惯窃罪和惯骗罪，现行刑法中已将其取消。1997 年 11 月 4 日《最高人民法院关于审理盗窃案件具体应用法律若干问题的解释》第 5 条对惯窃罪是这样规定的："惯窃罪，是指盗窃已成习性，并以盗窃所得作为其挥霍或者生活的主要来源的犯罪行为。惯窃罪犯应同时具有盗窃恶习深、连续作案时间长、犯罪次数多、盗窃数额较大等基本特征。"具体认定惯窃罪，要以上述基本特征为前提，结合考虑行为人是否因盗窃罪被处罚过和其他情节。时隔 3 年以上，偶尔又犯盗窃罪的，不应按惯犯处理。

1. 惯犯的构成要件

（1）行为人主观上具有反复、多次实施同种犯罪行为的故意。如我国《刑法》第336 条规定的非法行医罪，行为人在非法行医时，具有明确的多次实施该犯罪行为的意图，不是以一次非法行医为目的，而是企图将此作为一种经常性行为反复实施。

（2）行为人客观上反复实施了同种犯罪行为。比如，按照我国《刑法》第 303 条的规定，"以赌博为业的"构成赌博罪，这里的赌博行为，一定是指反复实施而不是偶尔赌博。偶尔赌博，并不构成犯罪，应当以批评教育为主，情节严重的可以适用《治安管理处罚法》的相关规定。

2. 惯犯的处罚原则

对于惯犯，按照刑法分则所规定的具体犯罪的法定刑处罚，不实行数罪并罚。

四、处断的一罪

处断的一罪也称裁判的一罪，是指犯罪人实施了符合数个犯罪构成或者数次符合同一犯罪构成的行为，司法机关只将其定为一罪的犯罪类型。它包括连续犯、牵连犯和吸收犯。

（一）连续犯

1. 连续犯的概念及成立条件

连续犯是指行为人基于同一或者概括的犯意，连续实施性质相同的两个以上的犯罪行为，触犯同一罪名的犯罪。

连续犯的构成要件：

（1）行为人连续实施了两个以上的独立的犯罪行为。首先，行为人的犯罪行为在数量上必须是两个以上，否则就不符合"连续"之意；其次，在性质上，这些犯罪行为必须都是各自独立成罪的，每一行为都是符合一个完整的犯罪构成的；再次，在时间上，这些行为的实施应当满足"连续"的条件。值得强调的是，在认定"连续"时，单纯的时间上的间隔长短并不能作为判断是否为"连续"的唯一标准，还应当综合考虑犯罪行为的实际情况和刑法的特殊规定。犯罪行为的实际情况包括主、客观条件——犯罪的时间、地点、方法、犯罪所指向的对象以及行为人的主观意图等。同时，如果刑法明文规定以一罪论处的，可能属于惯犯，而不是连续犯。

（2）数个犯罪行为都是出于行为人同一的或者概括的犯罪故意。所谓同一的犯罪故意，是指行为人具有数次实施同一犯罪的意图；所谓概括的犯罪故意，是指行为人实施行为时并不具有明确的数次犯罪意图，而是在一般条件下，具有实施特定犯罪行为的意图。

（3）数个犯罪行为触犯同一罪名。数个犯罪行为触犯同一具体罪名是构成连续犯的必要条件。这里的同一罪名，也包括选择性的罪名。例如，刑法分则中规定了盗窃枪支、弹药、爆炸物罪，如果行为人基于概括的犯罪故意，先后连续实施了盗窃枪支、盗窃弹药或者盗窃爆炸物的行为，也应当视为触犯了同一罪名，以连续犯定罪量刑。

2. 连续犯的处罚原则

对于连续犯，按照刑法分则规定的具体犯罪的法定刑定罪处罚，以一罪论处，不实行数罪并罚。

（二）牵连犯

牵连犯，是指以实施某一特定犯罪为目的，但其方法行为或者结果行为同时又触犯了其他罪名的犯罪形态。

1. 牵连犯的构成要件

（1）行为人的犯罪目的单一。牵连犯中的行为人，虽然犯罪行为触犯了不同罪名，但其实施犯罪的目的单一，即只具有实施一种犯罪的主观意图。如果行为人具有实施两种以上不同犯罪的意图，则不是牵连犯，根据具体行为的不同可能构成结合犯等其他犯罪形态。

（2）行为人实施了数个独立的犯罪行为。在数量上，行为人必须实施了两个以上的犯罪行为，如果只实施了一个犯罪行为，则可能构成想象竞合犯。同时，在性质上，这些犯罪行为必须符合刑法分则规定的不同的犯罪构成要件，可以独立成罪，如果数个行为属于同种性质的犯罪，也不是牵连犯。例如，行为人甲以暴力手段抢劫他人财物，导致被害人受伤。这种情况下，故意伤害和夺取财物的行为同属于抢劫罪的构成要件，因此只应当认定为抢劫罪一罪，而不存在牵连犯的问题。

（3）数个独立的犯罪行为之间具有牵连关系。这是牵连犯区别于其他犯罪形态的最显著的特征。所谓牵连关系，是指行为人实施的数个犯罪行为之间，具有目的与手段或者原因与结果的关系。例如，行为人乙为招摇撞骗，伪造国家公文、证件，其伪造公文、证件的行为是手段行为，招摇撞骗、欺诈他人获取非法利益则是目的行为；行为人丙为绑架他人，在家中私藏枪支、弹药，则私藏枪支、弹药是结果行为，绑架他人是原因行为。

认定数行为之间是否具有牵连关系，必须遵循主客观相统一的标准。只有主观上具有牵连意图，并且客观上又具有目的行为与手段行为或者原因行为与结果行为的牵连关系，才可以成立牵连犯。

（4）数个行为触犯了不同罪名。牵连犯是数个不同性质行为之间的牵连，因此数个行为各自属于不同的犯罪构成，也就必然触犯不同罪名。如果触犯了相同罪名，则不能成立牵连犯。例如，某犯罪团伙抢劫铁路货运物资，为掩盖罪行、逃避惩处，先行盗窃了一辆卡车用来装运赃物，事后抛弃。在这种情况下，盗窃货运物资和卡车的行为，同属于盗窃罪的犯罪构成，因此不作为牵连犯论处，而应以盗窃罪一罪处罚。

2. 牵连犯的处罚原则

对于牵连犯，理论界的通说认为，除刑法有明文规定外均应当按照"从一重处断"的原则予以处罚。具体说来，该原则包括三种情形：一是从一重罪处罚，二是从一重罪并从重处罚，三是从一重罪并升格法定刑处罚。牵连犯涉及数种不同性质的犯罪行为，对社会造成的危害性相对其他犯罪形态显然更大，因此，"从一重处断"是合乎实际、公平合理的。

（三）吸收犯

1. 吸收犯的概念及成立条件

吸收犯，是指行为人实施了数个犯罪行为，数个犯罪行为之间具有吸收与被吸收的关系，仅成立吸收之罪的犯罪形态。

吸收犯的构成要件：

（1）行为人实施了数个犯罪行为。吸收犯中的犯罪行为，在数量上必须是两个以上，并且都是能够独立成罪的犯罪行为。至于是否必须要求性质相异，理论界有不同看法。本教材认为，只要是独立成罪的行为就可能构成吸收犯，并不一定要求性质互异。

（2）数个犯罪行为之间具有吸收与被吸收的关系。这是成立吸收犯的关键，也是吸收犯区别于牵连犯的显著特征。所谓吸收，也就是指包容、包含，如果一个犯罪行为能够被另一个犯罪行为包容，则前者成立被吸收之罪，后者成立吸收之罪。刑法上对这样的情形，只就整体给予一个评价，即以吸收之罪定罪量刑，而不作数罪并罚。

对于吸收关系，理论界一般认为有三种典型情况：一是重行为吸收轻行为，这种分类着眼于犯罪的社会危害性。如行为人以恶劣手段抗拒执法，导致执法人员死亡，这时，以故意杀人罪吸收妨碍公务罪。二是实行行为吸收预备行为，这种分类着眼于犯罪的客观方面。如行为人为了杀害他人而潜入被害人居所，以故意杀人罪吸收非法侵入住宅罪。三是主行为吸收从行为，这种分类一般存在于共同犯罪中。通常认为，共同犯罪中存在实行、教唆和帮助行为，其中，实行行为是主行为，而教唆和帮助行为是从行为，前者吸收后者，仅以主行为定罪量刑。

2. 吸收犯的处罚原则

对于吸收犯，按照吸收行为所构成的犯罪一罪定罪量刑，不实行数罪并罚。

【案例分析一】

在案例一中，行为人甲持刀伤害同事乙后，又盗窃了商店业主丙的财物，分别符合刑法分则所规定的故意伤害罪和盗窃罪的基本犯罪构成，构成了故意伤害罪和盗窃罪，因此是数罪，应按照刑法的规定数罪并罚。

【案例分析二】

在案例二中，魏某将刘某拘禁于自己家中。虽然其拘禁被害人的地点再三转移，但刑法上这仍是一个单纯的拘禁行为，只不过拘禁行为在数日内处于持续状态，持续侵害着刑法保护的刘某人身自由权这一客体，实质上仍是一个行为，只能认定一罪而不是数罪。

【案例分析三】

案例三中，被告人何某、戴某以非法占有为目的，采取秘密手段窃取正在使用中的变压器的铜芯线圈，数额特别巨大，构成盗窃罪；同时两被告的盗窃行为，也直接破坏了正在使用中的电力设备，危害了公共利益和公共安全，又触犯了刑法第118条破坏电力设备罪，应处3年以上10年以下有期徒刑。依照《刑法》的有关规定，并根据最高人民法院法释（1998）4号《关于审理盗窃案件具体应用法律若干问题的解释》第12条第2款"盗窃使用中的电力设备，同时构成盗窃罪和破坏电力设备罪的，择一重罪处罚"的规定，对上述被告应定破坏电力设备罪。

【案例分析四】

案例四中，王某虐待其父亲，情节恶劣，本已符合虐待罪的基本犯罪构成，应处2年以下有期徒刑、拘役或管制。但本案中，由于其行为最终导致其父上吊自杀这一超出虐待罪基本犯罪构成结果以外的致受害人死亡的更加严重的后果，刑法对此更加严重的后果规定："犯前款罪，致使被害人重伤、死亡的，处两年以上七年以下有期徒刑。"因此，法院对王某判处有期徒刑6年是适用了加重条款规定的加重法定刑的结果。

【案例分析五】

在案例五中，刘某基于报复的目的连续实施了3个故意杀人行为，先采取药物注射的方式直接动手杀害了陈某，此后又以暴力手段残忍地杀害了陈妻，其行为直接导致二被害人死亡。在杀死陈妻后，刘某继续守候在陈家欲杀死陈某的儿子，但因陈之子反击等意志以外的因素未能将其杀死，刘某的这一行为仍构成故意杀人罪，但系未遂。刘某的故意杀人行为虽然既有既遂又有未遂，但仍成立同一罪名，因此刘某的行为构成连续犯。连续犯的处断原则是按照一罪从重处断，故应对刘某以故意杀人罪一罪从重处罚。

【案例分析六】

宁某伪造存折是为了使用，即以伪造的存折骗取银行的财物，伪造与使用这两种犯罪行为之间具有牵连关系，前者是手段行为，后者是目的行为。由于票据诈骗罪的法定刑重于伪造金融票证罪，故按照处理牵连犯应从一重罪处断的原则，对于本案被告人的行为只定票据诈骗罪，不实行数罪并罚。

单元 犯罪

【案例分析七】

在强奸过程中，行为人万某强行对被害人进行抠摸、强迫口交等猥亵行为，虽符合强制猥亵罪的构成特征，但强奸行为是重行为，强制猥亵行为是轻行为，在强奸过程中，行为人对被害人进行抠摸等猥亵行为应由强奸行为吸收，只定强奸罪，不数罪并罚。

【工作任务】

运用所学故意犯罪形态的知识和技能，分析下列案例。

1. 被告人郑某酒后骑自行车回暂住地，途中见骑助动车经过该处的妇女金某单身一人，遂起歹念。郑某随即采用勾颈、拳击等暴力手段，将金某拖倒并拖拽至路边菜田里，欲行强奸。此时金某拿出人民币150余元及金质手链一条（价值人民币2 370元）并求饶。被告人郑某劫取上述财物后又采用打、拉等暴力手段，强令金某脱掉衣裤并将其拉至高速公路防护网边实施奸淫。由于金某的极力反抗及公路上有公安警车巡查，被告人郑某即对金某实施语言威胁并捆绑，后逃离现场，强奸未能得逞。次日晨，被告人郑某到犯罪现场取遗忘的自行车，被守候的公安联防人员抓获。

2. 林某因琐事受到嫂嫂言语的责备，当晚就开始想杀死哥哥的儿子郑某予以报复。但林某想到杀人要偿命，如果自己偿命，其母亲生活将无着落，遂预谋绑架郑某将其杀死后，再谎称人质在手向其哥嫂索要7万元，以供母亲生活。第二天，林某在一小吃店门口等到了来学校上课的郑某，骗说要带其去拿东西，然后用摩托车将郑某载至一荒废的果林处，将其杀害。之后，林某打电话给其哥哥，骗说郑某在其手上，要7万元来赎人。8日案发，林某被抓获。

3. 毒贩吕某在家中以300元的价格向徐某售卖0.5克海洛因。由于当时徐某的毒瘾已经开始发作，吕某遂将徐某带入客房让其吸食刚刚购买的毒品。公安机关接到举报后迅速出警，将吕某和徐某抓获。（我国刑法既规定了贩毒罪，又规定了容留吸食毒品罪。）

4. 郑某先后多次趁夜深人静之机，用铁钳、螺丝刀将他人汽车的前后车牌撬掉后盗走藏匿起来。然后，他用透明胶带把自己事先写好的纸条贴在车门玻璃上，纸条上写明"如想要回车牌，请汇200元钱！"等内容，并把手机号码及银行账号写在纸条上。不少车主因补办车牌手续复杂、费用也不低（200余元），不得已答应郑某的要求汇钱，换回车牌。就这样，郑某在短短几个月时间内连续作案30余次，盗窃各种车牌共计60余块，价值7 000余元，以此勒索钱财4 000余元，所得赃款全部被其挥霍。

【问题】

1. 案例1中被告人郑某的行为是一罪还是数罪？
2. 案例2中林某的行为是一罪还是数罪？
3. 案例3中毒贩吕某的行为是一罪还是数罪？为什么？
4. 案例4中郑某的行为是一罪还是数罪？

【拓展阅读】

1. 顾肖荣. 刑法中的一罪与数罪问题. 上海：学林出版社，1986.

2. 吴振兴. 罪数形态论. 北京：中国检察出版社，1996.

3. 姜伟. 犯罪形态通论. 北京：法律出版社，1994.

4. 庄劲. 犯罪竞合：罪数分析的结构与体系. 北京：法律出版社，2006.

5. 马克昌. 犯罪通论. 武汉：武汉大学出版社，1999.

单元

犯罪

单元三

刑 罚

项目一 刑罚与刑罚体系

【知识目标】

了解刑罚与其他法律制裁方法的区别，理解刑罚功能的概念与内容，掌握刑罚的概念与特征，理解对犯罪人适用刑罚的目的，掌握我国刑法关于各种主刑与附加刑的具体规定。

【能力目标】

正确适用我国刑法关于各种主刑与附加刑的具体规定，分析解决实际问题。

【内容结构图】

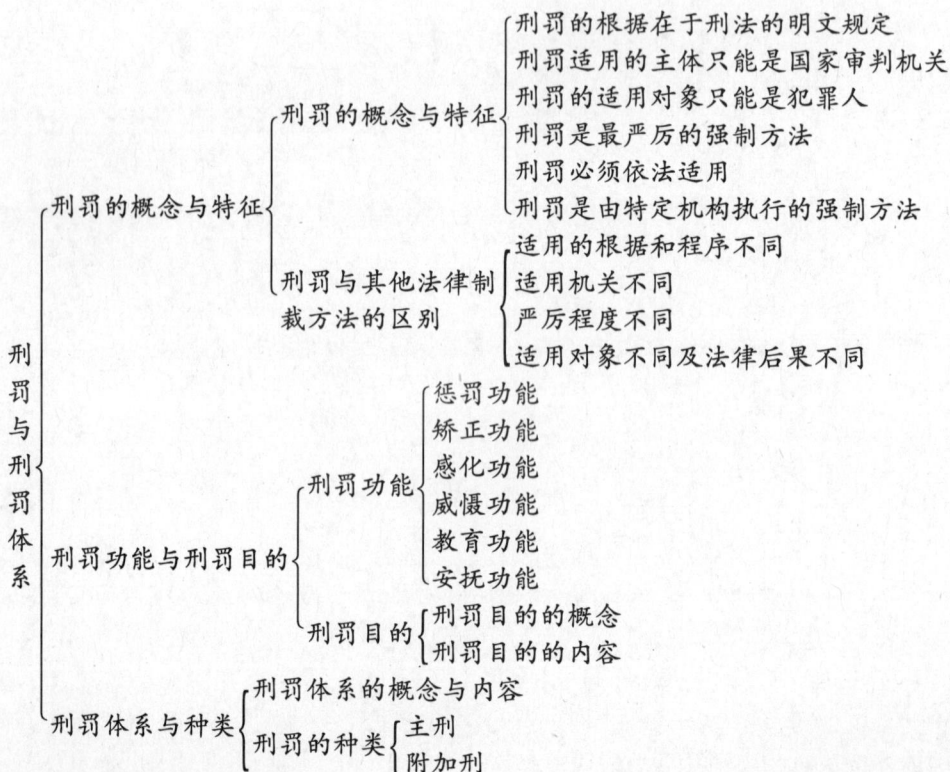

【案例导入】

2012 年 7 月 12 日，王某（1937 年 8 月 21 日生）与邻居李某（1940 年 3 月 9 日生）因琐事发生激烈争吵。晚上，王某喝酒后带着水果刀找李某报复，见到李某后，拔出水果刀朝李某的胸口连捅两刀，致其当场死亡。李某妻子张某回家看到这一幕，随即拨打报警电话，公安机关以王某涉嫌故意杀人为由将其逮捕。随后检察院以故意杀人罪向人民法院提起公诉，2012 年 8 月 22 日一审人民法院开庭审理，以故意杀人罪判处被告人王某死刑立即执行，剥夺政治权利终身。后二审法院对被告人王某改判为无期徒刑，剥夺政治权利终身。

【问题】

1. 王某能否被判处死刑立即执行？二审法院的改判是否正确？
2. 本案涉及哪些刑种？

【基本原理】

刑罚的概念与特征

一、刑罚的概念与特征

刑罚是刑法中明文规定的由国家审判机关依法对犯罪人所适用的限制或剥夺其某种权益的最严厉的法律制裁方法。我国刑罚具有以下特征：

（一）刑罚的根据在于刑法的明文规定

根据罪刑法定原则的要求，刑法总则必须对刑罚的种类、量刑的原则和情节等作出明确规定，刑法分则必须对各种具体犯罪的法定刑予以明文规定。对于刑法没有明文规定的制裁方法，便不能以刑罚之名适用于犯罪人。

（二）刑罚适用的主体只能是国家审判机关

刑罚的适用主体具有严格限制性。定罪量刑是国家审判机关的重要职权，在我国，刑罚适用的主体只能是人民法院。

（三）刑罚的适用对象只能是犯罪人

刑罚是对犯罪人的犯罪行为所作出的否定评价，是对犯罪人的道义谴责，它是因犯罪所产生的当然法律后果。与之适应，刑罚处罚的对象只能是实施犯罪行为的犯罪人，包括自然人或者单位。因此，犯罪人既是犯罪行为的实施者，也是刑罚的物质承担者。刑罚决不能适用于与犯罪无关的无辜者。

（四）刑罚是最严厉的强制方法

刑罚不仅可以剥夺犯罪人的财产权利和人身自由权利，而且还可以剥夺犯罪人的政治权利乃至生命权利。其他强制方法都不涉及政治权利和生命权利，即使有短期限制人身自由的措施，如司法拘留、行政拘留等，但其严厉程度都无法与刑罚相比。

（五）刑罚必须依法适用

为保证刑罚适用的准确性，刑事诉讼法规定了严格的诉讼程序。凡是未经法定程序或者违反法定程序而适用的刑罚，都是违法的。

（六）刑罚是由特定机构执行的强制方法

刑法和刑事诉讼法对刑罚执行的主体作了明确规定，死刑立即执行、罚金和没收财产由人民法院执行，死刑缓期两年执行、无期徒刑和有期徒刑由监狱及其他劳改场所执行，管制、拘役和剥夺政治权利由公安机关执行，其他任何机关和个人都无权执行刑罚。

二、刑罚与其他法律制裁方法的区别

法律制裁体系，通常由刑事制裁、民事制裁、行政制裁、经济制裁和妨害诉讼的强制措施等多种制裁措施构成。刑罚仅是整个法律制裁体系中的一种制裁措施，它与其他法律制裁方法的区别，主要表现为：

（一）适用的根据和程序不同

对犯罪人适用刑罚的法律根据是刑法和刑事诉讼法，而对民事违法者适用民事处罚的法律根据是民法和民事诉讼法，对行政违法者适用行政处罚的法律根据则是行政实体法和行政诉讼法。

（二）适用机关不同

刑罚只能由人民法院的刑事审判组织适用，而其他制裁方法的适用不局限于人民法院，还可以是其他机关或组织。如民事赔偿，人民法院可以适用，仲裁机关也可以适用。暂时剥夺人身自由的强制方法，人民法院可以适用，公安机关也可以适用。

（三）严厉程度不同

刑罚是所有的法律强制方法中最严厉的法律制裁方法，它不仅可以剥夺犯罪人的人身自由、财产、政治权利，而且还可以剥夺犯罪人的生命。其他的法律强制方法都不可能达到刑罚的严厉程度。

（四）适用对象不同及法律后果不同

刑罚仅适用于犯罪人，没有构成犯罪的人不能受到刑罚制裁；其他法律制裁方法只适用于民事、行政、经济违法者，即尚未构成犯罪的人。受过刑罚处罚的人，对其将来从事某种职业或者担任某些职务都会产生不利影响；当其重新犯罪构成累犯时，受到的刑事处罚将更为严厉。而仅仅受过民事、行政、经济处罚的人，将不会产生上述不利的影响。

刑罚功能与刑罚目的

一、刑罚功能

刑罚功能是指国家制定、适用、执行刑罚所直接产生的社会效应。刑罚不仅对犯罪人产生影响，对被害人及其家属、对社会上的不稳定分子以及广大人民群众都具有不可忽视的功能。刑罚主要具有以下功能：

（一）惩罚功能

刑罚是惩罚犯罪人的手段，它以剥夺犯罪分子的某种权益为内容，同时也体现着国家对犯罪分子的否定评价和严厉谴责。任何一种刑罚，无论轻重都不可避免地具有使犯罪分子产生痛苦和精神强制的功效与作用，使其产生抑制重新犯罪的意念。如果

刑罚不能给犯罪人造成痛苦，或者刑罚造成的痛苦小于因犯罪带来的利益，那么刑罚就不能有效地遏制犯罪。只有使犯罪人亲身体验刑罚的痛苦，感到犯罪得不偿失，才能使他们不敢轻易以身试法。刑罚正是通过这种对犯罪人的惩罚发挥其应有的作用的。

（二）矫正功能

刑罚对犯罪人的惩罚只是一种手段，刑罚的终极功能在于通过执行刑罚将犯罪人矫正成为社会的无害因素，使他们成功回归社会而不再危害社会。

（三）感化功能

感化功能是针对犯罪分子而言的，它主要体现了刑罚的教育性。刑罚的感化功能是指通过区别对待、宽大处理等一系列的政策与制度，使刑罚对犯罪分子产生心理上的感受和影响。具体来讲，首先，在刑罚的制定和适用上，刑法规定了一系列宽大措施，如自首、缓刑、减刑等刑罚制度和量刑情节。其次，在执行刑罚过程中，对犯罪人实行多方面的人道主义处遇，如在衣食、住宿、医疗、教育等各个方面体现出国家和社会对他们的宽容、关心和帮助。这些宽大措施和人道处遇，必然会对犯罪人产生强烈的感召力和心理影响，从而促使其消除抵触情绪，自我反省，真诚悔罪，自觉进行改造。

（四）威慑功能

刑罚的威慑功能，主要表现在对犯罪人的威慑功能和对社会上不稳定分子所产生的一种影响。首先，是刑罚对犯罪分子所产生的威慑，亲身体验受刑带来的痛苦，使罪犯对刑罚产生畏惧心理，不敢再次进行犯罪活动。其次，是对社会上的不稳定分子所产生的威慑作用，这种作用通常分为立法威慑和司法威慑。立法威慑是指国家用立法形式将罪刑关系确定下来，具体列举各种犯罪所应当受到的刑罚处罚，使社会上的危险分子望而生畏，不敢犯罪。司法威慑是指通过司法机关对犯罪分子适用和执行刑罚，使意欲犯罪者因目睹他人受刑之苦，从中受到警戒，从而起到预防犯罪、减少犯罪的作用。刑罚的威慑功能主要是通过公开审判制度以及法制宣传教育实现的。

（五）教育功能

刑罚的教育功能，通过刑罚的创制、适用及执行帮助犯罪分子以及其他社会成员划清罪与非罪的界限，从而提高法制观念。刑罚的教育功能表现在两个方面：一方面是通过刑罚惩罚，教育和改造犯罪人，使他们重新做人；另一方面是通过刑罚惩罚，教育广大人民群众，使他们知道什么是犯罪，什么是刑罚，从而敢于同犯罪作斗争，以维护宪法和法律的尊严。

（六）安抚功能

刑罚的安抚功能是指通过对犯罪人适用刑罚，对被害人和其他社会成员所产生的安慰、抚慰和补偿作用。由于犯罪人的危害行为往往会造成被害人在肉体上、精神上或财产上的巨大损失和痛苦，造成被害人对犯罪者产生仇恨的情绪，以及他们严惩犯罪分子的强烈要求。因此，国家对犯罪人适用刑罚和执行刑罚，可以满足被害人的正义要求，使他们的精神创伤得以抚慰，尽快从犯罪所造成的痛苦之中解脱出来，使被害人及其亲属在心理上获得平衡。

二、刑罚目的

（一）刑罚目的的概念

刑罚目的是指国家制定、裁量、执行刑罚所追求的效果。刑罚目的对整个刑罚的运行有重要意义，表现为：①刑罚目的制约着刑事立法，是刑事立法指导思想之一，刑罚目的一经确定，就会有与之相适应的刑罚体系，作为其赖以实现的手段。②刑罚目的决定着刑罚的适用，直接影响着刑罚裁量的结果，审判人员在刑种、刑期及量刑幅度的选择上，都受它的影响。③刑罚目的指导刑罚的执行，刑罚的执行是刑事责任得以最终落实的重要环节，也是实现刑罚目的的关键所在，只有行刑的方式、内容、制度等一系列环节都与刑罚目的相符合，行刑的效果才能更好。

（二）刑罚目的的内容

我国刑罚的目的是预防犯罪，它包括特殊预防和一般预防。

特殊预防又称个别预防，是指通过对犯罪分子适用刑罚，剥夺他们继续犯罪的条件，并将其改造为守法公民，不再重新犯罪。特殊预防的特殊之处就在于其预防对象的特定性，即只能针对特定的已然犯罪人。从其概念中可以看出，特殊预防包含两层内容：一是剥夺犯罪分子继续犯罪的条件，排除犯罪对社会再次侵害的可能性。人民法院根据犯罪事实，依据刑事法律对犯罪分子的行为进行评价和判断，定罪量刑判处一定的刑罚永远地或在一定期限内剥夺其人身自由，或处以财产刑、生命刑等刑罚，排除犯罪人再次对社会直接构成危害的可能。二是通过使用刑罚把犯罪分子改造成为守法公民，不致再危害社会。这种改造应该是在惩罚的前提下强制进行的，一方面它借助刑罚的特别威慑功能，对犯罪人进行震慑，使之不敢再实施犯罪；另一方面通过对犯罪分子进行教育改造，彻底消除其人身危险性，改变其易于实施犯罪的性格，而不仅仅使其心理产生痛苦和恐惧，如此，犯罪人就不愿意再试犯罪，从而使社会关系得到最终保护。

一般预防是指通过国家在刑法中规定犯罪应当受到刑罚惩罚以及对犯罪分子适用刑罚来威慑、警戒、教育社会上所有的人，防止人们走上犯罪道路。它所针对的是所有未试犯罪的人，即未然犯罪人。刑罚的一般预防作用表现在：①通过制定、适用和执行刑罚，威慑和教育社会上的危险分子和不稳定分子，抑制他们的犯罪意念，使他们不敢以身试法。②通过制定、适用和执行刑罚，对广大公民进行法制教育，同时鼓励广大公民同犯罪作斗争。③通过制定、适用和执行刑罚，表明国家对犯罪的惩罚，从而安抚被害人及其亲属，平息他们的报复情绪，避免私人报复行为，预防由此导致的犯罪发生。

刑罚的体系与种类

一、刑罚体系的概念与内容

刑罚体系是指由刑法所规定的并按照一定次序排列的各种刑罚方法的总和。刑罚体系，是刑法规定的各种刑罚方法构成的统一体，这些刑罚方法按一定次序排列，具有严谨的内部结构，形成一个有机的整体，从而能够有效地发挥刑罚的功能，实现刑罚的目的。

根据刑法的规定，我国的刑罚方法分为主刑与附加刑两大类。这种分类实际上是依据各种刑种能否独立适用而作出的划分。

所谓主刑是指只能独立适用的刑罚方法，不能附加适用；一个罪只能适用一个主刑，不能同时有两个以上主刑。根据《刑法》第 33 条的规定，我国的刑法中主刑包括管制、拘役、有期徒刑、无期徒刑和死刑。

所谓附加刑是指既可以独立适用也可以附加于主刑适用的刑罚方法。我国《刑法》第 34 条规定了罚金、剥夺政治权利与没收财产三种附加刑；第 35 条规定了适用于外国人的驱逐出境刑，这是一种特殊的附加刑。

此外，在刑法理论中也有根据具体刑种的不同性质，将其分为生命刑、自由刑、财产刑和资格刑四种。生命刑是剥夺犯罪人生命的刑罚方法，即死刑，是最严厉的一种刑罚方法。自由刑是剥夺或限制犯罪人人身自由的刑罚方法，包括无期徒刑、有期徒刑、拘役和管制等，它是运用最广泛的一种刑罚。财产刑是剥夺犯罪人财产的刑罚方法，包括罚金、没收财产。资格刑是指剥夺犯罪人行使某些权利和资格的刑罚方法，如剥夺政治权利、驱逐出境等。

二、刑罚的种类

（一）主刑

1. 管制

管制，是指限制犯罪人的一定自由但不予以关押，而是交由公安机关执行和群众监督改造的一种刑罚方法。管制作为一种刑罚方法，是我国特有的一种轻刑，它具有以下特点和内容：

（1）管制适用于罪行较轻无须关押的犯罪人。

（2）对犯罪分子不予关押，不剥夺其人身自由。被判处管制的犯罪分子在服刑期间，不羁押在监狱、看守所等执行场所中，仍留在原单位或居住地，也不离开自己的家庭，不中断与社会的交往。对罪犯不予以关押，是管制刑与其他刑罚方法的重要区别。

（3）限制犯罪人的一定自由。根据《刑法》第 39 条和《刑法修正案（八）》第 2 条第 3 款、第 4 款的规定，被判管制的犯罪分子，在刑罚执行期间其自由受到以下限制：①遵守法律、法规，服从监督。②未经执行机关批准，不得行使言论、出版、集会、结社、游行、示威自由的权利。③按照执行机关规定报告自己的活动情况。④遵守执行机关关于会客的规定。⑤离开居住的市县或者迁居，应当报经执行机关批准。被管制的犯罪分子享有除被限制之外的各项权利，如选举权、在劳动中同工同酬等。⑥判处管制，可以根据犯罪情况，同时禁止犯罪分子在执行期间从事特定活动，进入特定区域、场所，接触特定的人。⑦违反第 2 款规定的禁止令的，由公安机关依照《中华人民共和国治安管理处罚法》的规定处罚。

（4）对犯罪人的限制有一定的期限。《刑法》第 38 条第 1 款规定："管制的期限，为三个月以上两年以下。"《刑法》第 69 条规定："在数罪并罚的情况下，管制最高不能超过三年。"管制的刑期，《刑法》第 41 条规定："从判决执行之日起计算；判决执行以前先行羁押的，羁押一日折抵刑期两日。"根据《刑事诉讼法》第 208 条的规定，判决在发生法律效力后执行。这里的判决执行之日，应当是指判决的生效之日。这里的羁押，是指在判决以前的刑事诉讼过程中对犯罪人暂时关押的强制措施，一般指刑事拘留和逮捕。根据《刑法》第40条的规定，管制期满，执行机关应当向被判处管制的犯罪人本人和所在单位或者居住地的群众宣布解除管制，并且发给本人解除通知书。

（5）管制的执行机关是公安机关。《刑法》第38条和《刑法修正案（八）》第2条第2款规定，被判处管制的犯罪分子，由公安机关执行。管制的执行方式是社区矫正。

2. 拘役

拘役，是指短期剥夺犯罪人的人身自由，由公安机关就近执行并对其实行强制劳动改造的刑罚方法。拘役是介于管制与有期徒刑之间的一种较轻的主刑，在我国刑法中适用相当广泛。

拘役具有如下特点与内容：

（1）拘役主要适用那些罪行较轻，但又必须短期剥夺其人身自由进行劳动改造的犯罪人。

（2）剥夺犯罪人的自由。即将犯罪人关押于特定场所，使其丧失人身自由，并对其进行劳动改造。

（3）剥夺自由的期限较短。根据《刑法》第42条和第69条的规定，拘役的期限为1个月以上6个月以下。数罪并罚时，最高不得超过1年。可见，拘役的上限刑期与有期徒刑的6个月的下限刑期相衔接，使刑罚体系更为连贯和严密。此外，根据《刑法》第44条的规定，拘役的刑期从判决执行之日起计算，判决执行以前先行羁押的，羁押一日折抵刑期一日。

（4）由公安机关就近执行。根据《刑法》第43条第1款的规定，被判处拘役的犯罪分子，由公安机关就近执行。这一规定包括两个意思：一是拘役的执行机关是公安机关，二是就近执行。就近执行，是指将犯罪人安置在所在地的县、市或市辖区的公安机关设置的拘役所执行；对没有建立拘役所的，安排在离犯罪人所在地较近的监狱执行；如果犯罪人所在地附近没有监狱的，可将其安排在看守所执行。对置于监狱或看守所执行拘役的犯罪人，要实行分管分押，以防止交叉感染。

（5）犯罪人享有一定的待遇。被判处拘役的犯罪分子在执行期间享有两项待遇：一是执行期间每月可以回家1天到2天，路费自理。路途较远的可以累计使用假期。二是参加劳动的，可以酌量发给报酬。

3. 有期徒刑

有期徒刑，是指剥夺犯罪分子一定期限的人身自由，并强制进行劳动改造的刑罚方法。

有期徒刑具有以下特点和内容：

（1）有期徒刑属于自由刑，刑罚幅度变化大，它是我国适用最广泛的刑罚方法，从较轻犯罪到较重犯罪，都可以适用，我国刑法分则中凡规定法定刑的条文，都规定了有期徒刑。

（2）剥夺犯罪人的自由。即将犯罪人关押于特定场所，使其丧失人身自由。

（3）对犯罪人自由的剥夺具有一定的期限。根据《刑法》第45条、第50条、第69条的规定，有期徒刑的期限为6个月以上15年以下。但是，有两种情况例外：第一，判处死刑缓期执行的，在死刑缓期执行期间，如果确有重大立功表现，2 年期满以后，可减为 15 年以上 20 年以下有期徒刑。第二，数罪并罚时，有期徒刑的最高期限可达 25 年。此外，根据《刑法》第 71 条的规定，犯罪分子在服刑期间又犯新罪，按"先减后并原则"，犯罪分子实际执行的期限可能超过 15 年，甚至超过 20 年。关于有期徒刑刑期的计算，《刑法》第 47 条规定："有期徒刑的刑期，从判决执行之日起计算；判决执行以前先行羁押的，羁押一日折抵刑期一日。"

（4）执行机关为监狱或其他执行场所。在我国，有期徒刑的执行场所有以下两种：①监狱。监狱是主要的执行有期徒刑的机关。②其他执行场所。其他场所是除监狱以外用以执行有期徒刑的机关，主要是未成年犯管教所。另外，根据《刑事诉讼法》第 213 条的规定，对于被判处有期徒刑的罪犯，在被交付执行刑罚前，剩余刑期在 1 年以下的，由看守所代为执行。

（5）强制罪犯参加劳动，接受教育和改造。根据《刑法》第 46 条的规定，被判处有期徒刑的犯罪分子，无论在何种场所执行，凡有劳动能力的，都应当参加劳动，接受教育和改造。

4. 无期徒刑

无期徒刑，是指剥夺犯罪分子终身自由，强制其参加劳动并接受教育和改造的一种刑罚方法。在我国刑罚体系中，无期徒刑介于有期徒刑和死刑之间，是仅次于死刑的一种严厉的惩罚方法。它主要适用于那些罪行严重，又不必判处死刑，但需要与社会永久隔离的犯罪分子。

无期徒刑具有以下特点与内容：

（1）剥夺犯罪分子的终身自由。应当注意的是，无期徒刑虽然剥夺犯罪分子终身自由，关押没有期限，但在实际执行中，并不一定把犯罪分子关押到死，而是给其悔过自新、重新做人的机会。根据我国刑法规定，被判处无期徒刑的犯罪分子，在服刑期间如果符合法定条件，可予以减刑或假释。在国家发布特赦令的情况下，符合特赦条件的无期徒刑罪犯，也可以被特赦释放。

（2）判决执行前羁押的期限不能折抵刑期。由于无期徒刑本无期限而言，因而被判处无期徒刑的罪犯在判决执行以前的羁押时间不存在折抵刑期的问题。

（3）强迫罪犯参加劳动和接受教育改造。根据《刑法》第 46 条的规定，被判处无期徒刑的罪犯除了无劳动能力的以外，都要在监狱或其他执行场所中参加劳动，接受教育和改造。

（4）必须附加剥夺政治权利终身。因为无期徒刑的适用对象是罪行严重的犯罪分子，所以根据《刑法》第 57 条的规定，对被判处无期徒刑的犯罪分子，不可孤立地适用无期徒刑，必须附加剥夺政治权利终身。

5. 死刑

死刑，又称生命刑，是指剥夺犯罪分子生命的刑罚方法，包括死刑立即执行和死刑缓期执行两种情况。死刑是刑罚体系中最严厉的惩罚手段，也称极刑。

在世界范围内，死刑存废之争由来已久。随着刑罚发展进入到博爱时代、科学时代，废止死刑成为世界刑罚轻刑化发展趋势的一项重要内容。我国在 1997 年修订刑法时权衡死刑的利弊得失，考虑到我国严峻的社会治安形势，从与严重刑事犯罪作斗争的实际出发，保留了死刑，但是严格限制死刑的适用条件。我国现行刑法从死刑的适用范围、适用对象、核准程序、死刑缓期执行等方面严格控制死刑的实际适用，比较好地体现了我国一贯采取的少杀、慎杀的刑事政策。

（1）死刑的适用条件。

为限制死刑的适用，我国刑法对死刑的适用条件分别在总则和分则中进行了规定。从总则的规定来看，首先，《刑法》第48条明文规定："死刑只适用于罪行极其严重的犯罪分子。"因此，在决定是否适用死刑时，必须坚持主客观相统一的原则，全面衡量案件的所有情节，慎重判断犯罪人的情节是否极其严重。其次，总则中还规定了死刑缓期执行制度。这意味着在"罪行极其严重"的情况下，实际上也不是一律都处死，对其中符合死刑缓期执行条件的，应适用死刑缓期执行，而不能适用死刑立即执行。从分则规定看，首先，我国刑法分则对可以判处死刑的犯罪及适用情节方面的要求均作了明确的规定，从而使《刑法》第48条第1款的原则规定得到具体落实。其次，除个别分则条文外，死刑与无期徒刑等刑罚方法共同构成一个量刑幅度，即死刑并非绝对确定的法定刑，而是作为选择刑来规定的，这就意味着对极其严重的犯罪，也不是要求绝对适用死刑。

（2）死刑的适用对象。

《刑法》第49条规定："犯罪的时候不满十八周岁的人和审判的时候怀孕的妇女，不适用死刑。"《刑法修正案（八）》第3条规定："在刑法第四十九条中增加一款作为第二款：'审判的时候已满七十五周岁的人，不适用死刑，但以特别残忍手段致人死亡的除外。'"这两款规定将3种人排除在死刑的适用对象范围之外：①犯罪的时候不满18周岁的人。首先，这里的18周岁，是指实施犯罪行为时不满18周岁，而并非审判时不满18周岁。其次，所谓不适用死刑，是指不能判处死刑，而不是暂不执行死刑，待年满18周岁以后再执行。最后，对犯罪时不满18周岁的人不适用死刑，既包括不适用死刑立即执行，也包括不适用死刑缓期两年执行。②审判的时候已满75周岁的人。首先，这里的75周岁，是指审判时已满75周岁而非实施犯罪行为时已满75周岁。其次，所谓不适用死刑，既指不执行死刑，也指不判处死刑。最后，不适用死刑，既包括不适用死刑立即执行，也包括不适用死刑缓期两年执行。③审判的时候怀孕的妇女。首先，这里的审判时怀孕，既包括人民法院审判的时候被告人怀孕的情况，也包括被告人在审判前羁押时已经怀孕的情况。应当注意的是，对于怀孕的妇女无论是在羁押时还是在受审期间，都不应当为了要判处死刑而强制其做人工流产；已经人工流产的，仍应视同审判时怀孕的妇女，不得判处死刑。根据最高人民法院《关于对怀孕妇女在羁押期间自然流产审判时是否可以适用死刑问题的批复》，首先，怀孕妇女因涉嫌犯罪在羁押期间自然流产后，又因同一事实被起诉、交付审判的，应当视为"审判的时候怀孕的妇女"，依法不适用死刑。其次，对于审判时怀孕的妇女不适用死刑，是指不能判处死刑，而不是暂不执行死刑，待其分娩后再执行。最后，对怀孕的妇女不适用死刑，也包括不能适用死缓。

（3）死刑的适用程序。

首先，关于死刑案件的管辖，根据《刑事诉讼法》第20条的规定，死刑案件只能由中级以上人民法院进行一审，即基层人民法院无权判处被告人死刑。其次，关于死刑的核准程序，根据《刑法》第48条以及《刑事诉讼法》第200条至202条的规定，死刑除依法由最高人民法院判决的以外，都应当报请最高人民法院核准。其中由中级人民法院判处死刑的第一审案件，被告人不上诉的，应当由高级人民法院复核后，报请最高人民法院核准。高级人民法院判处死刑的第一审案件，被告人不上诉的，以及判处死刑的第二审案件，也应当报请最高人民法院核准。死刑缓期执行的，可以由高级人民法院判决或核准。另外，最高人民法院判处和核准的死刑立即执行的判决，应当由最高人民法院的院长签发执行死刑的命令。

（4）死刑缓期执行制度。

我国《刑法》第48条第1款规定："对于应当判处死刑的犯罪分子，如果不是必须立即执行的，可以判处死刑，同时宣告缓期两年执行。"由此可见，死刑缓期执行是指对犯罪分子判处死刑同时宣告缓期2年执行，强迫劳动，以观后效的情形。死刑缓期执行是死刑中的一种过渡性处理方法，属于死刑的一种执行制度，简称死缓制度，它与死刑立即执行共同构成死刑这一刑罚方法，而不是轻于死刑的一个独立刑种。死缓制度是我国刑事立法的一个独创。这一制度的确立，对于贯彻少杀政策，缩小死刑的实际适用范围，促使犯罪分子悔罪自新具有十分重要的意义。

根据《刑法》第48条的规定，适用死缓必须同时具备两个条件：一是罪该处死。这是适用死缓的前提条件，它表明适用死缓的对象和适用死刑的对象均是罪行极其严重的犯罪分子。二是不是必须立即执行。这是区分死刑缓期执行与死刑立即执行的原则界限，是适用死缓的本质条件。

《刑法》第50条规定："判处死刑缓期执行的，在死刑缓期执行期间，如果没有故意犯罪，两年期满以后，减为无期徒刑；如果确有重大立功表现，两年期满以后，减为二十五年有期徒刑；如果故意犯罪，查证属实的，由最高人民法院核准，执行死刑。"据此，对于被判处死刑同时宣告缓期2年执行的犯罪人，最终有3种处理结果：①在死刑缓期执行期间，如果没有故意犯罪，2年期满以后，减为无期徒刑。②在死刑缓期执行期间，如果确有重大立功表现，2年期满以后，减为25年有期徒刑。③在死刑缓期执行期间，如果故意犯罪，查证属实的，由最高人民法院核准，执行死刑。

根据《刑法》第51条的规定，死刑缓期执行的期间，从判决确定之日起计算。死刑缓期执行减为有期徒刑的刑期，从死刑缓期执行期满之日起计算。

（二）附加刑

附加刑，又称从刑，是补充主刑适用的刑罚方法。附加刑的特点是既可以附加适用，也可以独立适用。在附加适用时，可以同时适用两个以上的附加刑。附加刑是相对于主刑的另一类刑罚方法，具体包括罚金、剥夺政治权利、没收财产以及驱逐出境四种。

1. 罚金

罚金是人民法院判处犯罪分子向国家缴纳一定数额金钱的刑罚方法。罚金主要适用于贪利性犯罪以及与财产有关的犯罪。此外也适用于一些妨害社会管理秩序的犯罪。刑法分则对于罚金刑的规定有以下四种方式：一是单科罚金制。即规定对犯罪人只能判处罚金，而不能适用其他刑罚方法。单科罚金仅仅适用于单位犯罪。二是选择罚金制。即规定将罚金作为一种与有关主刑并列的刑罚方法，由人民法院根据犯罪的具体情况选择适用。三是并科罚金制。即规定在对犯罪人判处主刑的同时附加适用罚金，包括必须附加适用和可以附加适用两种情形。四是复合罚金制。即将罚金的单处与并处同时规定在一个法条之内，以供选择适用。

我国刑法关于罚金数额的规定，可以划分为以下五种类型：一是无限额罚金。即刑法对某一犯罪只是规定处以罚金，不规定罚金的具体数额限度，而是由人民法院根据犯罪情节自由裁量罚金的具体数额。二是限制罚金。即刑法对其数额的上限和下限都作了具体规定，人民法院必须在规定的数额幅度内裁量罚金。三是比例罚金。即以犯罪金额的百分比决定罚金的数额。四是倍数罚金。即以犯罪金额的倍数决定罚金的数额。五是倍比罚金。即同时以罚金的比例和倍数决定罚金的金额。

罚金由第一审人民法院执行。犯罪分子的财产在异地的，第一审人民法院可以委托财产所在地人民法院代为执行。根据《刑法》第53条的规定，罚金的执行包括以下五种方式：一是一次缴纳。即犯罪分子在判决指定的期限内将罚金一次缴纳完毕。二是分期缴纳。即犯罪分子在判决指定的期限内分数次将罚金缴纳完毕。三是强制缴纳。即判决确定的交纳期限届满，犯罪分子有能力交纳而拒不缴纳，人民法院采取查封、拍卖财产、冻结存款等措施，强制其缴纳。四是随时缴纳。是指对于不能全部缴纳罚金的犯罪人，人民法院在任何时候发现被执行人有可以执行的财产应当随时强制犯罪人缴纳。五是减免缴纳。是指由人民法院酌情减少或免除犯罪人应缴纳的罚金数额的一种罚金执行方式。如果犯罪分子遭遇不能抗拒的灾祸，如因自然灾害而丧失财产、因重病或伤残而丧失劳动能力、家属患重病需要支付巨额医药费等，人民法院根据犯罪分子的申请，可以酌情减少或免除原判决的罚金数额。

2. 剥夺政治权利

剥夺政治权利，是指剥夺犯罪人参加国家管理和政治活动权利的刑罚方法。剥夺政治权利是一种资格刑，根据《刑法》第54条的规定，剥夺政治权利是指剥夺犯罪分子的下列权利：①选举权和被选举权；②言论、出版、集会、结社、游行、示威自由的权利；③担任国家机关职务的权利；④担任国有公司、企业、事业单位和人民团体领导职务的权利。

剥夺政治权利作为一种附加刑，既可以附加适用，也可以独立适用。当它附加适用时，适用于刑法总则规定的较重的罪犯，主要是三种犯罪分子：①对于危害国家安全的犯罪分子应当附加剥夺政治权利。②对于故意杀人、强奸、放火、爆炸、投毒、抢劫等严重破坏社会秩序的犯罪分子，可以附加剥夺政治权利。根据有关司法解释，对故意伤害、盗窃等其他严重破坏社会秩序的犯罪，犯罪分子主观恶意较深、犯罪情节恶劣、罪行严重的，可以附加剥夺政治权利。③对于被判处死刑、无期徒刑的犯罪分子，应当附加剥夺政治权利终身。剥夺政治权利独立适用时，是一种不剥夺人身自由的轻刑，适用于较轻的犯罪。根据《刑法》第56条第2款的规定，剥夺政治权利的独立适用由刑法分则加以规定。刑法分则条文中没有规定独立适用附加剥夺政治权利的，不得独立适用剥夺政治权利。

根据《刑法》第55条、第57条的规定，剥夺政治权利的期限有以下四种情况：①判处管制附加剥夺政治权利，剥夺政治权利的期限与管制的期限相等，同时执行，即3个月以上2年以下。②判处拘役、有期徒刑附加剥夺政治权利或者单处剥夺政治权利的期限，为1年以上5年以下。③判处死刑、无期徒刑的犯罪分子，应当剥夺政治权利终身。④死刑缓期执行减为有期徒刑，或者无期徒刑减为有期徒刑的，附加剥夺政治权利的期限改为3年以上10年以下。

根据《刑法》第55条第2款、第58条的规定，剥夺政治权利刑期的计算有以下四种情况：①判处管制附加剥夺政治权利的，剥夺政治权利的刑期与管制的刑期相同，同时起算。②判处拘役附加剥夺政治权利的，剥夺政治权利的刑期从拘役执行完毕之日起计算；在拘役执行期间，不享有政治权利。③判处有期徒刑附加剥夺政治权利的，剥夺政治权利的刑期从有期徒刑执行完毕之日或者假释之日起计算；在有期徒刑执行期间，不享有政治权利。④死刑缓期执行减为有期徒刑，或者无期徒刑减为有期徒刑时，附加的剥夺政治权利终身减为3年以上10年以下，该剥夺政治权利的刑期，应从减刑以后的有期徒刑执行完毕之日或者从假释之日起计算，在主刑执行期间，不享有政治权利。

剥夺政治权利由公安机关执行。根据《刑法》第58条第2款的规定，被剥夺政治权利的犯罪分子，在执行期间，应当遵守法律、行政法规和国务院公安部门有关监督管理的规定，服从监督并且不得行使《刑法》第54条规定的各项权利。

3. 没收财产

没收财产，是指将犯罪分子个人所有财产的一部分或者全部强制无偿地收归国有的刑罚方法。它是我国刑罚体系中最重的附加刑。

刑法分则规定的没收财产的犯罪，主要有以下四类：①危害国家安全罪。根据《刑法》第113条规定，对所有的危害国家安全罪都可以并处没收财产。②严重的经济犯罪。③严重的财产犯罪。④其他严重的刑事犯罪。对这些犯罪分子适用没收财产，是为了剥夺他们继续犯罪的物质基础。

根据我国《刑法》第59条的规定，没收财产的范围应从以下三方面确定：①没收财产可以是没收犯罪分子所有的全部财产，也可以是没收犯罪分子所有的部分财产。是没收全部还是部分，应由人民法院根据犯罪的性质、情节以及案件的其他具体情况决定。②没收全部财产的，应当对犯罪分子个人及其抚养的家属保留必需的生活费用，以维持犯罪分子个人和所抚养的家属的生活。③在判处没收财产的时候，不得没收属于犯罪分子家属所有或者应有的财产。所谓家属所有的财产，是指所有权明确归属犯罪分子家属的财产。所谓家属应有的财产，是指在犯罪分子家庭成员的共有财产中，应当属于家属的那一部分财产。

没收财产的判决，无论是附加适用还是独立适用，均由人民法院执行；在必要的时候，可以同公安机关执行。

以没收的财产偿还债务的问题，《刑法》第60条规定："没收财产以前犯罪分子所负的正当债务，需要以没收的财产偿还的，经债权人请求，应当偿还。"据此，在没收财产的执行中，以没收的财产偿还债务，应当具备以下条件：①必须是犯罪分子在没收财产以前所负的债务。②必须是正当的债务。③必须经债权人请求。

4. 驱逐出境

驱逐出境，是指强迫犯罪的外国人离开中国国（边）境的刑罚方法。它是一种专门适用于犯罪的外国人的特殊的附加刑。所谓外国人，是指不具有中国国籍的人，包括具有外国国籍的人和无国籍的人。刑法之所以规定驱逐出境这种刑罚方法，是为了预防犯罪的外国人再次在我国犯罪。我国是一个独立的主权国家，在我国境内的一切外国人都必须遵守我国的法律。外国人在我国境内犯罪，除依照《刑法》第11条规定享有外交特权和豁免权的外国人的刑事责任可通过外交途径解决外，一律适用我国刑法。

我国《刑法》第 34 条规定的附加刑的种类中，并没有包括驱逐出境。但是《刑法》第 35 条规定："对于犯罪的外国人，可以独立适用或者附加适用驱逐出境。"由此可见，驱逐出境既可以独立适用也可以附加适用。因其符合附加刑的基本特征，是一种仅适用于犯罪的外国人的特殊附加刑。

【案例分析】

　　本案中，被告人王某犯故意杀人罪，罪名成立。对其能否适用死刑，首先要正确理解我国《刑法修正案（八）》第 1 条和第 3 条规定的老年人判处死刑的适用原则。"已满 75 周岁的人故意犯罪的，可以从轻或者减轻处罚；审判的时候已满 75 周岁的人，不适用死刑，但以特别残忍手段致人死亡的除外。"由此规定可以看出，我国刑法对老人犯罪实行的是从宽处罚的原则。只有在"以特别残忍手段致人死亡"的情况下才有可能被判处死刑。本案被告人王某虽然在犯罪的时候不满 75 周岁，但在审判时已满 75 周岁。至于他杀人手段是否特别残忍，由于没有对这一限制条件作出明确而具体的规定，本案不宜轻率作出"以特别残忍手段致人死亡"的结论。所以，一审法院以故意杀人罪判处被告人王某死刑立即执行，剥夺政治权利终身是错误的；结合相关法律规定，二审法院对被告人王某改判为无期徒刑，剥夺政治权利终身是正确的。

　　《刑法》第 57 条规定："对于被判处死刑、无期徒刑的犯罪分子，应当剥夺政治权利终身。"本案中对被告人王某判处无期徒刑，剥夺政治权利终身，适用了主刑与附加刑两种刑罚。一种是主刑——无期徒刑；另一种是附加刑——剥夺政治权利终身。

【法律链接】

　　《中华人民共和国刑法》（2011 年修正）

　　第十七条　已满七十五周岁的人故意犯罪的，可以从轻或者减轻处罚；过失犯罪的，应当从轻或者减轻处罚。

　　第三十八条　管制的期限，为三个月以上两年以下。被判处管制的犯罪分子，由公安机关执行。

　　判处管制，可以根据犯罪情况，同时禁止犯罪分子在执行期间从事特定活动，进入特定区域、场所，接触特定的人。

　　对判处管制的犯罪分子，依法实行社区矫正。

　　违反第二款规定的禁止令的，由公安机关依照《中华人民共和国治安管理处罚法》的规定处罚。

　　第三十九条　被判处管制的犯罪分子，在执行期间，应当遵守下列规定：（一）遵守法律、行政法规，服从监督；（二）未经执行机关批准，不得行使言论、出版、集会、结社、游行、示威自由的权利；（三）按照执行机关规定报告自己的活动情况；（四）遵守执行机关关于会客的规定；（五）离开所居住的市、县或者迁居，应当报经执行机关批准。对于被判处管制的犯罪分子，在劳动中应当同工同酬。

　　第四十条　被判处管制的犯罪分子，管制期满，执行机关应即向本人和其所在单位或者居住地的群众宣布解除管制。

　　第四十一条　管制的刑期，从判决执行之日起计算；判决执行以前先行羁押的，羁押一日折抵刑期两日。

第四十二条　拘役的期限，为一个月以上六个月以下。

第四十三条　被判处拘役的犯罪分子，由公安机关就近执行。在执行期间，被判处拘役的犯罪分子每月可以回家一天至两天；参加劳动的，可以酌量发给报酬。

第四十四条　拘役的刑期，从判决执行之日起计算；判决执行以前先行羁押的，羁押一日折抵刑期一日。

第四十五条　有期徒刑的期限，除本法第五十条、第六十九条规定外，为六个月以上十五年以下。

第四十六条　被判处有期徒刑、无期徒刑的犯罪分子，在监狱或者其他执行场所执行；凡有劳动能力的，都应当参加劳动，接受教育和改造。

第四十七条　有期徒刑的刑期，从判决执行之日起计算；判决执行以前先行羁押的，羁押一日折抵刑期一日。

第四十八条　死刑只适用于罪行极其严重的犯罪分子。对于应当判处死刑的犯罪分子，如果不是必须立即执行的，可以判处死刑同时宣告缓期两年执行。死刑除依法由最高人民法院判决的以外，都应当报请最高人民法院核准。死刑缓期执行的，可以由高级人民法院判决或者核准。

第四十九条　犯罪的时候不满十八周岁的人和审判的时候怀孕的妇女，不适用死刑。

审判的时候已满七十五周岁的人，不适用死刑，但以特别残忍手段致人死亡的除外。

第五十条　判处死刑缓期执行的，在死刑缓期执行期间，如果没有故意犯罪，两年期满以后，减为无期徒刑；如果确有重大立功表现，两年期满以后，减为二十五年有期徒刑；如果故意犯罪，查证属实的，由最高人民法院核准，执行死刑。

第五十一条　死刑缓期执行的期间，从判决确定之日起计算。死刑缓期执行减为有期徒刑的刑期，从死刑缓期执行期满之日起计算。

第五十二条　判处罚金，应当根据犯罪情节决定罚金数额。

第五十三条　罚金在判决指定的期限内一次或者分期缴纳。期满不缴纳的，强制缴纳。对于不能全部缴纳罚金的，人民法院在任何时候发现被执行人有可以执行的财产，应当随时追缴。如果由于遭遇不能抗拒的灾祸缴纳确实有困难的，可以酌情减少或者免除。

第五十四条　剥夺政治权利是剥夺下列权利：（一）选举权和被选举权；（二）言论、出版、集会、结社、游行、示威自由的权利；（三）担任国家机关职务的权利；（四）担任国有公司、企业、事业单位和人民团体领导职务的权利。

第五十五条　剥夺政治权利的期限，除本法第五十七条规定外，为一年以上五年以下。判处管制附加剥夺政治权利的，剥夺政治权利的期限与管制的期限相等，同时执行。

第五十六条　对于危害国家安全的犯罪分子应当附加剥夺政治权利；对于故意杀人、强奸、放火、爆炸、投毒、抢劫等严重破坏社会秩序的犯罪分子，可以附加剥夺政治权利。独立适用剥夺政治权利的，依照本法分则的规定。

第五十七条　对于被判处死刑、无期徒刑的犯罪分子，应当剥夺政治权利终身。在死刑缓期执行减为有期徒刑或者无期徒刑减为有期徒刑的时候，应当把附加剥夺政治权利的期限改为三年以上十年以下。

第五十八条　附加剥夺政治权利的刑期，从徒刑、拘役执行完毕之日或者从假释之日起计算；剥夺政治权利的效力当然施用于主刑执行期间。被剥夺政治权利的犯罪分子，在执行期间，应当遵守法律、行政法规和国务院公安部门有关监督管理的规定，服从监督；不得行使本法第五十四条规定的各项权利。

第五十九条　没收财产是没收犯罪分子个人所有财产的一部分或者全部。没收全部财产的，应当对犯罪分子个人及其抚养的家属保留必需的生活费用。在判处没收财产的时候，不得没收属于犯罪分子家属所有或者应有的财产。

第六十条　没收财产以前犯罪分子所负的正当债务，需要以没收的财产偿还的，经债权人请求，应当偿还。

【工作任务】

2010年3月28日凌晨3时许，甲携带毒品从西昌乘坐昆明开往西安的K166次旅客列车，欲将毒品运往西安。当列车运行在西昌至普雄区间，值乘民警在餐车盘查甲时，当场从其随身携带的挎包内查获用透明胶带纸缠裹、用白色塑料袋包装的白色块状毒品一包。经西安铁路公安局鉴定为毒品海洛因，净重671.2克。甲被捕后如实供述了自己的罪行，并检举揭发他人的犯罪行为。2010年7月26日，一审法院判决认定本案被告甲犯运输毒品罪，判处死刑、缓期2年执行，并处没收个人全部财产。甲于2012年7月27日考验期满，其所在服刑的监狱当日上报了将死缓减为无期徒刑的材料。两天后即7月29日，甲因同监舍的乙无故辱骂他，而将乙的一只耳朵打聋。

【问题】

1. 我国刑法对死缓的适用条件是如何规定的？法院的判决是否正确？

2. 本案中对甲的判决适用了哪些刑种？对甲的故意伤害行为应当如何处理？

3. 如果甲在服刑期间有重大立功表现，对甲应当如何处理？

【拓展阅读】

吴宗宪. 中国刑罚改革论. 北京：北京师范大学出版社，2011.

项目二　刑罚裁量

【知识目标】

了解刑罚裁量的概念、原则以及酌定量刑情节；理解一般累犯的构成条件、自首和立功的刑事责任，一般缓刑的适用条件、数罪并罚的原则；掌握法定量刑情节，累犯与自首的成立条件，立功的表现形式，缓刑的适用条件及法律后果，数罪并罚的适用。

【能力目标】

掌握累犯、自首与立功的成立条件，以及数罪并罚与缓刑的适用，并运用原理分析实际问题。

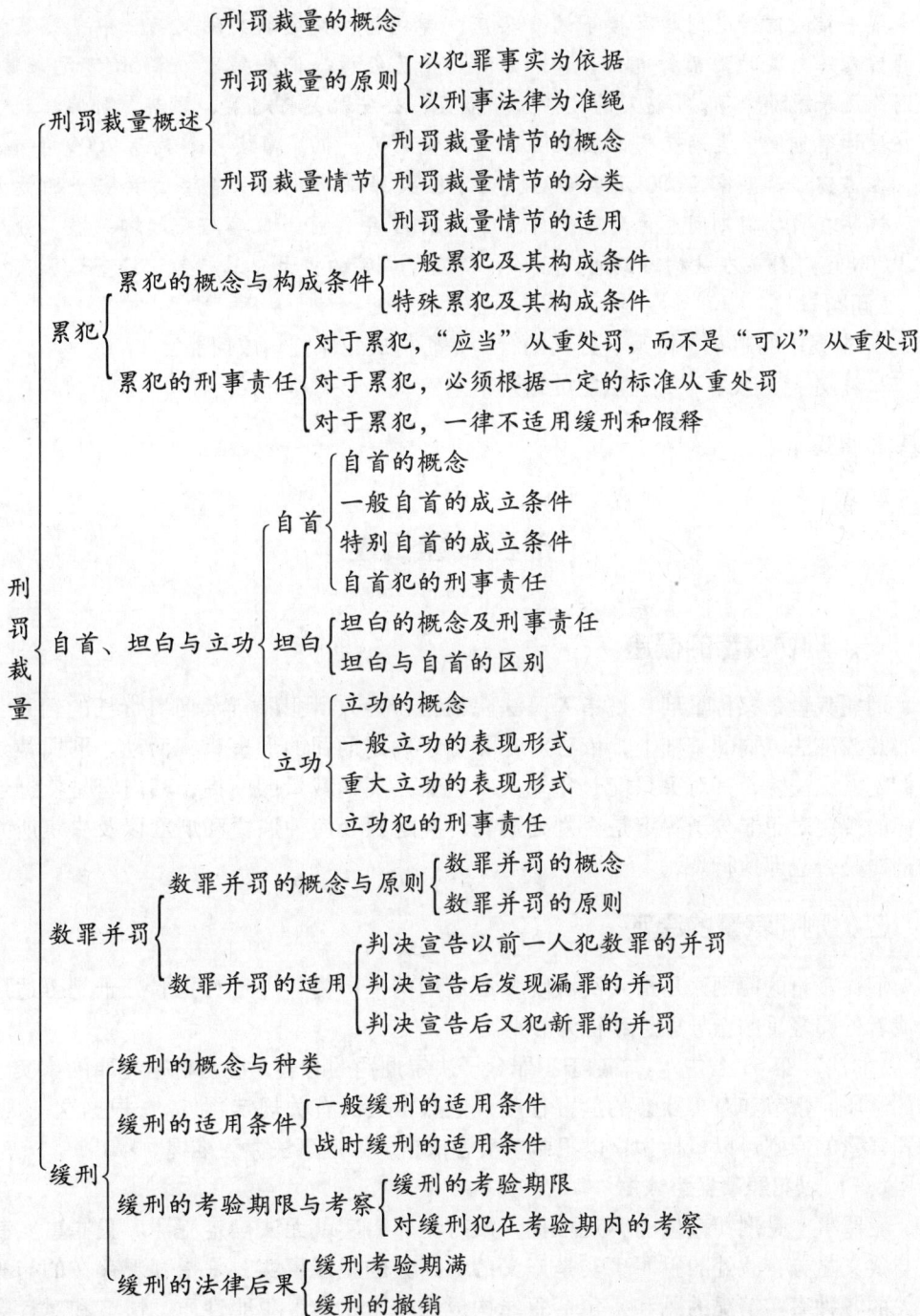

【内容结构图】

刑罚裁量
├─ 刑罚裁量概述
│ ├─ 刑罚裁量的概念
│ ├─ 刑罚裁量的原则
│ │ ├─ 以犯罪事实为依据
│ │ └─ 以刑事法律为准绳
│ └─ 刑罚裁量情节
│   ├─ 刑罚裁量情节的概念
│   ├─ 刑罚裁量情节的分类
│   └─ 刑罚裁量情节的适用
├─ 累犯
│ ├─ 累犯的概念与构成条件
│ │ ├─ 一般累犯及其构成条件
│ │ └─ 特殊累犯及其构成条件
│ └─ 累犯的刑事责任
│   ├─ 对于累犯，"应当"从重处罚，而不是"可以"从重处罚
│   ├─ 对于累犯，必须根据一定的标准从重处罚
│   └─ 对于累犯，一律不适用缓刑和假释
├─ 自首、坦白与立功
│ ├─ 自首
│ │ ├─ 自首的概念
│ │ ├─ 一般自首的成立条件
│ │ ├─ 特别自首的成立条件
│ │ └─ 自首犯的刑事责任
│ ├─ 坦白
│ │ ├─ 坦白的概念及刑事责任
│ │ └─ 坦白与自首的区别
│ └─ 立功
│   ├─ 立功的概念
│   ├─ 一般立功的表现形式
│   ├─ 重大立功的表现形式
│   └─ 立功犯的刑事责任
├─ 数罪并罚
│ ├─ 数罪并罚的概念与原则
│ │ ├─ 数罪并罚的概念
│ │ └─ 数罪并罚的原则
│ └─ 数罪并罚的适用
│   ├─ 判决宣告以前一人犯数罪的并罚
│   ├─ 判决宣告后发现漏罪的并罚
│   └─ 判决宣告后又犯新罪的并罚
└─ 缓刑
   ├─ 缓刑的概念与种类
   ├─ 缓刑的适用条件
   │ ├─ 一般缓刑的适用条件
   │ └─ 战时缓刑的适用条件
   ├─ 缓刑的考验期限与考察
   │ ├─ 缓刑的考验期限
   │ └─ 对缓刑犯在考验期内的考察
   └─ 缓刑的法律后果
      ├─ 缓刑考验期满
      └─ 缓刑的撤销

【案例导入】

赵某（男，1993 年 8 月 8 日生）游手好闲，为了让经商的父亲多给一些钱用而费尽心机。2010 年 7 月 7 日，赵某让钱某（男，1993 年 6 月 6 日生）给自己的父亲打电话，谎称自己被警察抓走了。钱某问为什么要撒谎，赵某说："这不关你的事！"钱某给赵某的父亲打了电话。接着，赵某于当日半夜拿菜刀将自己的左手小指齐指甲根部

剁下，然后跑到医院包扎。第二天早晨，赵某让孙某（男，1993年5月5日生）把装有半截手指的信封送到赵家楼下的食杂店，委托店主交给赵某的父亲。中午孙某按赵某的旨意给赵某的父亲打电话说："你的儿子已经被我们绑架了，拿50万元来赎人，否则你儿子就没命了。"赵某的父亲立即报案，公安机关将赵某、钱某、孙某抓获。赵某在被拘留期间，主动交代司法机关还未掌握的另一犯罪事实：赵某于2009年4月4日，在盗窃了李某家5 000元现金后，为了毁灭罪证而实施了危害公共安全的放火行为。钱某在被拘留期间也主动交代自己曾于2009年3月3日参与一起绑架案，分得赎金3 000元。孙某在被拘留期间，检举、揭发了周某的重大犯罪行为，经查证属实。

【问题】

1. 本案中的赵某、钱某、孙某的行为是否构成犯罪？构成何罪？
2. 上述行为人各有哪些法定的量刑情节？

【基本原理】

刑罚裁量概述

一、刑罚裁量的概念

刑罚裁量，又称量刑，是指人民法院根据行为人所犯罪行及刑事责任的轻重，在定罪并找准法定刑的基础上，依法对犯罪分子确定刑罚的刑事审判活动。刑罚裁量的主体是人民法院，其对象只能是犯罪人。定罪是刑罚裁量的前提，其内容是依据刑事法律的规定对犯罪分子决定是否判处刑罚、决定判处何种刑罚和刑度以及决定所判处的刑罚是否立即执行。

二、刑罚裁量的原则

刑罚裁量的原则，是指人民法院在法定刑的范围内，决定对犯罪分子是否适用刑罚或者处罚轻重的指导思想和行为准则。

《刑法》第61条规定："对于犯罪分子决定刑罚的时候，应当根据犯罪的事实、犯罪的性质、情节和对于社会的危害程度，依照本法的有关规定判处。"根据这一规定，刑罚裁量的原则可以概括为：以犯罪事实为依据，以刑事法律为准绳。

（一）以犯罪事实为依据

犯罪事实是刑罚裁量的客观根据，没有犯罪事实就无法确定犯罪。犯罪事实有广义与狭义之分，此处的犯罪事实是广义的。广义的犯罪事实，是指客观存在的与犯罪有关的各种事实情况的总和，包括犯罪构成的基本事实、犯罪性质、情节和对社会的危害程度。因此，以犯罪事实为根据，就要求刑罚裁量必须做到：

（1）查清犯罪事实。此处的犯罪事实是狭义的，仅指犯罪构成的基本事实，即犯罪主体、主观方面、客体、客观方面的各种情况。查清犯罪事实就是要查明什么人在什么心态支配下，针对什么对象实施了危害行为，并造成了怎样的危害结果，侵犯了怎样的合法权益。如果没有查清楚犯罪构成的基本事实，我们就不能对某一行为进行定罪量刑。犯罪事实是刑罚裁量的首要根据，也是正确认定犯罪性质、分析犯罪情节和综合评价犯罪社会危害程度的前提。

（2）认定犯罪性质。犯罪性质，指犯罪行为的法律性质，即某一危害社会的行为根据法律规定由审判机关确认的犯罪属性。认定犯罪性质就是要认定行为人的行为构成什么罪，应定什么罪名。不同性质的犯罪在刑法中规定了不同的法定刑，如果定罪不当，势必导致量刑不当。犯罪性质是刑罚裁量的基本根据，也是正确适用刑罚的基础。

（3）分析犯罪情节。犯罪情节分为两种：一种是定罪情节，即影响犯罪性质的情节；另一种是量刑情节，是指犯罪构成基本事实以外的其他影响和说明犯罪社会危害性程度的各种事实情况。定罪情节是构成犯罪的必备要素；量刑情节反映了犯罪行为的社会危害程度和犯罪人的人身危险性大小，一定程度上决定着量刑时所判处的刑罚。刑法根据不同的量刑情节，对同一犯罪规定了不同的量刑幅度。因此，确定犯罪性质后必须全面掌握犯罪情节，根据不同的情节进行定罪和量刑。

（4）综合评价犯罪对于社会的危害程度。犯罪对于社会的危害程度，是指犯罪行为对社会造成或者可能造成损害结果的程度。社会的危害程度是由犯罪的主客观因素决定的，包括犯罪的基本事实、犯罪的性质、犯罪情节、犯罪人的主观恶性程度以及国家的政治、经济等。社会危害性的程度大小是区分罪与非罪、罪轻与罪重，以及决定对该犯罪分子是否适用刑罚、如何适用刑罚的重要根据。因此，准确地评价某一犯罪行为的社会危害程度，对于公正地量刑具有重要意义，否则将出现量刑畸重畸轻、罪刑不相适应的现象。

（二）以刑事法律为准绳

刑罚裁量以刑法为准绳，是指人民法院在认定犯罪事实的基础上，必须按照刑法的有关规定对犯罪分子是否判刑、判什么刑、判刑轻重以及如何执行刑罚作出判处。

（1）对犯罪人判处什么刑种，应以刑法规定为准。刑法总则对刑罚的种类及其适用作了总的规定；刑法分则对每一种犯罪也具体规定了其法定刑，对该种犯罪应当适用的刑种作了明确的规定。除极少数犯罪只有一个法定刑幅度外，绝大多数犯罪都有两个或两个以上的法定刑幅度。刑罚裁量中对刑种的选择不能违反总则和分则的规定。例如，《刑法》第 102 条规定："勾结外国，危害中华人民共和国的主权、领土完整和安全的，处无期徒刑或者十年以上有期徒刑。"本条只规定了两个可供选择的主刑刑种——无期徒刑和有期徒刑，那么在刑罚裁量中，对构成此种犯罪的犯罪人，既不可选择较无期徒刑重的死刑，也不可选择较有期徒刑轻的管制、拘役，而对其只能判处无期徒刑或者 10 年以上有期徒刑。同时，《刑法》第 56 条规定："对于危害国家安全的犯罪分子应当附加剥夺政治权利。"因此，对于此种犯罪，还必须附加适用剥夺政治权利。

（2）对犯罪人判处什么刑度，应以刑法规定为准。这里所说的刑度，是指通过量刑幅度所显示的刑罚轻重程度。我国刑法中的有期徒刑，通常有较大的量刑幅度，这就给人民法院进行刑罚裁量留下了较大余地。但是刑法也要求，人民法院进行刑罚裁量，不得超越刑法所设定的刑度界限。例如，《刑法》第 234 条规定："故意伤害致人重伤的，处三年以上十年以下有期徒刑。"人民法院在刑罚裁量时，对于构成故意伤害罪并致人重伤的，便只能在"3 年以上 10 年以下"这一幅度内依法作出抉择，既不可对行为人判处低于 3 年的有期徒刑，也不可对其判处高于 10 年的有期徒刑。

（3）对犯罪人适用刑罚，决定从重、从轻、减轻或免除处罚，应严格以刑法规定为准。根据我国刑法的规定，无论是对犯罪人"从重"、"从轻"，还是"减轻"、"免除"处罚，都必须以刑法规定为准。也就是说，"从重"、"从轻"、"减轻"和"免除"必须是针对法定的对象，并在法定的范围之内从重、从轻、减轻和免除处罚。例如，关于"免除处罚"，必须是对于犯罪人的犯罪情节，刑法条文中有"免除处罚"规定的，才可以对犯罪人免除处罚。

三、刑罚裁量情节

（一）刑罚裁量情节的概念

刑罚裁量情节，又称量刑情节，是指由刑事法律规定或认可的定罪事实以外的，体现犯罪行为社会危害程度和犯罪人的人身危险性大小，审判机关在对犯罪人决定刑罚适用和刑罚轻重时应当或者可以考虑的各种具体事实情况。量刑情节不属于犯罪构成要件的内容，不是区分罪与非罪、此罪与彼罪的事实因素，不影响定罪，但影响量刑。

（二）刑罚裁量情节的分类

刑罚裁量情节有多种形式，依据不同标准从不同角度可将其分为不同类型。以情节对量刑产生的轻重影响为标准，可以分为从宽情节与从严情节，我国刑法规定的从宽情节包括从轻、减轻和免除三个等级，从严情节则只有从重处罚一种；以刑法有无明文规定为标准，可分为法定情节与酌定情节，其中法定量刑情节与酌定量刑情节是最为重要和复杂的。

1. 法定量刑情节

法定量刑情节，简称法定情节，是指刑法明文规定的、刑罚裁量时必须予以考虑的各种犯罪事实。包括刑法总则规定的情节与刑法分则、单行刑法规定的情节。此处仅将刑法总则中的法定情节作简单的归纳：

（1）应当从重处罚的情节：①教唆不满18周岁的人犯罪的（第29条）；②累犯（第65条）。

（2）应当减轻或者免除处罚的情节：①防卫过当的（第20条）；②紧急避险过当的（第21条）；③胁从犯（第28条）；④造成损害或者没有造成损害的中止犯（第24条）。

（3）应当从轻或者减轻处罚的情节：①已满14周岁不满18周岁的人犯罪的（第17条）；②已满75周岁的人过失犯罪的（第17条）。

（4）应当从轻、减轻处罚或者免除处罚的情节：从犯（第27条）。

（5）可以免除处罚的情节：犯罪较轻并且自首的（第67条）。

（6）可以从轻处罚的情节：虽不具有自首情节，但是如实供述自己罪行的坦白（第67条）。

（7）可以减轻处罚的情节：因如实供述自己罪行，避免特别严重后果发生的坦白（第67条）。

（8）可以从轻、减轻或者可以免除处罚的情节：又聋又哑的人或者盲人犯罪的（第19条）；预备犯（第22条）。

（9）可以从轻或者减轻处罚的情节：①尚未完全丧失辨认或者控制自己行为能力

的精神病人犯罪的（第18条）；②已满75周岁的人故意犯罪的（第17条）；③未遂犯（第23条）；④教唆未遂的（第29条）；⑤自首（第67条）；⑥立功（第68条）。

（10）可以减轻或者免除处罚的情节：有重大立功表现的（第68条）。

（11）可以免除或者减轻处罚的情节：在国外犯罪，已在外国受过刑罚处罚的（第10条）。

（12）不得判处死刑的情节：①犯罪的时候不满18周岁的人与审判的时候怀孕的妇女（第49条）；②审判的时候已满75周岁且未以特别残忍手段致人死亡的人（第49条）。③刑法分则中也规定了不少法定情节，其各条文中的法定情节只适用于该条文规定的犯罪。

2. 酌定量刑情节

酌定量刑情节，简称酌定情节，是指刑法中虽然没有明文规定，但根据立法精神，在司法实践中可以根据具体情况斟酌考虑的情节，反映犯罪行为的社会危害性程度和犯罪人的人身危险性程度。酌定情节多种多样，在我国刑事司法实践中主要有以下八种：

（1）犯罪动机；

（2）犯罪对象；

（3）犯罪手段；

（4）犯罪的危害结果；

（5）犯罪的时间、地点和环境条件；

（6）犯罪后的认罪态度；

（7）犯罪人的个人情况和一贯表现；

（8）特殊情况。

《刑法》第63条第2款规定："犯罪分子虽然不具有本法规定的减轻处罚情节，但是根据案件的特殊情况，经最高人民法院核准，也可以在法定刑以下判处刑罚。"这是立法上考虑到为了满足某些特殊的社会需要，而特许的酌情灵活裁量刑罚的情况。"特殊情况"主要是指某些可能影响我国政治、外交、民族、宗教、国际事务以及其他具有特殊意义的案件情况。

（三）法定刑罚裁量情节的适用

法定情节，在我国刑法中有四种表现形式，即从重、从轻、减轻和免除处罚情节。

1. 从重、从轻处罚情节的适用

《刑法》第62条规定："犯罪分子具有本法规定的从重处罚、从轻处罚情节的，应当在法定刑的限度以内判处刑罚。"本条规定指明，从重和从轻都必须在法定刑的限度以内。它包括两层含义：①当一个罪在一个法条中规定了几个轻重不等的主刑刑种时，如果犯罪人具有法定从重或者从轻处罚的情节，则应对其选择适用较重或较轻的主刑。以"从重"为例，某罪的法定刑为"10年以上有期徒刑或无期徒刑"，那么，最重也就是无期徒刑，不能突破其法定刑的限度。②当一个罪在一个法条中规定了长短不等的量刑幅度时，如果犯罪人具有法定从重或者从轻处罚的情节，则应对其选择适用较长或较短的刑期。以"从轻"为例，某罪的法定刑为"3年以上10年以下有期徒刑"，那么，从轻的最低限度就是3年有期徒刑，但决不能突破这一限度。

2. 减轻处罚情节的适用

《刑法》第63条规定：“犯罪分子具有本法规定的减轻处罚情节的，应当在法定刑以下判处刑罚。犯罪分子虽然不具有本法规定的减轻处罚情节，但是根据案件的特殊情况，经最高人民法院核准，也可以在法定刑以下判处刑罚。”该条规定指明，减轻处罚是在法定最低刑以下判处刑罚，即在法定最低刑以下来选择适用相应的刑种，以及在法定最低刑以下的量刑幅度内来确定相应的刑期。所谓法定最低刑，应作如下理解：①如果一个法条对某一犯罪规定有轻重不同的几个刑种，那么其中最轻的刑种即为法定最低刑。如《刑法》第335条对医疗事故罪规定了“处3年以下有期徒刑或者拘役”，该条文中的“拘役”便是法定最低刑。②如果一个条文对某一犯罪只规定了从低到高的有期徒刑的量刑幅度，那么量刑幅度中的最低限度便是法定最低刑。如《刑法》第236条第1款对强奸罪规定了“3年以上10年以下有期徒刑”，其法定最低刑即3年有期徒刑。

3. 免除处罚情节的适用

免除处罚，是指对犯罪人作有罪判决，却不给以刑罚处分。但是根据具体情况，对行为人可给以非刑罚处理方法的处罚。如予以训诫或者责令反思悔过、赔礼道歉、赔偿损失等等。

4. 数个量刑情节的适用

一个犯罪人可能具有数个从严情节，或者具有数个从宽情节。在这种情况下，不能任意改变量刑情节所具有的功能。例如，犯罪人同时具有几个从轻或者减轻处罚的情节时，只能减轻处罚或者进行较大幅度的减轻处罚，而不能免除处罚。再如，犯罪人同时具有几个从重处罚的情节时，也只能是从重处罚，不能加重处罚，即不能高于法定最高刑判处刑罚。一个犯罪人也可能同时具有从宽情节与从严情节，在这种情况下，不能采取简单的折抵办法，而应考虑不同情节的地位与作用，分别适用各种量刑情节。具体做法是，先撇开量刑情节考虑应当判处的刑种与刑度，再考虑从严情节估量出刑种与刑度，最后考虑从宽情节决定刑种与刑度。

累　犯

一、累犯的概念与构成条件

累犯，是指因犯罪而被判处一定刑罚的犯罪人，在刑罚执行完毕或者赦免以后，在法定期限内又犯一定罪的罪犯。根据《刑法》第65条、第66条的规定，累犯分为一般累犯与特殊累犯两种，这两种累犯在构成条件上存在着差别。

（一）一般累犯及其构成条件

根据《刑法》第65条的规定，一般累犯，是指因故意犯罪被判处有期徒刑以上刑罚，刑罚执行完毕或者赦免以后，在5年以内再犯应当判处有期徒刑以上刑罚的故意犯罪的犯罪分子。其成立条件如下：

（1）前罪与后罪都是故意犯罪。这是构成累犯的主观条件。如果前后两罪或者其中一罪是过失犯罪，就不成立累犯。之所以如此规定，是因为过失犯罪所反映的主观恶性和人身危险性都明显低于故意犯罪，而且过失犯罪人再犯罪的可能性也比较小。

而累犯制度的设立主要是以遏制犯罪人再次犯罪为宗旨，在我国经常发生且对国家、社会和公民危害最大的主要是故意犯罪而非过失犯罪，因此，不应该也没有必要设立过失犯罪的累犯制度。

（2）前罪被判处有期徒刑以上刑罚，后罪也应当判处有期徒刑以上刑罚。这是构成累犯的刑度条件。换言之，构成累犯的前罪被判处的刑罚和后罪应判处的刑罚都是有期徒刑以上刑罚。如果前后各罪所判处的刑罚都低于有期徒刑，或者有一罪低于有期徒刑，都不构成累犯。"前罪被判处有期徒刑以上刑罚"，是指人民法院根据前罪的全部情况，最后确定其宣告刑为有期徒刑以上刑罚。这里的"有期徒刑以上刑罚"，包括有期徒刑、无期徒刑和死刑缓期2年执行。"后罪应当被判处有期徒刑以上刑罚"，不是指所犯后罪的法定刑中包含有期徒刑以上刑罚，而是指根据犯罪事实与刑事法律，实际上应当判处有期徒刑以上刑罚。

（3）后罪发生的时间，必须在前罪所判处的刑罚执行完毕或者赦免后的5年之内。这是构成累犯的时间条件。如果后罪发生在前罪的刑罚执行期间，则不构成累犯，而应适用数罪并罚；如果后罪发生在前罪刑满或赦免5年以后，也不构成累犯。这里的"刑罚执行完毕"，指主刑执行完毕，不包括附加刑在内。主刑执行完毕以后5年内又犯罪，即使附加刑还未执行完毕，也可以构成累犯。被假释的犯罪分子，如果在假释考验期内又犯新罪，不构成累犯，而应在撤销假释之后，适用数罪并罚。因为假释是附条件的提前释放，而不是已执行完毕。如果假释犯在假释考验期满后5年内再犯新罪，则可以构成累犯。被判处有期徒刑并宣告缓刑的犯罪分子，如果在缓刑考验期满后再犯罪，不构成累犯。因为缓刑考验期满不是刑罚执行完毕，而是原判刑罚不再执行。

（4）犯罪分子前后两次犯罪时都必须年满18周岁。这是构成累犯的年龄条件。根据《刑法修正案（八）》第6条的规定，不满18周岁的人犯罪的，不成立累犯。这包括两种情形：①行为人前后两次犯罪都不满18周岁的；②行为人第一次犯罪时未满18周岁，第二次犯罪时已满18周岁的。换言之，行为人的前后两罪中，只要犯其中一罪时不满18周岁的，就不成立累犯。

（二）特殊累犯及其构成条件

根据《刑法》第66条和《刑法修正案（八）》第7条的规定，特殊累犯，是指危害国家安全犯罪、恐怖活动犯罪、黑社会性质的组织犯罪的犯罪分子，在刑罚执行完毕或者赦免以后，在任何时候再犯上述任一类罪的情形。其构成条件如下：

（1）前罪和后罪必须均为特定犯罪。即前罪是危害国家安全犯罪、恐怖活动犯罪、黑社会性质的组织犯罪中的某一类罪，后罪也是这三类犯罪中的某一类罪。如果行为人实施的前后两罪都不属于危害国家安全犯罪、恐怖活动犯罪、黑社会性质的组织犯罪的范畴，或者其中之一不是这三类罪中的某一类罪，就不能构成特殊累犯。当然，这并不排除其构成一般累犯的可能。

（2）前罪被判处的刑罚和后罪应当判处的刑罚的种类及其轻重不受限制。即使前后两罪或者其中之一被判处，或者应当判处拘役、管制，或者单处附加刑，也不影响特殊累犯的成立。

（3）后罪可以发生在前罪的刑罚执行完毕或者赦免以后的任何时候，不受前后两罪相距时间长短的限制。

二、累犯的刑事责任

根据我国《刑法》第 65 条的规定，对累犯应当从重处罚。据此，对累犯裁量刑罚、确定其应当承担的刑事责任时，应注意把握以下几个方面的问题：

（一）对于累犯，"应当"从重处罚，而不是"可以"从重处罚

"可以"是选择性规范，即适用者可以选择从重，也可以不选择从重；"应当"则是命令性规范，适用者没有灵活选择的余地。即凡是符合累犯条件而构成累犯的，审判人员就必须对犯罪人在法定刑的幅度内处以较重的刑罚，否则就有悖于罪责刑相适应的刑法原则。

（二）对于累犯，必须根据一定的标准从重处罚

从重不是无原则的、无限制的，相反，它应当遵循一定的标准。一方面，对于累犯从重处罚，应当比照不构成累犯的初犯或其他犯罪人进行，具体而言，就是当累犯所实施的犯罪行为与某一不构成累犯者实施的犯罪行为在性质、情节、社会危害程度等方面基本相似的条件下，应比照对不构成累犯者应判处的刑罚，在此基础上再从重一些；另一方面，对于累犯从重处罚，必须根据其所实施的犯罪行为的性质、情节和社会危害程度，确定具体应判处的刑罚。切不可不讲事实根据地对累犯一律判处法定最高刑，不能将"从重"处罚理解为"顶格处刑"。

（三）对于累犯，一律不适用缓刑和假释

《刑法》第 74 条规定："对于累犯不适用缓刑。"《刑法》第 81 条规定："对于累犯不得适用假释。"这是因为：缓刑和假释的适用都强调以犯罪人具有悔罪表现、不致再危害社会为条件，而累犯恰恰表现出了与此相反的特性，具有较大的人身危险性。对累犯适用缓刑和假释，不利于对累犯的教育、改造，起不到预防犯罪的刑罚目的，更不能保证社会的安全。

自首、坦白与立功

一、自首

（一）自首的概念

根据我国《刑法》第 67 条的规定，自首，是指犯罪分子在犯罪以后自动投案，如实供述自己的罪行；或者被采取强制措施的犯罪嫌疑人、被告人和正在服刑的罪犯，如实供述司法机关尚未掌握的本人其他罪行的行为。据此，自首可以分为两种，即一般自首和特别自首。一般自首，是指犯罪分子犯罪以后自动投案，如实供述自己罪行的行为。特别自首，又称准自首，是指被采取强制措施的犯罪嫌疑人、被告人和正在服刑的罪犯，如实供述司法机关尚未掌握的本人其他罪行的行为。

我国规定的自首制度以及确立的对自首犯从宽处罚的原则，对迅速侦破刑事案件，感召犯罪分子主动投案，激励犯罪分子改过自新，减少社会不安定因素，及时打击和预防犯罪等均有着积极的作用。

（二）一般自首的成立条件

根据《刑法》第 67 条第 1 款的规定和有关的司法解释，成立一般自首须具备如下

构成条件：

1. 自动投案

所谓自动投案，是指犯罪分子在犯罪之后、被动归案之前，基于自己的意志向有关机关或个人承认自己实施了犯罪，并自愿置于所投机关或个人的控制之下，等候交代犯罪事实，并最终接受国家的审理和裁判的行为。自动投案必须符合以下四个方面的条件：

（1）投案时间。

自动投案的时间，必须是在犯罪人被动归案之前。一般包括以下几种情况：犯罪分子犯罪之后，犯罪事实未被司法机关发觉；犯罪事实虽然已被司法机关发觉，但犯罪人尚未被查获；犯罪事实和犯罪分子均已被发觉，而司法机关尚未对犯罪分子进行讯问或者采取强制措施。根据最高人民法院的司法解释，罪行尚未被司法机关发觉，仅因形迹可疑，被有关组织或者司法机关盘问、教育后，主动交代自己的罪行的；犯罪事实和犯罪嫌疑人均已被发觉，犯罪人逃跑，在被通缉、追捕过程中，主动投案的；经查实确已准备去投案的，或者正在投案途中，被公安机关捕获的，都应当视为自动投案。

至于犯罪后被群众扭送归案的，或者被公安机关逮捕归案的，或者在追捕过程中走投无路当场被捕的，或者经司法机关传讯、采用强制措施被动归案的，均不能视为是自动投案。

（2）投案意志。

自动投案具有"自动性"，必须是基于犯罪分子本人的自愿意志。至于投案的动机则因人而异，有的出于真心悔改，有的慑于法律威力，有的为了争取宽大处理，有的迫于走投无路，有的经亲友规劝而醒悟等。无论出于何种动机，均不影响自动投案的成立。

至于司法实践中经常出现的送子女或亲友归案的情形，一般并非真正出于犯罪分子的主动，而是经家长、亲友规劝、陪同投案的。无论是公安机关通知犯罪分子的家长后，或者家长、监护人主动报案后，将犯罪嫌疑人送去归案的，只要犯罪人如实供述了自己的罪行，也应当视为自动投案。如果犯罪分子被亲友采用强制捆绑等手段送至司法机关，或者在亲友带领侦查人员前来抓时无拒捕行为，并如实供认犯罪事实的，不一定认为自动投案，但可以参照法律对自首的有关规定酌情从轻处罚。

（3）投案对象。

行为人必须向有关机关或者人员承认自己实施了特定犯罪。其投案对象既可以是公安机关、人民检察院和人民法院及其派出单位，如派出所、人民法庭等；也可以是犯罪嫌疑人所在单位、城乡基层组织和其他有关负责人。犯罪人投案于有关机关或个人，并不限于必须到有关机关去或者直接投向有关个人。犯罪分子因病、因伤委托他人代为投案，或者先以信件、电报、电话投案的，也应允许。在投案的地点上，并没有特别的限制。比如，在新疆作案后，潜逃到广东，向广东当地的有关机关或者人员投案，也是完全可以的。投案对象的宽泛性为犯罪人自首的实现提供了便利的条件。

投案人不能空泛地承认自己犯罪，必须承认所犯的特定犯罪：在犯罪事实已经发生但尚未被发现的情况下，只要承认自己实施了何种犯罪即可；在犯罪事实虽已被发现，但尚未查清犯罪人是谁的情况下，只要承认某犯罪是自己所为即可；在犯罪事和犯罪人均已被发觉，但犯罪人尚未归案的条件下，只要承认自己是某一特定犯罪的行为人即可。

（4）投案内容。

投案内容表现为犯罪人必须自愿置于有关机关或个人的控制之下，接受国家的审查和裁判。犯罪分子自动投案后，必须接受司法机关的侦查、起诉和审判，不能逃避，才能使自首成立。倘若犯罪人自动投案并供述罪行后又隐匿、脱逃，或者推翻供述，意图逃避制裁的；或者委托他人代为"自首"而本人拒不到案的；或者用书信、电话等告诉司法机关自己的犯罪事实，却拒绝归案而仍设法逃脱的，都属于拒不接受国家审查和裁判的行为，不能构成自首。在司法实践中，还有犯罪人匿名将赃物送回司法机关或者物主处，或者用电话、书信向司法机关告知赃物所在。这类行为并没有将自身置于司法机关的控制之下，因而不能成立自首。但是，这种主动交出赃物的行为，也是悔罪的一种表现，在处理时可以考虑适当从宽。

以上四个方面必须同时具备，才能成立自动投案。

2. 如实供述自己的罪行

犯罪分子自动投案之后，只有如实供述自己的罪行，才能证明其确有悔罪伏法的诚意，才能使司法机关的追诉活动得以顺利进行。理解"如实供述自己的罪行"，应从以下两个方面加以把握：

（1）供述的内容。

投案人所供述的必须是犯罪行为，如果供述的是自认为犯罪，但实际上只是违反道德或属一般违纪违法的行为，则不属于自首行为；投案人供述的必须是自己的罪行，如果供述的是所了解的与自己无关的他人的犯罪，则属于检举、揭发、举报或者立功，而不是自首行为；共同犯罪案件中的犯罪嫌疑人，除如实供述自己的罪行外，还应当供述其所知的同案犯的共同犯罪事实，如果自己大包大揽，隐瞒其他共同犯罪人的，不能认定为自首。犯罪嫌疑人自动投案并如实供述自己的罪行后又翻供的，不能认定为自首；但在一审判决前又能如实供述的，应当认定为自首。另外，供述的内容如果实际上已经被司法机关掌握，也不影响对如实供述自己罪行条件的认定。

除供述自己的主要犯罪事实外，还应包括姓名、年龄、职业、住址、前科等情况。犯罪嫌疑人供述的身份等情况与真实情况虽有差别，但不影响定罪量刑的，应认定为如实供述自己的罪行。犯罪嫌疑人自动投案后隐瞒自己的真实身份等情况，影响对其定罪量刑的，不能认定为如实供述自己的罪行。

（2）供述的程度。

投案人的供述必须如实，但"如实"并不等于所供述的内容与案件的客观事实绝对的、完全的一致。犯罪人自动投案之后交代的犯罪事实，指的是构成要件所要求的主要犯罪事实，包括危害行为及其结果、罪过这两方面的内容，而不是指犯罪的全部事实细节。只要交代了主要犯罪事实，只要供述内容与客观存在的犯罪事实基本上相一致，就属如实交代。如果犯有数罪的犯罪嫌疑人仅如实供述所犯数罪中部分犯罪的，只对如实供述部分的犯罪行为认定为自首；对未如实供述的部分，不能作为自首处理。

（三）特别自首的成立条件

根据《刑法》第 67 条第 2 款和有关司法解释的规定，成立特别自首，应当具备以下条件：

（1）特别自首的主体必须是被采取强制措施的犯罪嫌疑人、被告人和正在服刑的罪犯。这里的强制措施是指我国《刑事诉讼法》所规定的拘传、取保候审、监视居住、拘留和逮捕等措施。所谓正在服刑的罪犯，是指根据人民法院已经生效的刑事判决，正在被执行所判刑罚的人。

（2）必须如实供述司法机关还未掌握的本人其他罪行。这有两层含义：①所供述的必须是本人已经实施但司法机关尚未掌握的犯罪事实。因为特别自首的案犯本来就因某罪被采取强制措施或正在服刑，他们供述的如果是司法机关已经掌握的罪行，只能表明其认罪态度的好坏，而不能认定为自首。②所供述的必须是司法机关尚未掌握的本人的其他不同种罪行。此处的其他不同种罪行，又称余罪，是相对于已被查获的罪行而言的，其在犯罪性质或者罪名上与司法机关已经掌握的罪行不同。如果是同种罪行，可以酌情从轻处罚，但不属于自首。

（四）自首犯的刑事责任

各国刑法对自首从宽的规定有所不同，有的采取相对从宽处罚原则，有的采取绝对从宽处罚原则。我国《刑法》第67条第1款规定："对于自首的犯罪分子，可以从轻或者减轻处罚。其中，犯罪较轻的，可以免除处罚。"可见，我国采取了相对从宽处罚的原则。

二、坦白

（一）坦白的概念及刑事责任

坦白，是指犯罪分子被动归案后，如实供述自己罪行的行为。

根据《刑法》第67条和《刑法修正案（八）》第8条的规定，对于坦白者应依不同情况分别予以从宽处罚：犯罪嫌疑人不具自首情节，但如实供述自己罪行的，可以从轻处罚；因罪犯如实供述自己罪行，避免特别严重后果发生的，才可以减轻处罚。

（二）坦白与自首的区别

坦白和自首均属于犯罪分子犯罪后对自己所犯罪行的态度范畴。虽然二者均以行为人实施了犯罪行为为前提，在归案后犯罪分子都能如实交代自己的犯罪事实，但二者仍旧存在着明显的区别：

（1）一般自首与坦白的关键区别在于是否自动投案：犯罪分子自动投案后，如实供述自己罪行的，是一般自首；被动归案后如实供述自己罪行的，是坦白。

（2）特别自首与坦白的关键区别在于是否如实供述司法机关还未掌握的本人其他罪行：如实供述司法机关还未掌握的本人其他罪行的，是特别自首；如实供述司法机关已经掌握的本人其他罪行的，是坦白。

因此，坦白与自首所反映犯罪分子的人身危险程度不同，一般来说，坦白犯的人身危险性与自首犯相比相对较重。

三、立功

（一）立功的概念

根据《刑法》第68条的规定，立功，是指犯罪分子揭发他人的犯罪行为，查证属实的；或者提供重要线索，从而得以侦破其他案件等协助司法机关工作的；或者其他对国家、社会有贡献的表现。立功必须是犯罪分子本人实施的行为，其亲属实施上述行为的，不成立立功。立功分为一般立功与重大立功。

（二）一般立功的表现形式

（1）揭发他人犯罪行为，经查证属实（包括同案犯共同犯罪以外的其他犯罪）；

（2）提供重要线索，使侦察机关得以侦破其他案件；

（3）阻止他人犯罪活动；

（4）协助司法机关缉捕其他犯罪嫌疑人（包括同案犯）；

（5）其他有利于国家和社会的突出表现。

（三）重大立功的表现形式

（1）揭发他人重大犯罪行为，经查证属实（包括同案犯共同犯罪以外的其他犯罪）；

（2）提供重要线索，使侦查机关得以侦破其他重大案件；

（3）阻止他人重大犯罪活动；

（4）协助司法机关缉捕其他重大犯罪嫌疑人（包括同案犯）；

（5）对国家和社会有其他重大贡献等表现。

一般立功与重大立功，其区别在于是否是"重大"的犯罪、案件、犯罪活动、犯罪嫌疑人。按照有关司法解释，"重大"的标准一般是指犯罪嫌疑人、被告人可能被判处无期徒刑以上刑罚，甚至案件在本省、自治区、直辖市或者全国范围内有较大影响等情况。区别的意义在于宽大的幅度不同。

（四）立功犯的刑事责任

根据《刑法》第68条和《刑法修正案（八）》第9条的规定，对于立功者应依不同情况分别予以从宽处罚：一般立功的，可以从轻或者减轻处罚；重大立功的，可以减轻或者免除处罚。

数罪并罚

一、数罪并罚的概念与原则

（一）数罪并罚的概念

我国刑法中的数罪并罚，是指人民法院对一行为人在法定期限内所犯数罪分别定罪量刑后，按照法定的并罚原则及刑期计算方法，决定其应执行的刑罚制度。根据我国刑法的规定，数罪并罚具有三方面的特征：

（1）必须是一行为人犯有数罪。这是适用数罪并罚的前提。也就是说，一人犯一罪，或者非共犯的数行为人犯有数罪（各个行为人分别犯有一罪）均不发生数罪并罚的问题。此处的数罪，是指独立的数罪或实质上的数罪。继续犯、想象竞合犯、惯犯、结合犯、连续犯、牵连犯、吸收犯等，均不属于独立数罪或实质数罪的范畴，不适用数罪并罚。

（2）一行为人所犯数罪，必须发生在法定的时间界限之内。并非任何时候的数罪都须数罪并罚，只有以下三种情况的数罪才适用数罪并罚。第一，判决宣告以前一人犯数罪；第二，刑罚执行过程中发现被判刑的犯罪分子在判决宣告以前还有其他罪没有判决；第三，判决宣告以后，刑罚执行完毕以前，被判刑的犯罪分子又犯新罪。

（3）必须依照法定的并罚原则和方法进行并罚。数罪进行并罚有着严格的操作规则。按照我国刑法的规定，数罪并罚分两个步骤进行：首先要对所犯数罪分别进行定罪和量刑；然后根据对各罪量刑的具体情况，依照法定的并罚原则和方法，决定最终应当执行的刑罚。

（二）数罪并罚的原则

1. 数罪并罚的原则概述

数罪并罚原则，是指对于一人所犯数罪进行合并处罚所依据的原则。简单地说，就是对数罪如何实行并罚。不同历史时期、不同国家的刑法基于不同的刑事政策规定了不同的数罪并罚原则，大致可归纳为以下四种：

（1）并科原则。并科原则，是指将一人所犯的数罪分别宣告刑罚，然后将各罪刑罚绝对相加、合并执行的合并处罚原则。并科原则在某种程度上反映了"报应论刑罚"思想的理念，在形式上似乎是公正合理的，但实际上该原则弊端很多。单纯采用并科原则，一方面使刑罚显得过于严酷；另一方面在很多情况下都难以实际执行，如死刑与无期徒刑，既无法"绝对相加"，又无法"合并执行"。因此，世界上单纯采用并科原则的国家并不多见。

（2）吸收原则。吸收原则，是指在对数罪分别宣告刑罚后，仅执行其中最重的一种刑罚，其余较轻的刑罚被该最重的刑罚吸收而不予执行的合并处罚原则。在一定情况下，采用吸收原则是比较适宜的。如数个宣告刑中有死刑或无期徒刑和有期徒刑，那么，有期徒刑只能被死刑或无期徒刑吸收。但是，如果在数个宣告刑均为有期徒刑的情况下，采用吸收原则的弊端是明显的：一是会出现犯一罪与犯数罪受到相同处罚的不公平现象，二是无形中会放任犯罪人在实施一重罪后去实施更多同等或较轻的罪。因此，世界各国目前也很少单纯采用吸收原则。

（3）限制加重原则。限制加重原则，是指对一人所犯数罪分别宣告刑罚，然后在其中最重的一个刑罚以上、数罪总和刑以下以及一定的法定限度内，确定应执行的刑罚的合并处罚原则。限制加重原则比较灵活，也比较合乎情理，在一定程度上克服了并科原则和吸收原则的弊端。目前，大多数国家采用了该原则，作为数个宣告刑为有期徒刑以下刑罚时的合并处罚原则。但是，这一原则对死刑和无期徒刑不能适用，作为解决附加刑的合并处罚原则也不适宜。因此，若作为数罪并罚的唯一原则，仍有局限性。

（4）折中原则。折中原则，是指对一人所犯数罪的合并处罚不单纯采用并科原则、吸收原则或限制加重原则，而是兼采这些原则，以分别适用于不同情况的合并处罚原则。换言之，就是根据所判数个刑罚的种类和构成情况，决定所采用的数罪并罚原则。鉴于上述三种原则各有得失、难以概全，目前世界上绝大多数国家采用折中原则。

2. 我国刑法所规定的数罪并罚原则

根据《刑法》第69条和《刑法修正案（八）》第10条的规定，我国刑法对数罪并罚实行的是折中原则，即以限制加重原则为主，以吸收原则和并科原则为补充。具体适用范围和基本规则为：

（1）判决宣告的数个主刑中有数个死刑或最重刑为死刑的，采用吸收原则，仅应决定执行一个死刑，而不得决定执行两个以上的死刑或其他主刑。

（2）判决宣告的数个主刑中有数个无期徒刑或最重刑为无期徒刑的，采用吸收原则，只应决定执行一个无期徒刑，而不得决定执行两个以上的无期徒刑，或者将两个以上的无期徒刑合并升格执行死刑，或者决定执行其他主刑。

（3）判决宣告的数个主刑为有期自由刑即有期徒刑、拘役、管制的，采取限制加重原则。有期徒刑、拘役和管制本身都有一定的期限，因此，在数刑的总和刑期以下、数刑中最高刑期以上酌情决定执行的刑期是比较恰当的。但是，如果总和刑期过高，决定执行的刑罚就可能过长，因而我国刑法对最高刑期加以限制：管制最高不能超过3年；拘役最高不能超过1年；有期徒刑总和刑期不满35年的，最高不超过20年；有期徒刑总和刑期在35年以上的，最高不能超过25年。例如，甲先后犯有抢劫、强奸、信用卡诈骗等罪行，分别被判处15年、12年、13年有期徒刑，三个罪的总和刑期为40年，数刑中最高刑为15年，本来可以在15年以上40年以下的范围内决定执行的刑期，但因"有期徒刑总和刑期在35年以上的，最高不能超过25年"，所以只能在15年以上25年以下的幅度内酌情决定执行的刑期。

（4）数罪中有判处附加刑的，采用并科原则，附加刑仍须执行；不论执行什么主刑。其中附加刑种类相同的，合并执行；种类不同的，分别执行。

二、数罪并罚的适用

根据《刑法》第69条、第70条、第71条的规定，适用数罪并罚要区分三种不同的情况：

（一）判决宣告以前一人犯数罪的并罚

这是数罪并罚中最常见，也是最基本的情形。我国刑法规定的数罪并罚原则就是以这种情形为标准确立的。《刑法》第69条规定："判决宣告以前一人犯数罪的，除判处死刑和无期徒刑的以外，应当在总和刑期以下、数刑中最高刑期以上，酌情决定执行的刑期。但是管制最高不能超过三年；拘役最高不能超过一年；有期徒刑总和刑期不满三十五年的，最高不超过二十年；有期徒刑总和刑期在三十五年以上的，最高不能超过二十五年。如果数罪中有判处附加刑的，附加刑仍须执行。"上述我国刑法规定的数罪并罚原则就是以该规定为主要依据的。

必须注意，如果判决宣告以前发现的数罪为同种数罪，针对是否应当并罚的问题，立法上并未作出明确规定。理论上与实践中通常主张：对于判决宣告以前发现的同种数罪，原则上不适用数罪并罚，应以一罪论处，根据犯罪情节、后果、次数等综合考虑适用相应的法定刑；但在以一罪论处不符合罪刑相适应原则，或者前后犯罪相隔时间很长，不宜作为一罪的从重情节或法定刑升格的情节处理时，而法律又未明文禁止时，也可以有限制地对同种数罪实行并罚。

（二）判决宣告后发现漏罪的并罚

这里所说的漏罪，是指被判刑的犯罪分子在判决宣告以前实施但没有被发现因而漏判的其他犯罪。该漏罪的发现时间，必须在判决宣告以后，刑罚执行完毕以前。如果在判决宣告前发现的，直接按前述第一种情形进行数罪并罚；如果是在原判刑罚已经执行完毕后才发现的，则不适用数罪并罚。另外，此种情况下，不论漏罪与原判之罪的性质是否相同，即无论是同种还是不同种罪，均应适用数罪并罚。

《刑法》第70条规定："判决宣告以后，刑罚执行完毕以前，发现被判刑的犯罪分子在判决宣告以前还有其他罪没有判决的，应当对新发现的罪作出判处，把前后两个判决所判处的刑罚，依照本法第六十九条的规定，决定执行的刑罚。已经执行的刑期，应当计算在新判决决定的刑期以内。"依照该条规定，发现漏罪的并罚方法可以概括为"先并后减"，具体来讲分三个步骤进行：第一步是对新发现的罪依法作出判决；第二步是把前后两个判决所判处的刑罚，依照《刑法》第六十九条规定的原则和方法进行并罚，决定执行的刑罚；如果决定执行的刑罚是有期自由刑，第三步要将前一判决已经执行的刑期，从并罚后决定执行的刑期中减去，剩下的刑期就是对漏罪并罚后还应执行的刑期。

例如，甲犯抢劫罪被判处有期徒刑 12 年，在刑罚执行 5 年以后，发现他在判决宣告以前，还犯有盗窃罪没有处理。这时应当对新发现的盗窃罪作出判决，如果判处有期徒刑 7 年，则应在 12 年以上 19 年以下决定执行的刑期。假设决定执行的刑期为 16 年，应将已经执行的 5 年计算在 16 年之内。即先将两罪并罚，然后再把已经执行的 5 年减去，结果是甲再执行 11 年刑期就届满。

（三）判决宣告后又犯新罪的并罚

这里所说的新罪，是指犯罪分子在判决宣告以后，刑罚执行完毕以前，又实施了新的犯罪。此种情况下，不论所犯新罪与原判之罪是同种还是不同种罪，均应适用数罪并罚。

《刑法》第 71 条规定："判决宣告以后，刑罚执行完毕以前，被判刑的犯罪分子又犯罪的，应当对新犯的罪作出判处，把前罪没有执行的刑罚和后罪所判处的刑罚，依照本法第六十九条的规定，决定执行的刑罚。"依照该条规定，又犯新罪的处罚方法可以概括为"先减后并"，具体来讲也是分三个步骤进行：第一步是对新犯之罪依法作出判决；第二步是将已经执行的刑期从原判决判处的刑期中扣除（扣除后剩下的刑期称为余刑）；第三步是把余刑与对新罪所判处的刑罚，按照《刑法》第 69 条规定的原则和方法并罚，决定还要执行的刑期。

例如，甲犯故意伤害罪被判处有期徒刑 15 年，在服刑 5 年后，又犯故意伤害罪。这种情况下，应当对新罪作出判决，如果判处有期徒刑 12 年，将余刑 10 年与对新罪判处的 12 年并罚，并罚时应在 12 年以上 20 年以下决定应执行的刑期。假定决定执行 16 年，该犯实际上共要执行 21 年。

对新罪的"先减后并"法与发现漏罪的"先并后减"法有重大的区别，"先减后并"比"先并后减"更严厉，具体表现在：采用"先减后并"法的犯罪分子在服刑期间不思悔改，继续作恶，表明其难以改造，人身危险性较大，所以对其应当贯彻从严惩处的精神，并罚后实际执行的刑期有的可能超过法定的数罪并罚最高期限。例如，甲犯有绑架罪，被判有期徒刑 12 年。刑罚执行 8 年后，在监狱服刑期间又犯故意伤害罪，应判 15 年有期徒刑。后犯脱逃罪，应判 4 年有期徒刑。在脱逃期间又抢劫他人数额巨大的财物，应判 13 年有期徒刑。按数罪并罚的"先减后并"法应当在 15 年以上 36 年以下决定执行的刑期，假设决定执行 24 年，那么，犯罪分子前后实际上总共被执行的刑期是 32 年，超过了数罪并罚时有期徒刑总和刑期在 35 年以上的，最高不超过 25 年的规定。而采用"先并后减"法时的考虑重点则有所不同。司法机关尽管在对犯罪分子执行刑罚期间发现其有漏罪，犯罪人也试图隐瞒部分犯罪，但是漏罪毕竟是既往的犯罪事实，属于"旧账"，所以对前罪判决宣告前发生的犯罪的处理应当贯彻相对从宽的刑事政策，那么，犯罪分子实际被执行的刑期与判决宣告以前一人犯数罪时所应受到的处罚并无差别。

需要注意，如果犯罪人在刑罚执行期间又犯新罪，并发现其在原判决宣告以前的漏罪，则先将漏罪与原判决的罪，根据《刑法》第 70 条规定的先并后减的方法进行并罚；再将新罪的刑罚与前一并罚后的刑罚还没有执行的刑期，根据《刑法》第 71 条规定的先减后并的方法进行并罚。

缓　刑

一、缓刑的概念与种类

（一）缓刑的概念

缓刑，是指对犯罪人判处刑罚，但在一定时间内暂缓执行刑罚的制度。也就是在判处刑罚的同时宣告暂缓执行，但又在一定期限内保留执行的可能性。缓刑不是一种独立的刑种。从裁量是否执行所判刑罚的意义上说，缓刑是一种量刑制度；从刑罚执行的意义上说，缓刑也是一种刑罚执行制度。

（二）缓刑的种类

我国刑法规定了两种缓刑制度：一般缓刑和战时缓刑。二者在适用的时间、适用的对象、适用的条件、考验的内容、法律后果等方面存在相当明显的区别。

（1）一般缓刑。根据《刑法》第 72 条的规定，一般缓刑，是指人民法院对于被判处拘役、3 年以下有期徒刑的犯罪分子，根据其犯罪情节和悔罪表现，如果暂缓执行刑罚没有再犯罪的危险，对所居住社区没有重大不良影响的，就规定一定的考验期，暂缓刑罚的执行；在考验期内，如果遵守一定条件，原判刑罚就不再执行的缓刑制度。

（2）战时缓刑。战时缓刑也称特殊缓刑，实际上是刑事责任消灭的一种特殊方式。根据《刑法》第 449 条的规定，战时缓刑，是指在战时，对被判处 3 年以下有期徒刑没有现实危险宣告缓刑的犯罪军人，允许其戴罪立功，确有立功表现的，可以撤销原判刑罚，不以犯罪论处的缓刑制度。

二、缓刑的适用条件

（一）一般缓刑的适用条件

根据《刑法》第 72 条、第 74 条和《刑法修正案（八）》第 11 条、第 12 条的规定，适用一般缓刑必须同时具备以下条件：

（1）犯罪分子被判处拘役或 3 年以下有期徒刑。缓刑对罪犯暂不予关押，从社会安全和改造罪犯的需要来考虑，缓刑仅适用于罪行较轻的罪犯。一般地说，处刑在 3 年有期徒刑以上的，其罪行较重，人身危险性和社会危害性也比较大，不宜放在社会上改造，因而不能适用缓刑。需要强调的是：①这里的"拘役和 3 年以下有期徒刑"是宣告刑，而不是法定刑。即使法定最低刑高于 3 年有期徒刑，但因具有减轻处罚情节而判处 3 年以下有期徒刑的，也可能适用缓刑。②对被判处管制或者单处附加刑的，不能适用缓刑。因为管制或者单处附加刑都不存在剥夺人身自由的问题，适用缓刑没有实际意义。③如果一人犯数罪，实行数罪并罚后，决定执行的刑罚为 3 年以下有期徒刑或者拘役的，也可以适用缓刑。

（2）犯罪情节较轻。犯罪情节的轻重，可从犯罪动机、目的是否卑鄙，手段是否恶劣，危害后果是否严重等方面综合起来加以考察。

（3）有悔罪表现。即犯罪后有悔恨自己罪行的表现，如犯罪后真诚认罪悔过、积极退赃，在羁押期间遵守监管法规、坦白交代罪行，在审判过程中深挖犯罪的思想根源，等等。

（4）没有再犯罪的危险。对被判处拘役或者 3 年以下有期徒刑的犯罪人，并不是都可以适用缓刑。适用缓刑的实质条件是，暂不执行所判刑罚，犯罪人也确实不致再危害社会。如果犯罪分子仍具有再犯可能性的，就不能适用缓刑。因此，被宣告缓刑的犯罪分子，如果在考验期内再犯新罪，就充分表明其仍具有再犯罪的危险，即便其新犯的罪属于轻罪，也不符合缓刑适用条件，不能再次适用缓刑。

（5）宣告缓刑对所居住社区没有重大不良影响。罪犯能够很好地融入社会，重新开始社会生活。

（6）对其中不满 18 周岁的人、怀孕的妇女和已满 75 周岁的人，符合缓刑条件的，应当宣告缓刑。

（7）宣告缓刑，可以根据犯罪情况，同时禁止犯罪分子在缓刑考验期限内从事特定活动，进入特定区域、场所，接触特定的人。

（8）犯罪分子不是累犯和犯罪集团的首要分子。因为累犯是在执行一定刑罚之后再次犯罪，其人身危险性较大；而犯罪集团的首要分子在共同犯罪中起组织、策划、指挥作用，是共同犯罪的积极推动者。对上述两种人如果不执行所判处的刑罚，其再次犯罪的可能性更大，故对累犯和犯罪集团的首要分子不能适用缓刑。

（二）战时缓刑的适用条件

根据《刑法》第449条的规定，适用战时缓刑必须同时具备以下条件：

（1）适用的时间仅限于战时。所谓战时，按照《刑法》第451条的规定，是指国家宣布进入战争状态、部队受领作战任务或遭敌突然袭击时，部队执行戒严任务或者处置突发性暴力事件时，均以战时论。

（2）适用的对象仅限于被判处 3 年以下有期徒刑的犯罪军人。

（3）在战争条件下宣告缓刑没有现实危险。适用战时缓刑，是将犯罪军人继续留在部队，并执行军事任务，如果具有现实危险，就可能严重危害国家和军队的安全及利益。因此，只有在认为其没有现实危险的情况下，才能适用缓刑。判断其是否具有现实危险，应根据其犯罪的性质、情节、危害程度以及悔罪表现等综合分析。

三、缓刑的考验期限与考察

（一）缓刑的考验期限

缓刑的考验期限，是指对被宣告缓刑的犯罪分子进行考察的一定期间，对所判处的刑罚有条件的不执行。缓刑的考验期，是缓刑制度的重要组成部分，设立考验期的目的，在于考察被判缓刑的人是否接受改造、弃旧图新，以使缓刑制度发挥积极的效用。法院在宣告缓刑的同时，应当依法确定适当的考验期。

根据《刑法》第73条的规定，拘役的缓刑考验期限为原判刑期以上 1 年以下，但是不能少于 2 个月；有期徒刑的缓刑考验期限为原判刑期以上 5 年以下，但是不能少于 1 年。可见，①拘役的考验期限最低不能少于 2 个月，最长不得超过 1 年；有期徒刑的缓刑考验期限最低不能少于 1 年，最高不能超过 5 年。在此范围内，缓刑考验期限等于或者长于原判刑期。②在原判刑期与缓刑考验期限的比例关系中，一般来说，考验期限应适当长于原判刑期。例如，对于被判处 1 年有期徒刑的犯罪人宣告缓刑考验期限为 5 年，对于被判处 3 年有期徒刑的犯罪人宣告缓刑考验期限为 3 年，虽然也是合法的，但不太合适。③缓刑的考验期限，从判决确定之日起计算。判决确定以前先行羁押的，不能折抵考验期限。因为缓刑考验期限不是刑罚执行期限；规定考验期限是为了考察犯罪人在此期限内是否遵守一定条件，如果将羁押日期折抵考验期限，就失去了规定考验期限的意义；先前的羁押期实际上也是人民法院考察犯罪人有无悔罪表现，从而决定是否宣告缓刑的时期，不能折抵考验期限。

（二）对缓刑犯在考验期限内的考察

给宣告缓刑的犯罪人规定一定的考验期限，是为了对其进行考察、矫正。没有必要的考察、矫正，缓刑就难以发挥其应有的作用。

（1）根据《刑法》第 76 条和《刑法修正案（八）》第 13 条的规定，对宣告缓刑的犯罪分子，在缓刑考验期限内，依法实行社区矫正，如果没有本法第 77 条规定的情形，缓刑考验期满，原判的刑罚就不再执行，并公开予以宣告。

（2）根据《刑法》第 75 条的规定，被宣告缓刑的犯罪人，应当遵守下列规定：①遵守法律、行政法规，服从监督；②按照考察机关的规定报告自己的活动情况；③遵守考察机关关于会客的规定；④离开所居住的市、县或者迁居，应当报经考察机关批准。

（3）缓刑的效力不及附加刑。根据《刑法》第 72 条的规定，被宣告缓刑的犯罪人，如果被判处附加刑的，附加刑仍须执行。

四、缓刑的法律后果

（一）缓刑考验期满

缓刑考验期满，是指对宣告缓刑的犯罪人在缓刑考验期内，依法实行社区矫正，没有再犯新罪，没有发现判决宣告以前还有其他罪没有判决，没有情节严重的违反有关缓刑的监督管理规定的行为，并且经过了考验期限。根据《刑法》第 76 条的规定，被宣告缓刑的犯罪人，如果没有上述三种情形，缓刑考验期满，原判的刑罚就不再执行，并公开予以宣告。"原判的刑罚就不再执行"，是指原判决的有罪宣告仍然有效，原判的刑罚也没有错误，但由于犯罪人在考验期内符合法定条件，原判决所宣告的刑罚不执行。

（二）缓刑的撤销

缓刑的撤销，是指由于犯罪人在缓刑考验期内，没有遵守法定条件，而将原判决宣告的缓刑予以撤销，使犯罪人执行原判刑罚。缓刑的撤销包括两种情况：

（1）被宣告缓刑的犯罪人，在缓刑考验期内犯新罪，或者发现判决宣告以前还有其他罪没有判决的，应当撤销缓刑，对新犯的罪或者新发现的罪作出判决，把前罪和后罪所判处的刑罚，依照《刑法》第 69 条的规定，决定执行的刑罚。如果原判决宣告以前先行羁押的，羁押日期应当折抵刑期。需要说明的是，只要是在缓刑考验期内犯新罪，即使经过了缓刑考验期限后才发现新罪，也应当撤销缓刑。

（2）根据《刑法修正案（八）》第 14 条的规定，被宣告缓刑的犯罪分子，在缓刑考验期限内，违反法律、行政法规或者国务院有关部门关于缓刑的监督管理规定，或者违反人民法院判决中的禁止令，情节严重的，应当撤销缓刑，执行原判刑罚。

【案例分析】

1. （1）赵某构成敲诈勒索罪和放火罪。赵某向自己父亲谎称遭到绑架，索要财物的行为，属于使用威胁的方式勒索数额较大的财物的行为，构成敲诈勒索罪。在犯罪时，赵某已满16周岁，应当负刑事责任。赵某在实施盗窃和放火行为时，已满14周岁不满16周岁，依法对盗窃行为不负刑事责任，不成立盗窃罪；但依法对放火罪应当负刑事责任，成立放火罪。

（2）钱某不构成犯罪。钱某按照赵某的指示向赵某父亲谎称赵某被警察抓了，不构成犯罪。理由是主观上没有敲诈的故意，客观上声称被警察抓住，本身就不是敲诈的威胁行为。钱某交代参与绑架一事，因其实行行为时不满16周岁，未达到绑架罪负刑事责任的年龄，不构成绑架罪。

（3）孙某帮助赵某谎称遭绑架，并勒索数额较大的财物，构成赵某敲诈勒索罪的共犯。

2. （1）赵某的法定量刑情节：①犯罪时不满18周岁，依法应当从轻或者减轻处罚。②特别自首。赵某在拘留期间被采取强制措施之后，主动交代司法机关未掌握的与敲诈勒索不同种的放火罪行，属于自首，依法可以从轻或者减轻处罚。③该起敲诈勒索行为由于行为人意志以外的原因而未得逞，属于未遂，依法可以比照既遂犯从轻或者减轻处罚。

（2）孙某的法定量刑情节：①犯罪时不满18周岁，依法应当从轻或者减轻处罚。②从犯。孙某作为赵某敲诈勒索罪的共犯，在共同犯罪中起次要作用，属于从犯，应当从轻、减轻或者免除处罚。③揭发他人的重大犯罪行为，属于重大立功表现，依法可以减轻或者免除处罚。④该起敲诈勒索行为由于行为人意志以外的原因而未得逞，属于未遂，依法可以比照既遂犯从轻或者减轻处罚。

【法律链接】

1. 《中华人民共和国刑法》（2011年修正）

第六十一条　对于犯罪分子决定刑罚的时候，应当根据犯罪的事实、犯罪的性质、情节和对于社会的危害程度，依照本法的有关规定判处。

第六十二条　犯罪分子具有本法规定的从重处罚、从轻处罚情节的，应当在法定刑的限度以内判处刑罚。

第六十三条　犯罪分子具有本法规定的减轻处罚情节的，应当在法定刑以下判处刑罚；本法规定有数个量刑幅度的，应当在法定量刑幅度的下一个量刑幅度内判处刑罚。

犯罪分子虽然不具有本法规定的减轻处罚情节，但是根据案件的特殊情况，经最高人民法院核准，也可以在法定刑以下判处刑罚。

第六十四条　犯罪分子违法所得的一切财物，应当予以追缴或者责令退赔；对被害人的合法财产，应当及时返还；违禁品和供犯罪所用的本人财物，应当予以没收。没收的财物和罚金，一律上缴国库，不得挪用和自行处理。

第六十五条　被判处有期徒刑以上刑罚的犯罪分子，刑罚执行完毕或者赦免以后，在五年以内再犯应当判处有期徒刑以上刑罚之罪的，是累犯，应当从重处罚，但是过失犯罪和不满十八周岁的人犯罪的除外。

前款规定的期限，对于被假释的犯罪分子，从假释期满之日起计算。

第六十六条　危害国家安全犯罪、恐怖活动犯罪、黑社会性质的组织犯罪的犯罪分子，在刑罚执行完毕或者赦免以后，在任何时候再犯上述任一类罪的，都以累犯论处。

第六十七条　犯罪以后自动投案，如实供述自己的罪行的，是自首。对于自首的犯罪分子，可以从轻或者减轻处罚。其中，犯罪较轻的，可以免除处罚。

被采取强制措施的犯罪嫌疑人、被告人和正在服刑的罪犯，如实供述司法机关还未掌握的本人其他罪行的，以自首论。

犯罪嫌疑人虽不具有前两款规定的自首情节，但是如实供述自己罪行的，可以从轻处罚；因其如实供述自己罪行，避免特别严重后果发生的，可以减轻处罚。

第六十八条　犯罪分子有揭发他人犯罪行为，查证属实的，或者提供重要线索，从而得以侦破其他案件等立功表现的，可以从轻或者减轻处罚；有重大立功表现的，可以减轻或者免除处罚。

第六十九条　判决宣告以前一人犯数罪的，除判处死刑和无期徒刑的以外，应当在总和刑期以下、数刑中最高刑期以上，酌情决定执行的刑期。但是管制最高不能超过三年；拘役最高不能超过一年；有期徒刑总和刑期不满三十五年的，最高不能超过二十年；总和刑期在三十五年以上的，最高不能超过二十五年。

数罪中有判处附加刑的，附加刑仍须执行；其中附加刑种类相同的，合并执行，种类不同的，分别执行。

第七十条　判决宣告以后，刑罚执行完毕以前，发现被判刑的犯罪分子在判决宣告以前还有其他罪没有判决的，应当对新发现的罪作出判决，把前后两个判决所判处的刑罚，依照本法第六十九条的规定，决定执行的刑罚。已经执行的刑期，应当计算在新判决决定的刑期以内。

第七十一条　判决宣告以后，刑罚执行完毕以前，被判刑的犯罪分子又犯罪的，应当对新犯的罪作出判决，把前罪没有执行的刑罚和后罪所判处的刑罚，依照本法第六十九条的规定，决定执行的刑罚。

第七十二条　对于被判处拘役、三年以下有期徒刑的犯罪分子，同时符合下列条件的，可以宣告缓刑；对其中不满十八周岁的人、怀孕的妇女和已满七十五周岁的人，应当宣告缓刑：

（一）犯罪情节较轻；（二）有悔罪表现；（三）没有再犯罪的危险；（四）宣告缓刑对所居住社区没有重大不良影响。

宣告缓刑，可以根据犯罪情况，同时禁止犯罪分子在缓刑考验期限内从事特定活动，进入特定区域、场所，接触特定的人。

被宣告缓刑的犯罪分子，如果被判处附加刑，附加刑仍须执行。

第七十三条　拘役的缓刑考验期限为原判刑期以上一年以下，但是不能少于两个月。

有期徒刑的缓刑考验期限为原判刑期以上五年以下，但是不能少于一年。

缓刑考验期限，从判决确定之日起计算。

第七十四条　对于累犯和犯罪集团的首要分子，不适用缓刑。

第七十五条　被宣告缓刑的犯罪分子，应当遵守下列规定：

（一）遵守法律、行政法规，服从监督；（二）按照考察机关的规定报告自己的活动情况；（三）遵守考察机关关于会客的规定；（四）离开所居住的市、县或者迁居，应当报经考察机关批准。

第七十六条　对宣告缓刑的犯罪分子，在缓刑考验期限内，依法实行社区矫正，如果没有本法第七十七条规定的情形，缓刑考验期满，原判的刑罚就不再执行，并公开予以宣告。

第七十七条　被宣告缓刑的犯罪分子，在缓刑考验期限内犯新罪或者发现判决宣告以前还有其他罪没有判决的，应当撤销缓刑，对新犯的罪或者新发现的罪作出判决，把前罪和后罪所判处的刑罚，依照本法第六十九条的规定，决定执行的刑罚。

被宣告缓刑的犯罪分子，在缓刑考验期限内，违反法律、行政法规或者国务院有关部门关于缓刑的监督管理规定，或者违反人民法院判决中的禁止令，情节严重的，应当撤销缓刑，执行原判刑罚。

2. 最高人民法院《关于处理自首和立功具体应用法律若干问题的解释》（1998 年）

3. 最高人民法院《关于处理自首和立功若干具体问题的意见》（2010 年）

4. 最高人民法院、最高人民检察院《关于办理职务犯罪案件认定自首、立功等量刑情节若干问题的意见》（2009 年）

【工作任务】

被告人李某（男，1993 年 5 月 25 日生）于 2009 年 1 月 12 日，因犯抢劫罪被法院判处有期徒刑 1 年 6 个月，次年 3 月 24 日刑满释放。李某出狱后，于 2010 年 4 月伙同他人窜至刘某的租住房内，盗窃了燃气镀锌管等物品。经鉴定，被盗物品价值为 5 010 元。2011 年 5 月 27 日，被告人李某因盗窃案被判处有期徒刑 1 年 1 个月，并处罚金 2 000 元。

【问题】

1. 李某的犯罪行为是否构成累犯？

2. 本案在定罪量刑上是否适当？

【拓展阅读】

1. 董玉庭，董进宇. 刑事自由裁量权导论. 北京：法律出版社，2008.

2. 周长军等. 刑事裁量权规制的实证研究. 北京：中国法制出版社，2011.

项目三　刑罚执行与刑罚消灭

【知识目标】

了解刑罚执行、时效、赦免的概念与意义；理解刑罚执行的原则，减刑、假释的意义；掌握减刑的条件及适用限度，假释的概念、条件、考验期限与法律后果，追诉

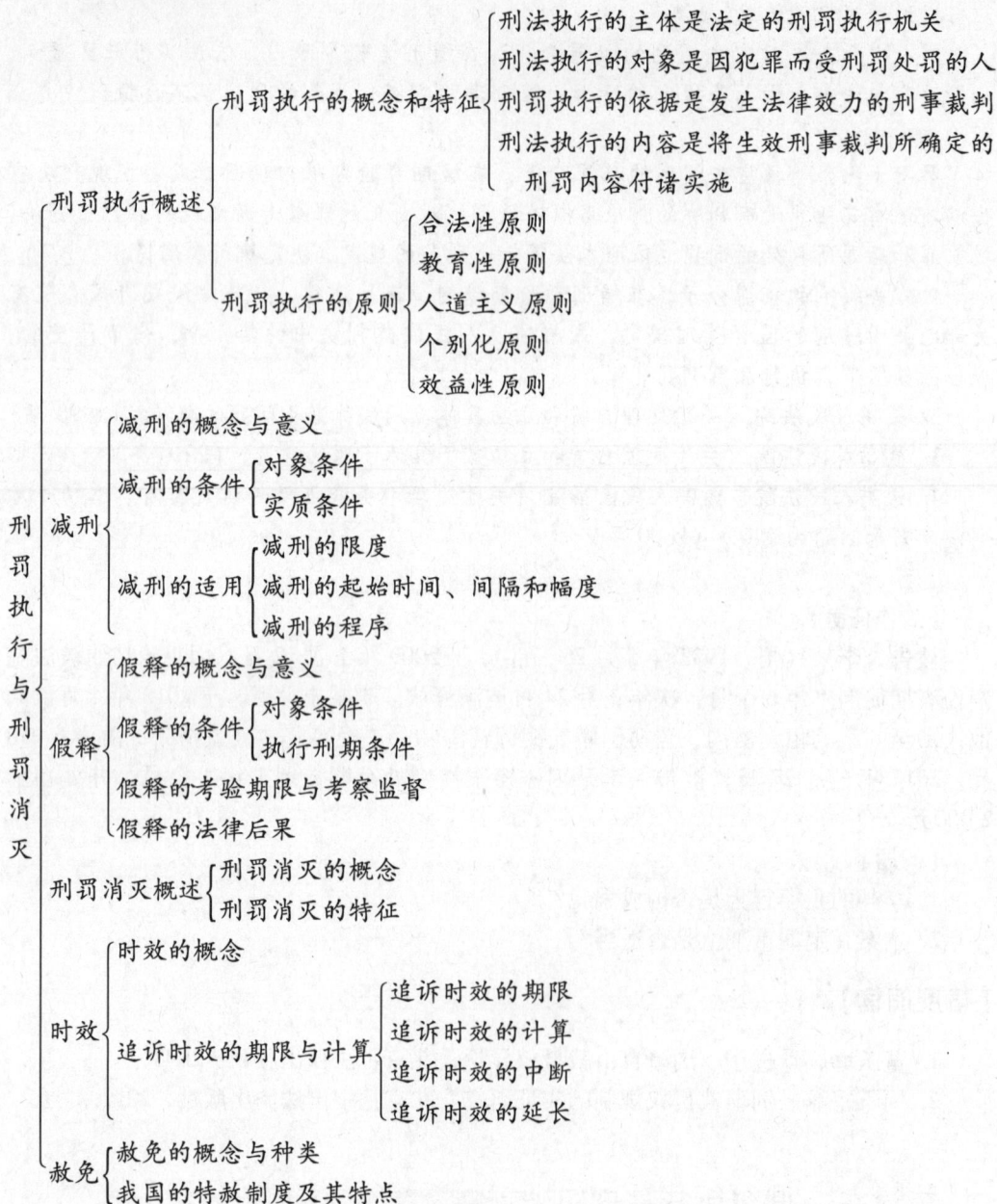

时效的期限与计算。

【能力目标】

对刑罚执行和刑罚消灭的主要法律制度形成比较清晰的认识，准确把握和应用减刑、假释及时效法律制度。

【内容结构图】

- 刑罚执行概述
  - 刑罚执行的概念和特征
    - 刑法执行的主体是法定的刑罚执行机关
    - 刑法执行的对象是因犯罪而受刑罚处罚的人
    - 刑罚执行的依据是发生法律效力的刑事裁判
    - 刑法执行的内容是将生效刑事裁判所确定的刑罚内容付诸实施
  - 刑罚执行的原则
    - 合法性原则
    - 教育性原则
    - 人道主义原则
    - 个别化原则
    - 效益性原则
- 刑罚执行与刑罚消灭
  - 减刑
    - 减刑的概念与意义
    - 减刑的条件
      - 对象条件
      - 实质条件
    - 减刑的适用
      - 减刑的限度
      - 减刑的起始时间、间隔和幅度
      - 减刑的程序
  - 假释
    - 假释的概念与意义
    - 假释的条件
      - 对象条件
      - 执行刑期条件
    - 假释的考验期限与考察监督
    - 假释的法律后果
  - 刑罚消灭概述
    - 刑罚消灭的概念
    - 刑罚消灭的特征
  - 时效
    - 时效的概念
    - 追诉时效的期限与计算
      - 追诉时效的期限
      - 追诉时效的计算
      - 追诉时效的中断
      - 追诉时效的延长
  - 赦免
    - 赦免的概念与种类
    - 我国的特赦制度及其特点

【案例导入】

张某因受贿被判无期徒刑。在狱中服刑期间，张某积极接受改造，在遵守监规、参加劳动等各方面都表现突出。监狱方面准备为其向法院提请减刑。

【问题】

1. 法院可否对其进行减刑？减刑的适用条件有哪些？

2. 如果减刑后张某仍一贯表现良好，将来还可否被假释？张某即使先后被减刑、假释，其在狱中最少要实际执行多少年？

【基本原理】

刑罚执行概述

一、刑罚执行的概念和特征

刑罚执行，是指法定的刑罚执行机关，依法将发生效力的刑事裁判所确定的刑罚内容付诸实施的刑事司法活动。刑罚执行具有以下特征：

（一）刑罚执行的主体是法定的刑罚执行机关

刑罚执行的主体只能是法律规定的刑罚执行机关。我国的刑罚执行机关包括人民法院、公安机关和司法行政机关。除了这些机关之外，任何机关和个人无权执行刑罚。

死刑立即执行、没收财产、罚金由人民法院执行；公安机关是拘役的执行机关，并配合司法行政机关执行社区矫正；隶属于司法行政机关的监狱是死刑缓期2年执行、无期徒刑、有期徒刑的执行机关；司法行政机关负责指导管理、组织实施社区矫正工作，司法所承担社区矫正日常工作。

（二）刑罚执行的对象是因犯罪而受刑罚处罚的人

刑罚执行的对象是特定的，只能是被人民法院生效裁判认定其行为构成犯罪并判处刑罚的人（包括自然人犯罪主体和单位犯罪主体）。

（三）刑罚执行的依据是发生法律效力的刑事裁判

刑罚执行的依据是已经发生法律效力的人民法院的刑事判决和裁定。生效的刑事裁判包括已过法定期限没有上诉、抗诉的判决和裁定、终审的判决和裁定、最高人民法院核准的死刑判决和高级人民法院核准的死刑缓期2年执行的判决。

（四）刑罚执行的内容是将生效刑事裁判所确定的刑罚内容付诸实施

刑罚执行，就是要将刑事裁判所确定的"纸面上"的刑罚转化为现实中的刑罚。这是一个惩罚、教育、改造犯罪分子的实践过程，通过法定刑罚执行机关的一系列法律活动来实现。刑罚执行还要解决执行中产生的一些法律问题，如通过减刑、假释等方式，适时对原判决作一定限度的调整，故减刑、假释属于重要的刑罚执行制度。

二、刑罚执行的原则

刑罚执行的原则，是刑罚执行机关在执行刑罚的过程中必须遵循的、保证刑罚目的实现并贯穿于整个行刑活动的准则。根据我国行刑目的和行刑实践，我国刑罚执行主要有以下原则：

（一）合法性原则

刑罚执行是涉及人的生命、自由、财产等非常严肃的法律活动。我国的刑法、刑事诉讼法和监狱法等对刑罚执行的主体、对象、依据、内容、程序等，都作出了严格的规定。刑罚执行过程中的各项活动都必须依法进行。

（二）教育性原则

教育性原则，是指从实现刑罚预防的目的出发，对犯罪人进行积极的教育，而不是一味消极地惩罚与威慑的一种准则。要坚持惩罚与改造相结合、教育和劳动相结合；要将教育疏导贯穿于行刑的全过程，针对每个犯罪人不同的情况，采取不同的教育方法。

（三）人道主义原则

刑罚执行中的人道主义原则，其基本要求是在刑罚执行过程中应当尊重犯人的人格尊严，保障犯人依法享有的各种权利。刑罚执行过程中严禁侮辱、虐待犯罪人，严禁各种形式的肉刑，要切实关心罪犯的生活并给予相应的物质保障，对未成年、女性、老年、疾病、残疾等罪犯实行特殊的宽缓政策，对刑满释放人员采取不歧视、不嫌弃的态度并积极提供学习、工作和劳动等各种机会。这些都是人道主义在刑罚执行中的体现。

（四）个别化原则

个别化原则要求在刑罚执行过程中，应当根据罪犯的人身危险性、犯罪的性质和严重程度，以及罪犯的年龄、性别等具体情况，给予不同的处罚，采取有区别的教育改造方法。如设立专门的未成年犯管教所、女子监狱；根据罪犯认罪态度、主观恶性的深浅、思想改造的难易、犯罪次数多少等，采取不同的教育方式；根据罪犯的身体与生理特征、年龄、性别、文化程度、技术水平等，分配适当的工种，制定合理的定额；根据罪犯的表现，及时给予适当的奖惩等，都是该原则的具体体现。

（五）效益性原则

从效益的角度来看，刑罚执行也有一个投入与产出的问题。一方面，要尽可能地获得教育改造罪犯的最大社会效益；另一方面，要力求减少教育改造罪犯的成本与代价。将这两个方面很好地结合起来，并努力达成两者之间的平衡，这是刑罚执行的效益性原则的要求。减刑、假释的充分适用，社区矫正的发展等，从一定角度来看，是该原则的重要体现。当然，在贯彻效益性原则时，要防止因此而牺牲刑罚执行公正性的错误倾向。

减　刑

一、减刑的概念与意义

根据《刑法》第 78 条的规定，所谓减刑，是指对于被判处管制、拘役、有期徒刑和无期徒刑的犯罪分子，在刑罚执行期间，由于确有悔改或者立功表现，而将其原判刑罚予以适当减轻的一种刑罚执行制度。这是个狭义的减刑概念。本教材主要采用狭义的减刑概念。另外，对死缓犯在死刑缓期执行期间，如果没有故意犯罪或者确有重大立功表现，2 年期满以后，分别减为无期徒刑或者 25 年有期徒刑的，从广义上说，也属于减刑。

将原判刑罚予以适当减轻，包括两种方法：一是将原判较重的刑种减为较轻的刑种，如把无期徒刑减为有期徒刑（但有期徒刑不能减为拘役或者管制）；二是将原判较长的刑期减为较短的刑期，即将有期徒刑、拘役、管制的刑期适当缩短。

减刑与减轻处罚是不同的。减刑的对象是已决犯，减轻处罚的对象则是未决犯。减刑发生在判决生效以后，是在对犯罪分子执行刑罚的过程中，将犯罪分子的原判刑罚予以适当减轻。减轻处罚，则发生在人民法院对犯罪分子裁量刑罚的过程中，是对具有减轻处罚情节的犯罪分子在法定刑以下判处刑罚。

减刑与改判也是两个不同的概念。改判是指原判决确有错误，人民法院依照二审、复核或者审判监督程序将原判决撤销，经重新审理作出新的判决的审判活动。改判是以原判决确有错误为前提的。而减刑并不改变原判决，只是把原来已经判决的刑罚，根据犯罪分子认真遵守监规，确有悔改或有立功表现的情况予以适当减轻。减刑是在肯定原判决的基础上进行的。

减刑制度体现了我国宽严相济的刑事政策，也是刑罚执行的个别化、人道主义、教育性、效益性原则的贯彻。犯罪人经过一段时间的服刑改造，确有悔改或立功表现的，可以得到减刑的宽大处理。这对于巩固改造成果，进一步加速犯罪分子的改造，实现刑罚目的有积极的作用。

二、减刑的条件

根据《刑法》第78条的规定，减刑分为可以减刑和应当减刑两种。可以减刑与应当减刑的对象条件和限度条件相同，只是实质条件有所区别。减刑必须依照法律规定的下列条件进行：

（一）对象条件

减刑的对象只能是被判处管制、拘役、有期徒刑、无期徒刑的犯罪人。

（二）实质条件

减刑的实质条件，因减刑的种类不同而有所区别。

1. 可以减刑的实质条件

可以减刑的实质条件，是犯罪分子在刑罚执行期间认真遵守监规，接受教育改造，确有悔改表现或者有立功表现。

根据有关司法解释，"确有悔改表现"是指同时具备以下四个方面的情形：①认罪悔罪；②认真遵守法律法规及监规，接受教育改造；③积极参加思想、文化、职业技术教育；④积极参加劳动，努力完成劳动任务。

具有下列情形之一的，应当认定为有"立功表现"：①阻止他人实施犯罪活动的；②检举、揭发监狱内外犯罪活动，或者提供重要的破案线索，经查证属实的；③协助司法机关抓捕其他犯罪嫌疑人（包括同案犯）的；④在生产、科研中进行技术革新，成绩突出的；⑤在抢险救灾或者排除重大事故中表现突出的；⑥对国家和社会有其他贡献的。

2. 应当减刑的实质条件

应当减刑的实质条件，是犯罪分子在刑罚执行期间有重大立功表现。

根据《刑法》第78条的规定，犯罪分子在刑罚执行期间有下列情形之一的，就视为"有重大立功表现"：①阻止他人重大犯罪活动的；②检举监狱内外重大犯罪活动，经查证属实的；③有发明创造或者重大技术革新的；④在日常生产、生活中舍己救人的；⑤在抗御自然灾害或者排除重大事故中，有突出表现的；⑥对国家和社会有其他重大贡献的。

三、减刑的适用

（一）减刑的限度

为了贯彻罪责刑相适应原则，维护法院判决的权威性，同时也考虑公平正义的诉求，减刑必须有一定的限度。对于减刑的限度，《刑法》第78条和有关司法解释作出了明确的规定，即被判处管制、拘役、有期徒刑的，其减刑后实际执行的刑期不能少于原判刑期的1/2。被判处无期徒刑的，其减刑后实际执行的刑期不能少于13年。人民法院依照《刑法》第50条第2款规定，限制减刑的死刑缓期执行的犯罪分子，缓期执行期满后依法减为无期徒刑的，不能少于25年；缓期执行期满后依法减为25年有期徒刑的，不能少于20年。

（二）减刑的起始时间、间隔和幅度

为了保证减刑制度的正确运用，有关司法解释对于被判处无期徒刑和有期徒刑的犯罪分子的减刑起始时间、间隔和幅度等问题作出了具体规定：

1. 无期徒刑犯的减刑起始时间、间隔和幅度

无期徒刑罪犯在刑罚执行期间，确有悔改表现，或者有立功表现的，服刑2年以后，可以减刑。减刑幅度为：确有悔改表现，或者有立功表现的，一般可以减为20年以上22年以下有期徒刑；有重大立功表现的，可以减为15年以上20年以下有期徒刑。

无期徒刑罪犯经过一次或几次减刑后，其实际执行的刑期不能少于13年，起始时间应当自无期徒刑判决确定之日起计算。

死刑缓期执行罪犯减为无期徒刑后，确有悔改表现，或者有立功表现的，服刑2年以后可以减为25年有期徒刑；有重大立功表现的，服刑2年以后可以减为23年有期徒刑。

死刑缓期执行罪犯经过一次或几次减刑后，其实际执行的刑期不能少于15年，死刑缓期执行期间不包括在内。

2. 有期徒刑犯的减刑起始时间、间隔和幅度

有期徒刑罪犯的减刑起始时间和间隔时间为：被判处5年以上有期徒刑的罪犯，一般在执行1年6个月以上方可减刑，两次减刑之间一般应当间隔1年以上。被判处不满5年有期徒刑的罪犯，可以比照上述规定，适当缩短起始时间和间隔时间。

有期徒刑罪犯的减刑幅度为：确有悔改表现，或者有立功表现的，一次减刑一般不超过1年；确有悔改表现并有立功表现，或者有重大立功表现的，一次减刑一般不超过2年。

确有重大立功表现的，可以不受上述减刑起始时间和间隔时间的限制。有期徒刑的减刑起始时间自判决执行之日起计算。

（三）减刑的程序

根据《刑法》第79条的规定，对于犯罪分子的减刑，由执行机关向中级以上人民法院提出减刑建议书。人民法院应当组成合议庭进行审理，对确有悔改或者立功事实的，裁定予以减刑。非经法定程序不得减刑。

假　释

一、假释的概念与意义

根据《刑法》第81条的规定，所谓假释，是指被判处有期徒刑、无期徒刑的犯罪分子，在执行一定的刑期之后，确有悔改表现，不致再危害社会，而被附条件地提前释放的一种刑罚执行制度。

假释不同于刑满释放。刑满释放是服刑者的刑期已满，刑罚已经执行完毕，而被无条件地释放；假释是附条件地提前释放。

假释也不同于暂予监外执行。暂予监外执行是对患有严重疾病需保外就医的、怀孕或正在哺乳自己婴儿的等情况特殊、不宜在监内执行的罪犯所采取的临时措施，其条件与假释的条件显然不同。其离开监狱的时期仍然属于服刑期间，只要妨碍狱内执行的因素消失，而刑期未满的，仍应收监执行。

假释制度体现了宽严相济的刑事政策，体现了刑罚执行社会化、个别化、经济化的原则，有利于鼓励和促进犯罪分子改过自新，有利于监狱管理部门对服刑人员的教育管理。

二、假释的条件

根据《刑法》第81条的规定，对罪犯适用假释必须具备以下条件：

（一）对象条件

假释只适用于被判处有期徒刑或者无期徒刑的罪犯。对于被判处死刑缓期2年执行的罪犯，2年期满减为无期徒刑或有期徒刑的，也属于可适用假释的对象。

《刑法》第81条第2款对假释的对象进行了限制性规定："对累犯以及因故意杀人、强奸、抢劫、绑架、放火、爆炸、投放危险物质或者有组织的暴力性犯罪被判处十年以上有期徒刑、无期徒刑的犯罪分子，不得假释。"

罪犯假释后，将居住在社区。因此，是否假释，有必要考虑社区各方的意见。《刑法修正案（八）》补充规定：对犯罪分子决定假释时，应当考虑其假释后对所居住社区的影响。2011年《最高人民法院关于办理减刑、假释案件具体应用法律若干问题的规定》第24条规定："提请假释的，应当附有社区矫正机构关于罪犯假释后对所居住社区影响的调查评估报告。"

（二）执行刑期条件

《刑法》第81条规定："被判处有期徒刑的犯罪分子，执行原判刑罚二分之一以上，被判处无期徒刑的犯罪分子，实际执行十三年以上，才能对其适用假释。"如此规定的原因，一方面是因为罪犯改造的效果必须经过一定的时间来证明；另一方面是为了维护法院判决的权威性、稳定性，贯彻罪责刑相适应的刑法基本原则。这实际上是对假释在限度上的约束。

为了避免绝对化，《刑法》第81条还规定："如果有特殊情况，经最高人民法院核准，可以不受上述执行刑期的限制。"所谓特殊情况，根据有关司法解释，是指罪犯有重大发明创造或有突出立功表现、有专门技能而被单位急需、未成年或丧失活动能力并有悔改表现不致再危害社会，以及国家政治、国防、外交等方面特殊需要的情况等。

（三）实质条件

假释的实质条件是："认真遵守监规，接受教育改造，确有悔改表现，没有再犯罪的危险的。"应该说，这里的"没有再犯罪的危险"，只是一种依据当时罪犯的表现情况所作出的预估性判断，不能将其绝对化。

三、假释的考验期限与考察监督

假释是附条件地提前释放罪犯，同时保留对其执行剩余刑罚的可能性。因此，须有一个适当的考验期限，以便于对犯罪分子继续进行监督，促使其真正改过自新。根据《刑法》第83条的规定，被判处有期徒刑的犯罪分子，其假释考验期限，为没有执行完毕的刑期；无期徒刑的假释考验期限为10年。假释考验期限，从假释之日起计算。

根据《刑法》第84条的规定，被宣告假释的犯罪分子，应当遵守下列规定：①遵守法律、行政法规，服从监督；②按照监督机关的规定报告自己的活动情况；③遵守监督机关关于会客的规定；④离开所居住的市、县或者迁居，应当报经监督机关批准。根据《刑法》第85条的规定，对假释的犯罪分子，在假释考验期限内，依法实行社区矫正。

四、假释的法律后果

根据刑法有关规定，假释可能会出现下列法律后果：

（1）被假释的犯罪分子，在假释考验期内没有出现《刑法》第86条规定的情形，既没有再犯新罪或者发现漏罪，也没有违反法律、行政法规或者国务院有关部门关于假释的监督管理规定的行为，假释考验期满，就认为原判刑罚已经执行完毕。

（2）在假释考验期限内又犯新罪的，撤销假释，对新罪作出判决，将新罪所判处的刑罚与前罪没有执行完的刑罚，按《刑法》第71条规定的先减后并的方法数罪并罚。

（3）发现被假释的犯罪分子在判决宣告以前还有其他罪没有判决的，应当撤销假释，对新发现的漏罪作出判决，把前后两个罪，按《刑法》第70条规定的先并后减的方法实行并罚。

（4）被假释的犯罪分子，在假释考验期限内，有违反法律、行政法规或者国务院有关部门关于假释的监督管理规定的行为，但尚未构成新的犯罪的，应当依照法定程序撤销假释，收监执行未执行完毕的刑罚。此时，不存在数罪并罚问题。

（5）犯罪分子被假释后，原判附加刑的，附加刑仍须继续执行。原判有附加剥夺政治权利的，附加剥夺政治权利的刑期从假释之日起计算。

刑罚消灭概述

一、刑罚消灭的概念

刑罚消灭，是指由于某种法定原因或事实原因，致使国家对特定犯罪人的刑罚权的某项内容归于消灭的制度。刑罚消灭实际上是对刑罚权的一种限制。广义的刑罚权包括制刑权、求刑权、量刑权和行刑权四种权力。刑罚消灭，对犯罪人而言意味着刑事责任的终结，对国家而言则意味着求刑权、量刑权或行刑权的消灭。刑罚消灭的出现，须基于一定的法定原因或事实原因，本教材仅就诸多法定原因中的时效和赦免进行阐释。

二、刑罚消灭的特征

刑罚消灭具有以下特征：

（1）刑罚消灭以行为人的行为构成犯罪且应适用刑罚为前提。无适用刑罚的前提，刑罚消灭则无从谈起；而要适用刑罚，又须以犯罪的存在为先决条件。

（2）刑罚消灭意味着代表国家的司法机关丧失对犯罪人行使具体的刑罚权。具体说来，对特定犯罪人具体的刑罚权的消灭，是指求刑权、量刑权和行刑权的消灭。其中，求刑权是立法机关授予公诉机关请求审判机关在对犯罪嫌疑人定罪的基础上进一步判处刑罚的权力；量刑权是国家赋予审判机关的在定罪基础上对犯罪人是否处刑以及处以何等刑罚的权力；行刑权是国家赋予行刑机关的执行刑事判决的权力。而制刑权，即国家赋予立法机关创制刑罚的权力，只要国家存在，就不可能被消灭。

（3）刑罚消灭的依据是出现了某种法定原因或事实原因。如超过追诉时效、免除刑罚、减刑、赦免等法律规定的引起刑罚消灭的原因；还有犯罪人死亡、刑罚执行完毕等使刑罚归于消灭的事实原因。

时 效

一、时效的概念

时效，是指经过一定期限，对犯罪不得追诉或者对所判刑罚不得执行的一种制度。分为追诉时效和行刑时效。

追诉时效，是指刑法所规定的、对犯罪分子追究刑事责任的有效期限。犯罪分子的犯罪行为如超过刑法规定的追诉时效期限，不再追究其刑事责任。如果已经追诉的，则应撤销案件或不起诉或终止审判。

行刑时效，是指刑法所规定的、对被判处刑罚的犯罪人执行刑罚的有效期限。在此期限内，刑罚执行机关有权执行刑罚，如超过这一期限，则不能再对犯罪人执行所判处的刑罚。

我国刑法只规定了追诉时效而没有规定行刑时效。

刑法设立时效制度的原因是：

（1）有利于刑罚目的的实现。刑罚的目的主要是预防犯罪，如果犯罪分子犯罪后，在相当长的追诉时效期限内没有受到追诉，也没有再犯罪，说明犯罪分子已得到了一定程度的改造，对社会已经无害了，刑罚的目的已经达到。如果再追究其刑事责任，既起不到特殊预防的作用，也起不到警戒社会上不稳定分子和教育群众的作用。

（2）有利于打击现行犯罪活动，节约司法资源。打击现行犯罪活动历来是司法机关的首要任务，而陈年旧案因时过境迁，证据难以收集，从而使得侦查、起诉、审判亦难以顺利进行。而时效制度的设立，则可节省大量人力、物力和财力，有利于司法机关集中力量打击现行犯罪活动。

（3）有利于社会的稳定。因犯罪行为而被破坏的某种社会关系经过一定的时期，可能已得到恢复或修补，如再重新追诉陈年旧案，容易引发新的不安定因素，不利于社会的稳定。

总之，时效制度不仅有利于实现刑罚的目的，而且有利于司法机关集中力量打击现行犯罪，有利于社会的稳定。所以，时效制度不仅不会放纵犯罪，而且可以更有效地惩罚犯罪，是从国家和人民利益出发，强化与犯罪作斗争的有效法律武器。

二、追诉时效的期限与计算

（一）追诉时效的期限

基于追诉时效期限的长短与犯罪行为的社会危害性的大小、刑罚的轻重相适应的原则，以法定最高刑为标准，我国《刑法》第 87 条规定了四个档次的追诉时效，犯罪经过下列期限不再追诉：

（1）法定最高刑不满五年有期徒刑的，经过五年；

（2）法定最高刑为五年以上不满十年有期徒刑的，经过十年；

（3）法定最高刑为十年有期徒刑的，经过十五年；

（4）法定最高刑为无期徒刑、死刑的，经过二十年。如果二十年以后认为必须追诉的，须报请最高人民检察院核准。

所谓法定最高刑，是指与具体案件的罪行轻重相适应的某一量刑幅度的最高刑，而不是指刑法对某种犯罪所规定的最高刑。在具体计算追诉期限时，存在以下三种情形：

（1）在只规定了一个量刑幅度的条文中，则依此条的法定最高刑计算；

（2）在同一条文中规定有几个量刑幅度时，即按其罪行应当适用的具体量刑幅度的法定最高刑计算；

（3）如果所犯之罪的法定刑，分别规定于数条或同一条的数款之中，则依其罪行应当适用的具体条或款的法定最高刑计算。如果相应适用的法定刑包含了两个以上的主刑，则以最高主刑为标准计算。

（二）追诉时效的计算

根据我国《刑法》第 88 条、第 89 条的规定，追诉时效的计算有以下几种情况：

1. 一般犯罪追诉时效的计算

一般犯罪追诉时效从犯罪之日起开始计算。犯罪之日即犯罪成立之日，因刑法对不同犯罪的构成要件的规定不同，故认定成立的标准亦不同。如行为犯犯罪行为实施之日即为犯罪成立之日，结果犯危害结果发生之日即为犯罪成立之日。

2. 连续犯和继续犯追诉时效的计算

《刑法》第 89 条第 1 款规定："犯罪行为有连续或者继续状态的，追诉时效从犯罪行为终了之日起计算。"据此规定，连续犯和继续犯追诉时效从"犯罪行为终了之日"起计算。连续犯的犯罪行为终了之日是指最后一个犯罪行为成立之日，而继续犯的犯罪行为终了之日则是指某一犯罪行为在一定时间内处于持续状态后的结束之日。

（三）追诉时效的中断

追诉时效的中断，亦即追诉时效的更新，是指在时效进行期间因发生法律规定的事由，致使已经经过的时效期限归于消灭，从法律规定的事由终了之时起，追诉时效重新开始计算。

《刑法》第89条第2款规定："在追诉期限内又犯罪的，前罪追诉的期限从后罪成立之日起计算。"这表明只要犯罪分子在追诉期限内又犯新罪，不管新罪的性质及刑罚如何，前罪经过的追诉期限则归于无效，其追诉时效从新罪成立之日起重新计算。

（四）追诉时效的延长

追诉时效的延长，亦即追诉时效停止，是指在追诉时效进行期间，由于发生了法律规定的事由，致使追诉时效暂时停止进行。追诉时效的延长有利于保护国家、集体和公民的合法权益，防止犯罪人利用时效制度逃避应受的制裁。

根据《刑法》第88条的规定，导致追诉时效延长的法定事由分为两种：

（1）在人民检察院、公安机关、国家安全机关立案侦查或在人民法院受理案件以后，犯罪人逃避侦查或审判的，不受追诉期限的限制。时效延长的原因在于犯罪人的逃避行为是一种与国家司法机关公然对抗的行为，必须予以制止和惩罚。

（2）被害人在追诉期限内提出控告，人民法院、人民检察院、公安机关应当立案而不立案的，不受追诉期限的限制。这种情况下的时效延长，其原因在于司法机关的过错以及出于对被害人合法权益的应有保护。

赦　免

一、赦免的概念与种类

赦免是国家宣告免除或者减轻犯罪分子的罪责或者刑罚的法律制度。赦免一般由宪法或专门的行政法加以规定，因此赦免具有行政性，被视为国家元首或政府首长的特权，这与刑法规定的减刑、假释、时效等制度明显不同。赦免包括大赦和特赦两种。

大赦是指对某一时期内犯有一定罪行的不特定犯罪人，宣告免予追诉或免除其罪刑的赦免制度。

特赦是指对已受罪刑宣告的特定犯罪人，宣告免除其全部或部分刑罚的制度。

大赦与特赦的主要区别在于：

（1）大赦的赦免对象是不特定的犯罪人，而特赦是赦免特定的犯罪人。

（2）大赦既可赦免犯罪人的罪，也可赦其刑；而特赦只能赦其刑，不能免除其罪。

（3）大赦既可在判决确定之后实行，也可在判决确定之前实行；而特赦只能在判决宣告后实行。

（4）大赦后再犯罪不会构成累犯，而特赦后再犯罪则可能构成累犯。

二、我国的特赦制度及其特点

我国现行宪法只规定了特赦而没规定大赦。根据我国《宪法》第67条、第80条的规定，特赦由全国人民代表大会常务委员会决定，由中华人民共和国主席发布特赦令。

中华人民共和国成立以来，我国共实行了7次特赦，其特点主要有四点：

（1）特赦的对象，除第一次特赦包括部分反革命罪犯和普通刑事罪犯外，其余六次的特赦对象均为符合一定条件的战争罪犯。

（2）特赦的条件，是罪犯经过一定时期的服刑改造，确已改恶从善。

（3）特赦的内容，根据犯罪分子罪行的轻重及其悔改表现，或免除其原判刑罚的剩余部分，予以提前释放，或只减轻其原判刑罚。

（4）特赦的程序，由党中央或国务院提出建议，经全国人大常委会决定，由国家主席发布特赦令，再由最高人民法院和高级人民法院执行。

【案例分析】

1. 可以。减刑制度体现了我国宽严相济的刑事政策。犯罪人经过一段时间的服刑改造，确有悔改或立功表现的，可以得到减刑的宽大处理。这对于巩固改造成果，进一步加速犯罪分子的改造，实现刑罚目的有积极的作用。根据我国刑法规定，减刑的对象条件是：被判处管制、拘役、有期徒刑、无期徒刑的犯罪人。减刑可分为可以减刑和应当减刑两种情况。可以减刑的实质条件是，犯罪分子在刑罚执行期间认真遵守监规，接受教育改造，确有悔改表现或者有立功表现。应当减刑的实质条件，是犯罪分子在刑罚执行期间有重大立功表现。本案张某符合可以减刑的条件。

2. 减刑与假释不冲突，减刑后如果符合假释的法定条件，仍然可以依法适用假释。《刑法》第78条规定："被判处无期徒刑的，其减刑后实际执行的刑期不能少于13年。"《刑法》第81条规定："被判处无期徒刑的犯罪分子，实际执行13年以上，才能对其适用假释。因此，即使张某先减刑，后假释，其在狱中实际执行的时间也不得少于13年。"

【法律链接】

1. 《中华人民共和国刑法》（2011年修正）

第七十八条　被判处管制、拘役、有期徒刑、无期徒刑的犯罪分子，在执行期间，如果认真遵守监规，接受教育改造，确有悔改表现的，或者有立功表现的，可以减刑。有下列重大立功表现之一的，应当减刑：

（一）阻止他人重大犯罪活动的；

（二）检举监狱内外重大犯罪活动，经查证属实的；

（三）有发明创造或者重大技术革新的；

（四）在日常生产、生活中舍己救人的；

（五）在抗御自然灾害或者排除重大事故中，有突出表现的；

（六）对国家和社会有其他重大贡献的。

减刑以后实际执行的刑期不能少于下列期限：

（一）判处管制、拘役、有期徒刑的，不能少于原判刑期的二分之一；

（二）判处无期徒刑的，不能少于十三年；

（三）人民法院依照本法第五十条第二款规定限制减刑的死刑缓期执行的犯罪分子，缓期执行期满后依法减为无期徒刑的，不能少于二十五年，缓期执行期满后依法减为二十五年有期徒刑的，不能少于二十年。

第七十九条　对于犯罪分子的减刑，由执行机关向中级以上人民法院提出减刑建议书。人民法院应当组成合议庭进行审理，对确有悔改或者立功事实的，裁定予以减刑。非经法定程序不得减刑。

第八十条　无期徒刑减为有期徒刑的刑期，从裁定减刑之日起计算。

第八十一条　被判处有期徒刑的犯罪分子，执行原判刑期二分之一以上，被判处无期徒刑的犯罪分子，实际执行十三年以上，如果认真遵守监规，接受教育改造，确有悔改表现，没有再犯罪的危险的，可以假释。如果有特殊情况，经最高人民法院核准，可以不受上述执行刑期的限制。

对累犯以及因故意杀人、强奸、抢劫、绑架、放火、爆炸、投放危险物质或者有组织的暴力性犯罪被判处十年以上有期徒刑、无期徒刑的犯罪分子，不得假释。

对犯罪分子决定假释时，应当考虑其假释后对所居住社区的影响。

第八十二条　对于犯罪分子的假释，依照本法第七十九条规定的程序进行。非经法定程序不得假释。

第八十三条　有期徒刑的假释考验期限，为没有执行完毕的刑期；无期徒刑的假释考验期限为十年。

假释考验期限，从假释之日起计算。

第八十四条　被宣告假释的犯罪分子，应当遵守下列规定：

（一）遵守法律、行政法规，服从监督；

（二）按照监督机关的规定报告自己的活动情况；

（三）遵守监督机关关于会客的规定；

（四）离开所居住的市、县或者迁居，应当报经监督机关批准。

第八十五条　对假释的犯罪分子，在假释考验期限内，依法实行社区矫正，如果没有本法第八十六条规定的情形，假释考验期满，就认为原判刑罚已经执行完毕，并公开予以宣告。

第八十六条　被假释的犯罪分子，在假释考验期限内犯新罪，应当撤销假释，依照本法第七十一条的规定实行数罪并罚。

在假释考验期限内，发现被假释的犯罪分子在判决宣告以前还有其他罪没有判决的，应当撤销假释，依照本法第七十条的规定实行数罪并罚。

被假释的犯罪分子，在假释考验期限内，有违反法律、行政法规或者国务院有关部门关于假释的监督管理规定的行为，尚未构成新的犯罪的，应当依照法定程序撤销假释，收监执行未执行完毕的刑罚。

第八十七条　犯罪经过下列期限不再追诉：

（一）法定最高刑为不满五年有期徒刑的，经过五年；

（二）法定最高刑为五年以上不满十年有期徒刑的，经过十年；

（三）法定最高刑为十年以上有期徒刑的，经过十五年；

（四）法定最高刑为无期徒刑、死刑的，经过二十年。如果二十年以后认为必须追诉的，须报请最高人民检察院核准。

第八十八条　在人民检察院、公安机关、国家安全机关立案侦查或者在人民法院受理案件以后，逃避侦查或者审判的，不受追诉期限的限制。

被害人在追诉期限内提出控告，人民法院、人民检察院、公安机关应当立案而不予以立案的，不受追诉期限的限制。

第八十九条：追诉期限从犯罪之日起计算；犯罪行为有连续或者继续状态的，从犯罪行为终了之日起计算。

在追诉期限以内又犯罪的，前罪追诉的期限从犯后罪之日起计算。

2.《中华人民共和国宪法》（1982 年）

第八十条：中华人民共和国主席根据全国人民代表大会的决定和全国人民代表大会常务委员会的决定，公布法律，任免国务院总理、副总理、国务委员、各部部长、各委员会主任、审计长、秘书长，授予国家的勋章和荣誉称号，发布特赦令，宣布进入紧急状态，宣布战争状态，发布动员令。

3.《最高人民法院关于办理减刑、假释案件具体应用法律若干问题的规定》（2011年11 月 21 日最高人民法院审判委员会第 1532 次会议通过）

第一条　根据刑法第七十八条第一款的规定，被判处管制、拘役、有期徒刑、无期徒刑的犯罪分子，在执行期间，认真遵守监规，接受教育改造，确有悔改表现的，或者有立功表现的，可以减刑；有重大立功表现的，应当减刑。

第二条　"确有悔改表现"是指同时具备以下四个方面情形：认罪悔罪；认真遵守法律法规及监规，接受教育改造；积极参加思想、文化、职业技术教育；积极参加劳动，努力完成劳动任务。

对罪犯在刑罚执行期间提出申诉的，要依法保护其申诉权利，对罪犯申诉不应不加分析地认为是不认罪悔罪。

罪犯积极执行财产刑和履行附带民事赔偿义务的，可视为有认罪悔罪表现，在减刑、假释时可以从宽掌握；确有执行、履行能力而不执行、不履行的，在减刑、假释时应当从严掌握。

第三条　具有下列情形之一的，应当认定为有"立功表现"：

（一）阻止他人实施犯罪活动的；

（二）检举、揭发监狱内外犯罪活动，或者提供重要的破案线索，经查证属实的；

（三）协助司法机关抓捕其他犯罪嫌疑人（包括同案犯）的；

（四）在生产、科研中进行技术革新，成绩突出的；

（五）在抢险救灾或者排除重大事故中表现突出的；

（六）对国家和社会有其他贡献的。

第四条　具有下列情形之一的，应当认定为有"重大立功表现"：

（一）阻止他人实施重大犯罪活动的；

（二）检举监狱内外重大犯罪活动，经查证属实的；

（三）协助司法机关抓捕其他重大犯罪嫌疑人（包括同案犯）的；

（四）有发明创造或者重大技术革新的；

（五）在日常生产、生活中舍己救人的；

（六）在抗御自然灾害或者排除重大事故中，有特别突出表现的；

（七）对国家和社会有其他重大贡献的。

第五条　有期徒刑罪犯在刑罚执行期间，符合减刑条件的，减刑幅度为：确有悔改表现，或者有立功表现的，一次减刑一般不超过一年有期徒刑；确有悔改表现并有立功表现，或者有重大立功表现的，一次减刑一般不超过两年有期徒刑。

第六条　有期徒刑罪犯的减刑起始时间和间隔时间为：被判处五年以上有期徒刑的罪犯，一般在执行一年六个月以上方可减刑，两次减刑之间一般应当间隔两年以上。被判处不满五年有期徒刑的罪犯，可以比照上述规定，适当缩短起始时间和间隔时间。

确有重大立功表现的，可以不受上述减刑起始时间和间隔时间的限制。

有期徒刑的减刑起始时间自判决执行之日起计算。

第七条　无期徒刑罪犯在刑罚执行期间，确有悔改表现，或者有立功表现的，服刑两年以后，可以减刑。减刑幅度为：确有悔改表现，或者有立功表现的，一般可以减为二十年以上二十二年以下有期徒刑；有重大立功表现的，可以减为十五年以上二十年以下有期徒刑。

第八条　无期徒刑罪犯经过一次或几次减刑后，其实际执行的刑期不能少于十三年，起始时间应当自无期徒刑判决确定之日起计算。

第九条　死刑缓期执行罪犯减为无期徒刑后，确有悔改表现，或者有立功表现的，服刑两年以后可以减为二十五年有期徒刑；有重大立功表现的，服刑二年以后可以减为二十三年有期徒刑。

死刑缓期执行罪犯经过一次或几次减刑后，其实际执行的刑期不能少于十五年，死刑缓期执行期间不包括在内。

死刑缓期执行罪犯在缓期执行期间抗拒改造，尚未构成犯罪的，此后减刑时可以适当从严。

第十条　被限制减刑的死刑缓期执行罪犯，缓期执行期满后依法被减为无期徒刑的，或者因有重大立功表现被减为二十五年有期徒刑的，应当比照未被限制减刑的死刑缓期执行罪犯在减刑的起始时间、间隔时间和减刑幅度上从严掌握。

第十一条　判处管制、拘役的罪犯，以及判决生效后剩余刑期不满一年有期徒刑的罪犯，符合减刑条件的，可以酌情减刑，其实际执行的刑期不能少于原判刑期的二分之一。

第十二条　有期徒刑罪犯减刑时，对附加剥夺政治权利的期限可以酌减。酌减后剥夺政治权利的期限，不能少于一年。

第十三条　判处拘役或者三年以下有期徒刑并宣告缓刑的罪犯，一般不适用减刑。

前款规定的罪犯在缓刑考验期限内有重大立功表现的，可以参照刑法第七十八条的规定，予以减刑，同时应依法缩减其缓刑考验期限。拘役的缓刑考验期限不能少于两个月，有期徒刑的缓刑考验期限不能少于一年。

第十四条　被判处十年以上有期徒刑、无期徒刑的罪犯在刑罚执行期间又犯罪，被判处有期徒刑以下刑罚的，自新罪判决确定之日起两年内一般不予减刑；新罪被判处无期徒刑的，自新罪判决确定之日起三年内一般不予减刑。

第十五条　办理假释案件，判断"没有再犯罪的危险"，除符合刑法第八十一条规定的情形外，还应根据犯罪的具体情节、原判刑罚情况，在刑罚执行中的一贯表现，罪犯的年龄、身体状况、性格特征，假释后生活来源以及监管条件等因素综合考虑。

第十六条　有期徒刑罪犯假释，执行原判刑期二分之一以上的起始时间，应当从判决执行之日起计算，判决执行以前先行羁押的，羁押一日折抵刑期一日。

第十七条　刑法第八十一条第一款规定的"特殊情况"，是指与国家、社会利益有重要关系的情况。

第十八条　对累犯以及因故意杀人、强奸、抢劫、绑架、放火、爆炸、投放危险物质或者有组织的暴力性犯罪被判处十年以上有期徒刑、无期徒刑的罪犯，不得假释。

因前款情形和犯罪被判处死刑缓期执行的罪犯，被减为无期徒刑、有期徒刑后，也不得假释。

第十九条　未成年罪犯的减刑、假释，可以比照成年罪犯依法适当从宽。

未成年罪犯能认罪悔罪，遵守法律法规及监规，积极参加学习、劳动的，应视为确有悔改表现，减刑的幅度可以适当放宽，起始时间、间隔时间可以相应缩短。符合刑法第八十一条第一款规定的，可以假释。

前两款所称未成年罪犯，是指减刑时不满十八周岁的罪犯。

第二十条　老年、身体残疾（不含自伤致残）、患严重疾病罪犯的减刑、假释，应当主要注重悔罪的实际表现。

基本丧失劳动能力、生活难以自理的老年、身体残疾、患严重疾病的罪犯，能够认真遵守法律法规及监规，接受教育改造，应视为确有悔改表现，减刑的幅度可以适当放宽，起始时间、间隔时间可以相应缩短。假释后生活确有着落的，除法律和本解释规定不得假释的情形外，可以依法假释。

对身体残疾罪犯和患严重疾病罪犯进行减刑、假释，其残疾、疾病程度应由法定鉴定机构依法作出认定。

第二十一条　对死刑缓期执行罪犯减为无期徒刑或者有期徒刑后，符合刑法第八十一条第一款和本规定第九条第二款、第十八条规定的，可以假释。

第二十二条　罪犯减刑后又假释的间隔时间，一般为一年；对一次减去两年有期徒刑后，决定假释的，间隔时间不能少于两年。

罪犯减刑后余刑不足两年，决定假释的，可以适当缩短间隔时间。

【工作任务】

王某因犯数罪被人民法院依法判处有期徒刑20年，服刑13年后被假释。在假释考验期的第6年，王某盗窃一辆汽车而未被发现。假释考验期满后的第4年，王某因抢劫而被逮捕，并交代了自己在假释考验期限内盗窃汽车的行为。

【问题】

1. 对王某是否需要撤销假释？为什么？

2. 对王某假释考验期限内的盗窃行为应如何处理？

3. 对王某假释考验期满后的抢劫罪应如何处理？

4. 对王某最后的刑罚应当如何确定？

【拓展阅读】

1. 黄永维. 中国减刑、假释制度的改革与发展. 北京：法律出版社，2012.

2. 翟中东. 减刑、假释制度适用. 北京：中国人民公安大学出版社，2012.

图书在版编目（CIP）数据

刑法原理与实务（上）/程应需，周京英主编. —广州：暨南大学出版社，2013.9
（2018.1 重印）
（高等法律职业教育系列教材）
ISBN 978 - 7 - 5668 - 0728 - 1

Ⅰ.①刑… Ⅱ.①程…②周… Ⅲ.①刑法—中国—高等职业教育—教材
Ⅳ.①D924.01

中国版本图书馆 CIP 数据核字（2013）第 193561 号

刑法原理与实务（上）
XINGFA YUANLI YU SHIWU（SHANG）
主　编：程应需　周京英

出 版 人：徐义雄
责任编辑：武艳飞　蔡　倩　钟立勤
责任校对：张　婧　李 庆
责任印制：汤慧君　周一丹

出版发行：暨南大学出版社（510630）
电　　话：总编室（8620）85221601
　　　　　营销部（8620）85225284　85228291　85228292（邮购）
传　　真：（8620）85221583（办公室）　85223774（营销部）
网　　址：http：//www.jnupress.com
排　　版：广州市天河星辰文化发展部照排中心
印　　刷：湛江日报社印刷厂
开　　本：787mm×1092mm　1/16
印　　张：12
字　　数：290 千
版　　次：2013 年 9 月第 1 版
印　　次：2018 年 1 月第 7 次
定　　价：28.00 元